国家自然科学基金青年项目“企业家精神的空间分布、空间溢出及其对区域经济增长的影响研究”（71603202）
陕西省软科学研究计划项目“基于知识三角的陕西省高校协同创新能力提升路径研究”（2017KRM105）
西安理工大学博士科研启动基金项目“企业家才能误配与中国经济增长研究”（105-256081503）

经济管理学术文库·金融类

外资银行进入对我国商业银行效率的影响研究

——基于产权结构、市场结构的经验分析

Study on the Impacts of Foreign Banks Entry on the Efficiency of Chinese Commercial Bank
—An Empirical Analysis Based on the Property Rights Structure and Market Structure

王美霞／著

图书在版编目（CIP）数据

外资银行进入对我国商业银行效率的影响研究——基于产权结构、市场结构的经验分析/王美霞著. —北京：经济管理出版社，2018.6
ISBN 978-7-5096-5796-6

Ⅰ. ①外… Ⅱ. ①王… Ⅲ. ①外资银行—影响—商业银行—经济效率—研究—中国
Ⅳ. ①F832.33

中国版本图书馆 CIP 数据核字（2018）第 096844 号

组稿编辑：杨国强
责任编辑：杨国强　张瑞军
责任印制：黄章平
责任校对：董杉珊

出版发行：经济管理出版社
（北京市海淀区北蜂窝 8 号中雅大厦 A 座 11 层 100038）
网　　址：www. E-mp. com. cn
电　　话：(010) 51915602
印　　刷：三河市延风印装有限公司
经　　销：新华书店
开　　本：720mm×1000mm/16
印　　张：14.75
字　　数：238 千字
版　　次：2018 年 7 月第 1 版　2018 年 7 月第 1 次印刷
书　　号：ISBN 978-7-5096-5796-6
定　　价：68.00 元

前言

商业银行效率是商业银行竞争和生存的根本，随着我国商业银行国际化进程的不断推进，外资银行不仅成为我国商业银行的竞争主体，而且还对我国商业银行产业组织和效率变化产生了重要影响。在我国经济转型过程中，商业银行全面开放引致外资银行进入的广度和深度不断加强，进而通过不同的渠道和方式对我国商业银行效率产生影响。但外资银行进入的同时会产生“鲶鱼效应”和“选摘樱桃效应”，如何发挥其积极效应，减少不良影响是当前经济转型国家面临的共同问题。因此，研究外资银行进入对我国商业银行效率的影响机制，预判当前外资银行进入的影响程度，对于完善我国商业银行竞争机制，提升商业银行效率和国际竞争能力，提高监管水平和制定科学的监管政策具有重要的理论和现实意义。

本书在文献梳理和现有银行业结构与绩效理论回顾的基础上，首先分析了经济转型过程中外资银行进入产生的产权结构、市场结构变化和商业银行效率影响机制，构建了基于产权结构、市场结构双重约束下拓展的SCP理论分析框架；其次运用博弈模型、数值仿真技术、非线性面板门限模型等计量方法，实证分析了外资银行对我国商业银行的结构、行为和效率产生的影响，并提出关于我国银行业进一步对外开放的政策建议。研究发现：随着银行业政府管制的逐渐放松，外资银行的进入会优化产权结构和市场结构，产生竞争效应和学习效应，提高国内商业银行客户甄别能力、盈利能力以及竞争能力；外资银行参股比例对全要素生产率的影响存在单门限效应，具体对于不同类型的银行来说，影响的程度和方向都不相同；外资银行的机构数量份额、资产份额对地区信贷资本配置效率的影响分别存在单门限效应和双重门限效应，但两者影响程度不同，前者始终是正向作用，后者是先负向、后正向作用。

本书的主要创新之处如下：

(1) 在传统的产业组织理论 SCP 分析范式基础上，构建了产权结构、市场结构双约束下的 SCP 拓展模型。理论分析发现，我国商业银行的产权结构对市场结构具有内生性的影响，而竞争性的市场结构是产权结构改革产生正效应的前提，中国经济转型过程中外资银行进入带来的产权结构与市场结构变化具有内在联系和互动机制，双结构对商业银行行为具有重要影响，提高了商业银行全要素生产效率，改善了商业银行的产业绩效。本书拓宽了传统模型的约束条件，将产权结构纳入传统的 SCP 中，构建双结构—行为—绩效分析框架，弥补了传统 SCP 理论的不足，通过拓展的 SCP 理论分析了外资银行进入对我国商业银行效率影响，其结果更加切合实际和令人信服。

(2) 揭示了外资银行进入影响我国商业银行效率的内在行为机理。研究发现，建立和完善内部学习机制与外部市场竞争行为机制是外资银行进入产生的根本行为变化，这些行为变化是导致商业银行效率提升的根本原因。本书首先通过构建完备信息静态和动态博弈模型，对外资银行进入影响我国商业银行效率的两个主要渠道——竞争行为和学习行为进行定义与度量；其次通过对政府（客户）、中资银行、外资银行三方主体在市场中博弈行为的数理分析和数值仿真模拟，发现在竞争和学习两个核心行为的作用下，外资银行进入促进了内资商业银行竞争能力、客户甄别能力和盈利能力的提升，揭示了外资银行进入影响我国商业银行效率的竞争行为和学习行为机理，弥补了当前有关“行为效应”研究中缺乏数理推导和定量分析的不足。

(3) 将信贷资本配置效率和全要素生产率一同纳入商业银行效率的研究范畴，拓宽效率评价的内涵，使得效率评价更具科学性。外资银行进入会影响商业银行公司治理结构和全要素生产率变化，进而演进内化为商业银行对全社会行业的信贷资本配置效率变化，突出了企业和行业双维度的效率考察视角。同时，在评价全要素生产率时，将“不良贷款余额”作为非期望产出的约束变量，考虑了不良贷款所带来的效率损失问题，避免了因不考虑非期望产出而高估商业银行效率的问题，比以往研究更加接近现实。

(4) 构建了不同条件下的非线性面板门限模型，分别实证研究了外资银行进入对我国商业银行全要素生产率和信贷资本配置效率的影响效应。现有文献已表明，外资银行进入对东道国商业银行效率会同时产生正面和反面的作用，若仍采用单一的线性模型研究这一问题，只考虑单方面的作用，将难以符合事实特征，鉴于此，本书采用门限模型捕捉各变量之间结构关系的跃迁转换特征，更加合理和科学。研究发现，不同类型商业银行面对外资银行进入冲击时，效率变化程度各有差异，甚至会有方向性的差别，这与外资银行进入的程度密切相关；同样，各地区信贷资本配置效率与外资银行进入的机构数量份额、资产份额显著相关。这为差别化制定商业银行引资与监管政策提供了科学依据。

目 录

1 绪 论

1.1 研究背景与问题

1.1.1 研究背景

1.1.1.1 外资银行在我国蓬勃发展的现状

经过30多年的发展，我国境内的外资银行已经初具规模。

首先，经营人民币业务的法人机构及营业性机构迅速扩张。在“入世”的五年过渡期内，外资银行伴随我国经济的增长，虽然各项业务获得了较快的发展，其资产规模不断扩大，存、贷款业务稳步增长，利润增长进一步加快，但外资银行由于营业网点较少，客户面较窄和一些业务发展受政策限制等因素的制约，其市场份额仍然很小，甚至有些业务因内资银行扩张更快而使其市场份额缩小。因此，自2006年我国银行业全面开放以来，外资银行在我国的营业性机构数量和营业网点大幅度扩增。甚至有如东亚、汇丰、渣打、恒生等大型外资银行在华网点数目在全面开放的前一两年内基本实现翻一番。截至2011年底，已有387家营业性金融机构在华开展业务，在华外资银行资产总额比2003年增长了417%，年增长率为22.82%，实现了自身的全面发展，如表1.1所示。

表 1.1 2003~2011 年在华外资银行营业性金融机构数与资产总额

年份	2003	2004	2005	2006	2007	2008	2009	2010	2011
营业性金融机构数（家）	192	211	207	224	274	311	338	360	387
资产总额（亿元）	4160	5283	7155	9279	12525	13448	13492	17423	21535

资料来源：2006~2011 年《中国银行业监督管理委员会年报》。营业性金融机构数含法人机构总行、分行、支行和附属机构，以及外国银行与分行。

其次，外资银行入股中资商业银行的资金规模快速增加。从进入方式看，外资银行除了直接设立分支机构、营业网点外，还通过入股中资银行积极推进其在华本土化战略。1996 年，亚洲开发银行成为第一家入股中资商业银行的外资银行，从此拉开了外资银行以参股方式进入中国银行业市场的序幕，触角也由最初的股份制商业银行，到国有大型商业银行，再到地方性城市商业银行，形成全面式的入股热潮。据银监会年报公布，截至 2009 年底，已有 35 家中资商业银行引进境外战略投资者，累计引进投资金额达 329.9 亿美元。

1.1.1.2 外资银行进入对我国商业银行结构与效率的影响日益增强

外资银行以及境外战略投资者的大规模进入，对我国银行业产权结构和市场结构产生了重要影响。

首先，由于外资银行本身是私有产权或私人资本，允许其以参股方式进入我国各大商业银行，或以独资方式进入并逐步与中资银行一样享有国民待遇，这一行为变化促使我国商业银行单一产权结构发生改变，一定程度上改善了我国商业银行长期以来委托人缺位、代理人缺乏有效监督的问题，进而促使我国商业银行管理水平、公司治理结构、行为规范、融资机制等方面得到极大的改善。

其次，外资银行进入的直接结果是国内商业银行绝对数量增加，许多外资金融机构从代表处、办事处升级为独立的法人机构或者合资银行机构，股份制商业银行迅速崛起，城市商业银行不断壮大，银行业的竞争程度加剧，稀释了国内商业银行市场集中度，在一定程度上打破了国有商业银行寡头垄断的格局，向垄断竞争的市场结构演进，促使商业银行的业务创新能力提高，中间业务收入水平增加，盈利能力进一步增强。

整体而言，随着外资银行的进入，国内商业银行的效率得到迅速提升，主要表现在以下几个方面。

（1）盈利能力稳步提升。在外资银行进入之前，我国银行业金融机构缺乏较好的盈利模式，盈利能力差，盈利手段和渠道单一，主要依靠存贷差产生的利息收入。2002 年主要商业银行税前利润仅为 364 亿元，2006 年增长 2409 亿元，2011 年实现税后利润 12500 亿元的稳步增长。非利息收入占比也随着战略投资者的引入而不断增长，以五家大型商业银行为例，2000 年非利息收入仅占主营业务收入的 7.5%，2006 年增长到 15.3%，而 2011 年竟高达 22.9%，净资产收益率也由 2000 年的 3.5%上升到 2006 年的 12.1%，以及 2011 年的 19.7%，如图 1.1 所示。可见，随着外资银行的进入，我国商业银行的中间业务创新能力不断增强，盈利手段和业务渠道进一步拓宽，其整体盈利水平和财务可持续能力有了大幅度提高。

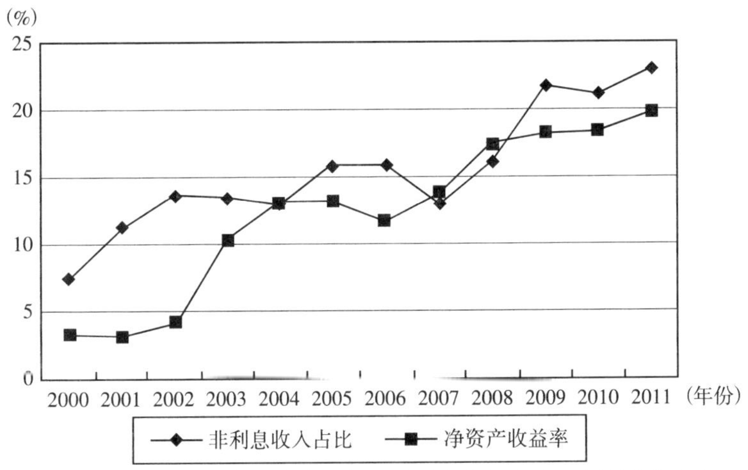

图 1.1　2000~2011 年五大商业银行非利息收入占比和净资产收益率

（2）资产质量持续改善。为了应对外资银行进入带来的激烈竞争和防范金融风险，我国金融监管部门通过对四家国有商业银行的不良资产进行剥离、引入境外战略投资者注资、股份制改造以及上市等一系列措施，促使我国商业银行的不良贷款余额与不良贷款率持续下降，并连续几年实现“双降”目标。据银监会年报显示，商业银行不良贷款余额从 2002 年底的 2.28 万亿元下降到 2012 年底的 4928.5 亿元，不良贷款率也从 23.6%大幅下降到 1%，商业银行资产质量显著改善。

（3）资本充足率稳步提升。如图 1.2 所示，我国商业银行资本充足率达到 8%的银行家数，由 2003 年的 8 家增长到 2006 年的 100 家，到 2012 年已达到 509 家，相应地，资本充足率达标银行资产占商业银行总资产的比重也由 2003 年的 0.6%上升到 2006 年的 77.4%以及 2012 年的 100%，并从 2009 年起连续四年保持 100%的达标水平。究其原因：一方面，由于外资银行以战略投资者的身份进入使得国内商业银行资本金得到有效补充；另一方面，出于对外资银行进入的竞争压力和风险控制考虑，监管部门加强了对银行业金融机构资本监管的要求，银行业金融机构不断强化资本管理，积极调整资产结构，适度控制风险资产增长速度，并通过改革重组、上市、发行次级债等，使得资本充足水平得到明显提高。

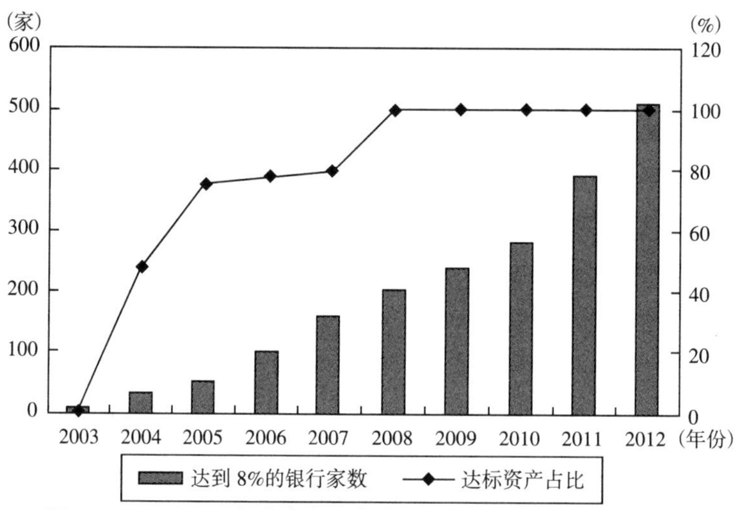

图 1.2　2003~2012 年资本充足率达到 8%的银行数量和资产占比

1.1.1.3　效率持续改进有利于提升我国商业银行的国际竞争力

随着外资银行的大量进入和商业银行业改革的稳步推进，我国商业银行的经营效率有了大幅度提升，主要表现在其盈利能力稳步提升，有两个指标：资产收益率（ROA）和资本收益率（ROE）。据《中国金融年鉴》统计，2001 年，我国商业银行的资产收益率和资本收益率分别为 0.2%和 3.49%，而同期美国为 1.22%和 14.41%，英国为 0.9%和 11.7%，中国商业银行业的盈利水平远远低于发达国家，被归类为公认的三流银行。截至 2006 年，我国商业银行的资产收益率和资本收益率有了突飞猛进的增长，分别为 0.9%和 16.7%，截至 2012 年，分别为

1.28%和 19.8%，不仅有“量”的增长，而且已发生“质”的飞跃，已达到公认的一流银行的水平。

商业银行盈利水平的稳步增长直接表现为我国商业银行国际竞争力的持续提升。据英国《银行家》杂志统计，在全球 Top1000 家大银行排行榜中，来自中国的银行 1989 年只有 8 家上榜，2005 年增加为 19 家，2010 年达到 84 家，同时中国上榜银行的总资本占到千家银行总资本的 9%，而税前利润则高达千家银行的 25%。2013 年，上榜银行数量更是高达 110 家，24 年增加了近 14 倍，如图 1.3 所示。我国商业银行上榜银行数量、核心一级资本以及盈利能力的提升都表明其国际竞争力在不断提高，而这一增长速度与我国对外资银行开放的深度与广度密切相关。

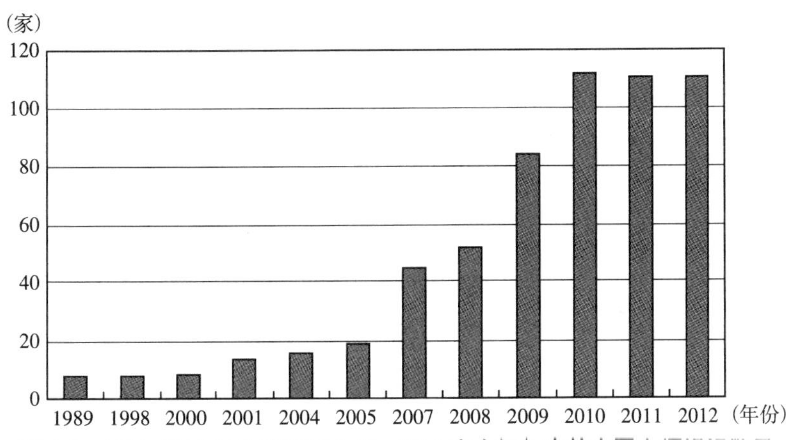

图 1.3　1989~2012 年全球银行业 Top1000 家大银行中的中国上榜银行数量

1.1.1.4　我国商业银行结构与效率依然存在诸多问题

（1）商业银行结构依然不合理。虽然外资银行进入在一定程度上改善了我国商业银行结构，但由于长期以来，政府对金融业的严格管制，银行业结构仍然存在诸多问题。首先，从行业集中程度看，我国商业银行的市场结构具有较为明显的寡头垄断特征，国有产权仍占有绝对垄断地位（如表 1.2 所示）。我国商业银行的市场集中率指标（CR_4 指数和 CR_8 指数），在 2004~2011 年虽然有所下降，但一直处于较高水平，银行业的寡头垄断特征依然很明显。其次，从银行业产权结构看，国有产权占据绝对主导地位，产权结构单一。截至 2011 年底，大型商业银行在我国银行业资产总额中所占的比例仍超过 50%，如果再加上政策性银行、股份制银行以及其他类型商业银行中的国有股份，这一比例会更高。

表 1.2　2004~2011 年我国商业银行市场集中率 CR_4 和 CR_8

单位：%

年份	资产		存款		贷款		净利润	
	CR_4	CR_8	CR_4	CR_8	CR_4	CR_8	CR_4	CR_8
2004	70.59	81.45	70.87	81.56	69.15	79.86	74.73	84.36
2005	69.76	80.84	69.38	80.84	67.74	78.49	73.80	82.11
2006	67.86	79.21	68.90	79.79	66.30	76.55	72.31	81.19
2007	64.48	77.03	64.94	78.61	61.72	74.93	65.09	79.69
2008	63.14	76.10	63.82	77.21	60.33	74.30	64.38	78.48
2009	61.71	74.91	62.35	76.08	59.88	74.46	63.50	76.62
2010	58.87	71.83	61.38	74.82	58.23	72.74	62.4	74.70
2011	56.12	69.15	59.61	73.51	56.43	70.56	59.38	72.88

资料来源：根据 Bankscope 数据库和历年各银行年报、《中国银行业监督管理委员会年报》整理计算而得。

（2）与外资银行相比，我国商业银行效率低下的问题依旧存在。效率是衡量商业银行运营管理能力的一个重要指标，不仅体现了商业银行自身的经营绩效，也反映银行竞争能力和金融发展的内在质量，而内资商业银行与外资银行相比，普遍存在效率低下的问题。四大国有商业银行比其他类型商业银行（除政策性银行外）盈利能力低、效率低，拥有更差的资产质量，外资参股或者公开上市能暂时提高银行的经营业绩表现（Lin and Zhang，2009）。利润效率方面，四大国有商业银行效率最低，外资银行最高，外资股权能显著提高国内银行的利润效率和成本效率，从利润和贷款两个方面（单一产出）的研究发现，非国有银行的效率比国有银行高，面临硬预算约束的银行效率较高（Berger，Hasan and Zhou，2009）。同样，蔡跃洲和郭梅军（2009）也认为，股份制改造有助于商业银行经营效率的提高。在同样的宏观经济环境下，股份制商业银行与国有商业银行的 X 利润效率水平存在结构性差别；国有银行几乎不存在范围效率，而股份制商业银行存在一定程度的范围效率，国有商业银行在大多数年份的规模效率高于股份制商业银行。产权制度是造成这种差异的关键原因，市场竞争程度对商业银行效率也产生了非常重要的影响（王聪、谭政，2007）。总体来看，外资银行的生产效率要高于股份制商业银行和国有商业银行（李希义、任若恩，2004；袁晓玲、张宝山，2009）。

（3）与国外商业银行相比，我国商业银行信贷资本配置效率偏低。国内外经济学家们普遍认为，资本配置效率是衡量金融机制运行效率的一个重要指标。资本配置效率的提高意味着在社会资本总量不发生变动的情况下，货币资本能够在长期利润信号的驱使下在各产业部门和企业间高效流动，使金融资源配置到效益好、效率高并且具有较高成长性的行业中，提高投资效益和要素生产率，改善产业结构，提高储蓄资金的安全性和使用效率，进而推动经济增长的集约化。与国外商业银行相比，我国商业银行一直存在信贷结构不合理、信贷资金配置效率低下等问题，如表 1.3 所示。Jeffrey Wurgler（2000）考察了 65 个国家（地区）1963~1995 年 28 个行业的资本配置效率情况，结果发现各国的平均资本配置效率值为 0.429。其中，资本配置效率最高的是德国，为 0.988，其次为中国香港、新西兰、法国、丹麦、瑞士、日本、英国。相比较而言，发达国家（地区）的资本配置效率普遍高于发展中国家，而我国的资本配置效率为 0.160，仅比斐济的 0.154 略高一点，而斐济资本配置效率在考察的 65 个国家（地区）中位列第 51，可见我国的资本配置效率水平极其低下（韩立岩、王哲兵，2005）。

表 1.3 发达国家（地区）与发展中国家（地区）资本配置效率

	国家（地区）	德国	中国香港	美国	法国	澳大利亚	新西兰	加拿大
发达国家	资本配置效率	0.988	0.948	0.723	0.893	0.681	0.896	0.547
	国家（地区）	新加坡	英国	意大利	丹麦	瑞士	日本	韩国
	资本配置效率	0.486	0.812	0.652	0.853	0.852	0.819	0.646
发展中国家	国家（地区）	中国	印度	印度尼西亚	马来西亚	墨西哥	埃及	智利
	资本配置效率	0.160	0.100	0.217	0.285	0.344	0.326	0.294
	国家（地区）	斯里兰卡	巴基斯坦	津巴布韦	乌拉圭	菲律宾	厄瓜多尔	斐济
	资本配置效率	0.273	0.255	0.726	0.218	0.313	0.305	0.154

资料来源：由 Jeffrey Wurgler（2000）和韩立岩、王哲兵（2005）数据整理所得。

1.1.2 研究问题

从以上研究背景可以看出，外资银行已经开始大规模进入我国金融市场，并对我国商业银行的结构与效率产生了重要影响。但从目前国内外学者的研究看，外资银行进入对东道国银行业效率，不仅能产生正面的“鲶鱼效应”，而且还有可能产生负面的“选摘樱桃效应”，很难给出一个确切的结论（Thorne，1993；Wright，2002；Yildirim and Philippatos，2007；Okuda and Rungsomboon，2007；Tigran and Arsen，2010；Beck and Martinez，2010）。鉴于目前关于外资银行进入对我国商业银行效率的研究结论存在争议，尚未形成统一的观点，同时考虑到研究二者之间的关系具有重要的现实意义，因此本书主要研究以下问题：

1.1.2.1 外资银行进入是否改善了我国商业银行的产权结构和市场结构

长期以来，由于计划经济的影响，我国对银行业的认识较为狭隘，加上银行业自身的特殊性、重要性以及我国金融发展滞后的状况，我国一直实施严格的政府管制，避免竞争，这造成了银行业长期处于寡头垄断的低效率状态。外资银行的进入始于我国银行业政府管制的放松，金融管理部门开始逐步改革银行业市场准入制度，逐渐允许外资银行进入我国境内开展经营活动。外资银行在我国经历了从无到有、从小到大的蓬勃发展时期，目前已在我国银行业市场中占有十分重要的位置。那么，外资银行以及境外战略投资者的大规模进入，如何影响原有单一的国有产权结构？对我国产权结构乃至金融规制产生怎样的挑战？是否提高了我国商业银行的市场竞争程度，改善了市场结构？根据产业组织理论，银行业市场结构决定了企业行为，从而最终决定效率。因而，分析外资银行进入对我国商业银行效率的影响，其前提是必须分析外资银行进入是否改善了我国商业银行产权结构和市场结构。

1.1.2.2 外资银行进入影响商业银行效率的内在行为机理是什么

与东道国商业银行相比，外资银行具有显著的特点：一是具有较强的竞争实力，能够打破东道国银行业高度垄断的市场势力；二是能够带来新型的金融产品和服务、先进的管理技术和经营手段，值得国内商业银行学习。这些特点使得外资银行进入能产生竞争效应和学习效应（Crystal，Dages and Goldberg，2002；Hasan and Marton，2003），上述效应是外资银行对东道国银行业效率产生影响的市场行为。外资银行进入后对我国商业银行的影响首先是导致其结构的变化，之后是市场行为的变化，最终会导致效率的变化，通过打破原来的均衡状态实现新的均衡目标。暂且不论孰先孰后，孰重孰轻，问题在于外资银行进入后究竟会产生什么样的竞争行为和学习行为？对国内商业银行的经营活动和信贷行为究竟是产生了积极的竞争效应还是纯粹的挤出效应？因此，有必要对外资银行进入影响我国商业银行效率的竞争行为和学习行为机理展开深入的讨论与研究。

1.1.2.3 如何更加客观科学地评价我国商业银行效率

商业银行效率，是指银行在成本支出最小化、产出最大化、资源配置、技术程度等方面处于优势地位，是建立在一般行业效率概念基础之上的，但作为具有信贷资源配置作用的银行业，又具有自身的特殊性，其效率的高低不仅关乎银行业自身的发展，而且还对其他行业产生重要影响。但在以往研究文献中，对银行业效率的评价只关注企业层面银行业自身的效率，忽略了银行业作为重要的金融中介机构，对整个社会发挥信贷资本配置功能的效率。在经验研究中一般也只采用单一的财务指标或者生产率指标，不能全面地反映我国商业银行整体的效率水平。因此，有必要从行业和企业两个层面对我国商业银行效率进行重新评价，才能得出更加客观和科学的结论。

1.1.2.4 外资银行进入我国适度水平如何

国内关于外资银行进入对我国商业银行效率影响的研究，存在“鲶鱼效应”假说和“选摘樱桃效应”假说。“鲶鱼效应”假说认为，外资银行进入会对国内银行产生很大的竞争压力，迫使其改善经营管理和服务水平，进行产品创新，提高服务效率和利率效率；通过改变我国银行业市场结构，逐步打破银行业低效率的状态，提高商业银行的非利息收入率、运营费用率和税前利润等（谢雨白，2004；张金清、吴有红，2010）。国内银行的外资银行股权大小与该银行业务多元化发展呈现相关性，外资股权越高的银行，业务多元化发展速度越快，非利息收入增长也越快（Berger，Hasan and Zhou，2010）。“选摘樱桃效应”假说则认为，外资银行会选择利润较大、风险较低的银行投资，将风险较高的银行留给国内投资者，对市场长期产生不良的绩效；外资银行进入会给内资银行、企业以及政府造成潜在的成本，这会使我国银行体系效率的改进遭受牵制和消耗（孙兆斌、方先明，2007；姚树洁、姜春霞、冯根福，2011）。

既然外资银行进入可能会对我国商业银行效率产生截然不同的效果，那么在引进外资银行时就必须考虑以下问题：一是外资银行已经大规模进入我国银行业市场，那么对我国银行业效率的影响程度到底如何？是正面效应大，还是负面效应大？二是目前外资银行进入的水平是否适度，随着银行业改革的进一步深入，外资银行所暴露的负面影响会不会抑制我国银行业效率的提升，值得深入考察。

总之，以上四个问题，主要涉及外资银行进入如何影响我国商业银行结构，结构变化会产生怎样的行为，最终会导致效率如何变化。因此，我们要研究的最终问题是外资银行进入我国适度水平如何，银行业下一步对外开放，应该采取怎样的引资政策和监管政策？这是本书要研究的意义和价值所在。

1.2 相关概念界定与研究意义

1.2.1 相关概念界定

关于“效率”的含义，不同的经济学著作有着各异的诠释，但总体上看，有一个共同的观点:“效率“意味着经营实体对其拥有资源的利用有效程度，即减少或增加投入量对产出的影响程度。银行业效率是指银行在成本支出最小化、产出最大化、资源配置合理、技术程度等方面处于优势地位，或者称为处于银行业生产前沿面上（Farrel，1957）。同样，银行业效率建立在一般行业效率概念基础之上，但作为起到信贷资源配置作用的银行业，又具有自身的特殊性，其效率的高低不仅关乎银行业自身的发展，而且还对其他行业产生重要影响。所以在分析银行业效率时，本书将考虑其特殊性，从企业层面和行业层面两个角度加以界定。

1.2.1.1 全要素生产率

从企业层面看，银行效率是银行在业务活动中投入和产出或成本与收益之间的对比关系，一般可以从三个方面测度其高低，即成本最小化、产出最大化和利润最大化。故银行效率是反映银行资源配置的效能，是衡量银行投入产出能力、市场竞争能力和可持续发展能力的重要指标（谢朝华、陈学彬，2005）。在新古典经济学中，银行业效率测度主要包括财务比率、规模经济效率、范围经济效率和X-效率四种指标。但是，财务比率不能反映出银行不同的投入、产出对效率影响的相对重要性，没有考虑银行的管理活动和投资决策价值时间不一致性，只是一种短期的效率衡量，不适宜于描述银行长期的实际效率，更不能说明不同要素之间的相互影响，甚至有时会得出自相矛盾的结论等各种问题（Oral and Yolalan，1990）。规模经济效率和范围经济效率等对商业银行成本的影响并不显著，带来的成本无效率远远不如全要素生产率（Berger and Humphrey，1997；Altunbas and Chakravarty，2001；Rime and Stiroh，2003）。因此，全要素生产率被认为是决定商业银行经营绩效至关重要的因素，银行效率的研究范围也由最初的财务比率、规模经济效率、范围经济效率以及X-效率发展到目前以研究全要素生产率为主。20世纪末期，有关银行效率的研究方法多采用前沿分析的参数方法和非参数方法两大类，这两种方法都包含对最优经济单元构建的前沿面进行估计，以及特定的经济单元与前沿面的相对距离。但现有研究在指标选取上往往忽视了资产的质量，即没有考虑到将不良贷款作为一项“坏”的产出引入到银行效率评价中，从而忽略效率损失，高估银行效率。为此，本书将通过构造“好”产出和“坏”产出的Malmquist-Luenberger生产率指标体系，测度我国商业银行的全要素生产率、技术效率以及无效率。

1.2.1.2 信贷资本配置效率

从行业层面看，商业银行具有集中大量各类闲置资金，并实现大规模集聚和资本积累的特点，在不改变资本所有权的前提下，使得资本能够在资本短缺者和盈余者之间相互流通，起到资本优化配置的作用。效率是资本配置的核心内容，衡量银行业宏观效率的一个重要标准是分析信贷资本是否流向最具有创造力和价值的行业或地区。尤其在我国，拉动经济增长的“三驾马车”中，投资一直是最主要的手段，而目前以间接融资为主要融资方式的情况下，信贷是资本配置的主要形式，信贷资本配置效率的低下会导致金融资源的浪费严重，也正日益成为约束我国经济持续健康发展的瓶颈。特别是随着我国经济改革和对外开放进入新的时期，经济体制运行对稀缺金融资源的配置提出了更高要求。研究行业层面的银行业效率，就是要研究我国商业银行的信贷资本配置效率，即信贷资本从低回报率行业（地区或企业）流向高回报率行业（地区或企业）的程度。

1.2.2 研究意义

在银行业全面对外开放后，我国商业银行生存于国内竞争国际化、国际竞争国内化的激烈竞争格局中，立于不败之地的关键是有效提升商业银行的效率。因此，外资银行进入后，对我国商业银行效率问题进行全面研究及深入分析，具有十分重要的意义。

1.2.2.1 理论意义

首先，丰富和完善了商业银行产业组织理论体系。在传统 SCP 理论的基础上，基于我国转型经济和国有银行垄断的实际，拓宽其约束条件，在政府管制放松、外资银行进入的背景下，将产权结构纳入拓展的 SCP 分析范式，分析商业银行结构、行为与效率的内在关系，更为科学地评价我国商业银行绩效问题，理论解释了外资银行进入产生的效率影响机制，完善了商业银行效率理论。

其次，为完善商业银行组织体系和监管政策体系提供理论依据。本书通过科学评价外资银行进入导致的市场结构和产权结构变迁，有助于我国商业银行结构调整和组织体系建设。另外，通过分析银行业中存在的产权制度约束，为建立科学的管制制度提供理论支撑。当前我国正处于经济转型过程中，大型商业银行、股份制商业银行、城市商业银行发展非常不均衡，同时在市场份额、资产规模、业务创新等方面都存在显著差距。外资银行进入对不同类型商业银行效率的影响程度也存在巨大差异，因此研究分析这种差异程度，合理引导外资银行参与市场竞争，为我国金融监管部门制定差异化引资和监管政策提供了可靠的理论依据。

1.2.2.2 实践意义

首先，本书拓宽了我国商业银行效率评价内涵，科学评判外资银行进入对商业银行效率的影响程度，有助于指导我国银行业市场的对外开放。外资银行进入是把“双刃剑”，既有正面效应又有负面效应，趋利除弊，对保障我国金融业安全、稳定与发展具有重要意义。金融稳定又对经济增长和稳定具有举足轻重的作用，特别是我国银行业正处于金融改革和全面对外开放的新时期，外资银行进入产生的作用已十分明显，但要防止出现进入不足或进入过度的两极化，进入不足难以充分发挥外资的溢出效应，进入过度则会导致恶性竞争和国内商业银行效率损失等。

其次，对提升我国商业银行业效率具有参考价值。通过对商业银行效率的对比分析，我国银行业监管部门可以更加清晰地掌握各银行对信贷资源运用的有效程度，进一步促进资源在我国商业银行间的合理分配和利用，最终提高银行业整体资源配置效率、生产效率以及国际竞争力。同时，对商业银行微观效率的研究，可以促进国内商业银行判断自身与高效率银行在技术效率、无效率、全要素生产率等方面的差距，各银行可通过分析各自的投入冗余和产出不足的情况，调整自身的资源配置和经营策略，不断创新产品，并大胆探索提升自身效率的方法和途径，最终实现银行经营效率提高。

1.3 研究方法与研究思路

1.3.1 研究方法

本书采用理论研究与实证分析、定性分析与定量计算、静态与动态对比分析等相结合的方法，研究了外资银行进入下我国商业银行的效率问题，主要如下：

（1）理论分析。本书在原有的 SCP 分析范式中加入产权结构变量，构造双结构约束的拓展模型，同时在商业银行行为变化中引入博弈论行为分析工具，借助产业组织理论 SCP 分析框架的三个主体内容，研究商业银行的结构、行为与效率的独特内涵和表现形式，并把产权结构、外资银行进入的溢出效应等纳入拓展的 SCP 分析范式内，找出结构（市场结构和产权结构）、行为（学习行为、竞争行为等）与绩效（全要素生产率、信贷资本配置效率）的关系。

（2）实证分析。本书在分析我国商业银行效率时，将不良贷款作为约束条件，利用 Malmquist-Luenberger 指数方法，计算了不同类型商业银行的全要素生产率。参考了 Jeffrey Wurgler（2000）的基本模型，构造了 2000~2011 年我国商业银行信贷资本配置效率模型，测算了不同时期、不同区域以及不同行业的信贷资本配置效率。本书通过构建非线性面板门限模型，实证测度外资银行进入对我国商业银行效率的影响。

（3）数理模型分析。复杂的数理分析可以准确地体现逻辑上的严谨与缜密，本书使用完全信息的静态、动态博弈模型和数值仿真技术，以外资银行进入下我国商业银行竞争行为和学习行为的定义与度量为核心，构建了基于政府、外资银行、内资银行以及客户为主体的博弈模型，探究了外资银行进入影响我国商业银行效率的竞争效应和学习效应。

（4）比较分析。对于同一对象的不同方面或对不同对象的同一问题进行纵向或横向比较，有助于抓住事物的本质。本书对外资银行进入前后我国商业银行产权结构、市场结构变迁的动态特征，对我国不同类型商业银行技术效率、无效率及全要素生产率，对参股比例不同的合资银行与我国商业银行竞争效应和学习效应的关系进行比较分析，是本书的突出特点。

1.3.2 研究思路

首先，在对国内外有关银行业市场结构、产权结构与绩效关系文献梳理的基础上，结合目前外资银行进入对我国商业银行市场结构、产权结构产生改变带来的效率影响的研究实践，发现应用传统产业组织理论研究我国商业银行效率问题存在明显的不足，据此基于外资银行进入、政府管制放松的背景条件下，提出将产权结构因素纳入传统的 SCP 分析范式，构建基于产权、市场结构双约束下的 SCP 理论分析框架。

其次，比较分析了外资银行进入前后，我国商业银行产权结构、市场结构变迁特征，以及由此产生的行为效应，通过建立完全信息的博弈模型分析了竞争效应和学习效应的作用机理，并进行了数值仿真模拟。

再次，通过构建面板门限模型实证研究了外资银行进入对我国商业银行全要素生产率和信贷资本配置效率的影响效应。

最后，结合本书的结论，提出银行业进一步对外开放的政策建议。

1.3.3 研究框架

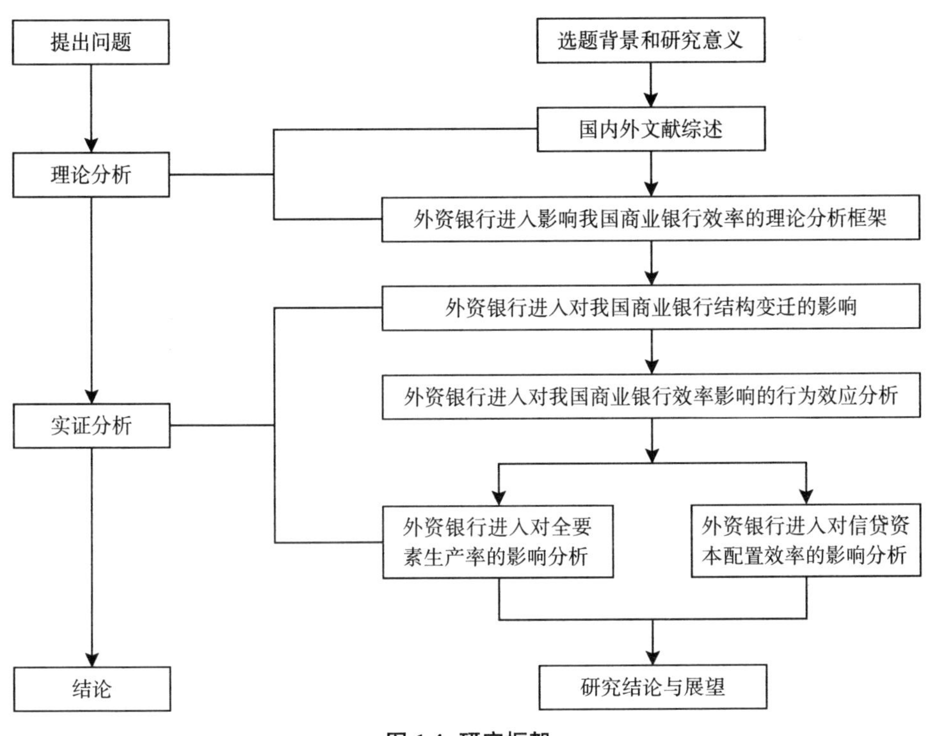

图 1.4 研究框架

1.4 研究内容与主要创新

1.4.1 研究内容

目前，外资银行已大规模进入我国金融市场，外资银行进入是否改善了我国商业银行的产权结构和市场结构？外资银行进入影响我国商业银行效率的内在行为机理是什么？如何更加客观科学地评价我国商业银行效率？外资银行进入我国的适度水平如何？这些问题至今尚未得到有效解决，本书将展开系统、全面的研究以期寻找合理的解决方案。本书主要分为八章内容，具体如下：

第 1 章绪论。主要介绍了本书的研究背景与问题、相关概念和研究意义、研究框架、论文创新等内容。在研究背景中介绍了外资银行在我国的发展现状，外资银行进入与我国商业银行结构与效率变化的关系，以及目前商业银行结构和效率中存在的诸多问题等，由此提出本书的研究问题，研究框架、内容与方法。

第 2 章文献综述。首先对国内外关于银行业管制、产权结构与效率之间的关系理论及实证研究成果进行了总结；其次对市场结构与银行业效率之间关系的文献进行梳理；最后梳理和综述了外资银行进入对东道国和我国银行业效率影响的研究文献。在此基础上，对现有研究中存在的不足进行总结归纳，并提出本文的研究视角。

第 3 章构建了外资银行进入对我国商业银行效率影响的分析框架。本章首先介绍了产业组织理论；其次分析了外资银行进入影响我国商业银行产权结构、市场结构以及效率的作用渠道和机理；最后提出本书分析的一般框架，基于转轨经济制度双结构约束下的 SCP 分析框架。

第 4 章分析了外资银行进入对我国商业银行结构变迁的影响。首先阐述了政府管制放松背景下外资银行进入我国金融市场的现状；其次对外资银行进入前后，我国商业银行产权结构、市场结构的变迁特征进行了比较分析。

第 5 章分析了外资银行进入对我国商业银行效率影响的行为效应分析。首先构建了一个涉及政府、中资银行、外资银行的三方主体，即政府与两个具有不同股权结构（外资银行所占比例不同）的合资银行之间相互竞争的博弈模型，通过对模型的求解分析和数值仿真，分析了竞争效应的作用机理。其次在引入“学习曲线”后，对商业银行学习效应的内涵进行界定，通过构建一个政府、合资银行和客户三方主体的动态博弈模型，分析了学习效应的作用机理。

第 6 章探讨了外资银行进入对我国商业银行全要素生产率影响分析。本章运用 1998~2011 年我国 58 家商业银行面板数据，采用基于不良贷款约束下的 Malmquist-Luenberger 生产率指数，选取存款余额、非利息支出、资本存量作为投入要素，中间业务收入、利润率为好的产出，不良贷款余额为坏的产出，测算了我国商业银行全要素生产率变动情况。在此基础上，以外资银行参股比例作为门限变量，构建门限模型，测算外资银行进入在企业层面对我国商业银行效率的影响。

第 7 章探讨了外资银行进入对我国商业银行信贷资本配置效率影响分析。首先介绍了我国信贷资金投放基本情况；其次将行业贷款投入量和行业年度增加值作为主要衡量指标，通过构造基于 Jeffrey Wurgler（2000）模型的多种变化模型，从不同时间、行业、地区等角度来研究信贷资本配置效率的差异。在此基础上，以外资银行机构数量份额和资产份额为门限变量，构建门限模型，研究了外资银行在行业层面对我国各地区信贷资本配置效率的影响。

第 8 章为结论与展望，概括总结了上述各章的主要研究结论，并对我国银行业的发展和对外开放提出相关政策建议，对今后的研究方向进行展望。

1.4.2 主要创新

本书在前人研究的基础上，主要有以下四点创新：

（1）在传统的产业组织理论 SCP 分析范式基础上，构建了产权结构、市场结构双约束下的 SCP 拓展模型。理论分析发现，我国商业银行产权结构对于市场结构具有内生性的影响，而竞争性的市场结构是产权结构改革产生正效应的前提，中国转轨经济过程中外资银行进入带来的产权结构与市场结构变化具有内在联系和互动机制，双结构对商业银行行为产生重要影响，提高商业银行全要素生产效率，改善了商业银行的产业绩效。本书拓宽了传统模型的约束条件，将产权结构纳入传统的 SCP 之中，构建双结构—行为—绩效分析框架，弥补传统 SCP 理论的不足，通过拓展的 SCP 理论分析了外资银行进入对我国商业银行效率影响，其结果更加切合实际和令人信服。

（2）揭示了外资银行进入影响我国商业银行效率的内在行为机理。研究发现，建立和完善内部学习机制与外部市场竞争行为机制是外资银行进入产生的根本行为变化，这些行为变化是导致商业银行效率提升的根本原因。本书首先通过构建完备信息静态和动态博弈模型，对外资银行进入影响我国商业银行效率的两个主要渠道——竞争行为和学习行为进行定义与度量；其次通过对政府（客户）、中资银行、外资银行三方主体在市场中博弈行为的数理分析和数值仿真模拟，发现在竞争和学习这两个核心行为的作用下，外资银行进入促进了内资商业银行竞争能力、客户甄别能力和盈利能力的提升，揭示了外资银行进入影响我国商业银行效率的竞争行为和学习行为机理，弥补了当前有关“行为效应”研究中缺乏数理推导和定量分析的不足。

（3）将信贷资本配置效率和全要素生产率一同纳入商业银行效率的研究范畴，拓宽效率评价的内涵，使得效率评价更具科学性。外资银行进入会影响商业银行公司治理结构和全要素生产率变化，进而演进内化为商业银行对全社会行业的信贷资本配置效率变化，突出了企业和行业双维度的效率考察视角。同时，在评价全要素生产率时，将“不良贷款余额”作为非期望产出的约束变量，考虑了不良贷款所带来的效率损失问题，避免了因不考虑非期望产出而高估商业银行效率的问题，比以往研究更加接近现实。

（4）构建了不同条件下的非线性面板门限模型，分别实证研究了外资银行进入对我国商业银行全要素生产率和信贷资本配置效率的影响效应。现有文献已表明外资银行进入对东道国商业银行效率会同时产生正面和反面的作用，若仍采用单一的线性模型来研究这一问题，只考虑单方面的作用，将难以符合事实特征，鉴于本书采用门限模型捕捉各变量之间结构关系的跃迁转换特征，更加合理而科学。研究发现，不同类型商业银行在面对外资银行进入的冲击时，效率变化程度各有差异，甚至会有方向性的差别，这与外资银行进入的程度密切相关；同样，各地区信贷资本配置效率与外资银行进入的机构数量份额、资产份额显著相关。这为差别化制定商业银行引资和监管政策提供了科学依据。

总的来说，本书的创新都是建立在前人的研究基础之上，只有立足于已有的研究成果，才可能推陈出新，也许本书最大的创新就是有机地处理了继承和创新的关系。

2 文献综述

绩效问题一直是国内外经济学界研究的重点方向，银行业作为国民经济中最重要的行业之一，银行业绩效问题一直是经济学界关注的重点。从对已有银行业绩效的研究看，主要包括三个方面：一是从银行内部治理结构出发，研究规制、产权结构与绩效的关系；二是从产业组织理论出发，利用传统的结构—行为—绩效（SCP）假说、效率结构假说（ES）和安逸生活假说（QLH）研究银行业市场结构与绩效的关系；三是研究影响银行绩效的外部因素，主要集中于经济转型国家中，考虑外资银行进入对东道国银行业绩效的影响。下面将分别就以上三个方面加以综述。

2.1 银行业规制、产权结构与绩效关系研究综述

2.1.1 银行业规制与绩效

规制是指政府以经济管理的名义对市场进行干预，控制产品价格、销售和生产决策而采取的各种行动。Kahn（1970）认为，规制作为一种基本的制度安排，其目的是维护良好的经济效益，其实质是政府命令取代市场竞争，是对该产业的结构、绩效以及其他主要方面直接的政府规定，如进入限制、价格决定、服务条件及质量的规定，以及在合理条件下企业应尽各项义务的规定。Stigler（1971）进一步把规制的范围扩展到公用事业、要素市场、货币的筹集与支付、商品生产销售等所有公共与私人关系中，指出规制“作为一种法规，是产业所需并为其利

益所设计和操作的”。

关于现代银行业规制主要有两种理论：一是银行内在脆弱性理论。最早由美国经济学家 Veblen（1904）提出，Minsky（1982）进一步系统阐述了该理论，他认为由于经济周期不可避免，银行部门的信贷规模、融资类型等将发生周期性变化，从而导致银行业体系内部存在不稳定性。Kindleberger（1989）继续拓展了这一观点和思路，他把银行危机爆发归结于市场的非理性行为，并提出投机疯狂—恐慌—崩溃模型，以此解释银行脆弱的周期性规律。同时，也有学者认为，银行作为一种金融中介机构，基本功能是将不流动的资产转化为流动资产，更容易受到挤兑，管制是政府保护银行免受挤兑时的政策选择（Diamond and Dybvig，1983）。Jacklin 和 Bhattacharya（1988）则认为，由于生产回报的不确定性导致银行机构的脆弱性。二是银行规制公共利益理论。该理论认为市场是脆弱的，如果放任自流会导致社会的不公平和低效率，而政府规制正是对提高社会公平和效率所做出的反应。银行业同样存在市场失灵，进而会导致金融资源配置难以实现帕累托最优，为了纠正市场失灵，政府应对银行业金融活动进行干预，防止银行业由于信息不对称、外部性和自然垄断等方面的失灵，促使银行业有效运行，以实现社会总福利最大化（Stiglitz，1993）。

关于规制对银行业产生的影响，有学者认为两者之间存在正相关。规制可以通过监视和惩罚银行，来削弱银行借贷中的腐败行为，使银行发挥作为中介金融机构的职能，所以政府的管制能减少市场失效（Beck，Demirguc-Kunt and Levine，2006）。Grifell-Tatje 和 Lovell（1996）认为，管制放松对西班牙银行效率产生负面影响。同样，Fernandez 和 Gonzalez（2005）的研究发现，对会计和审计要求低的国家，政府监管理论上更具势力，可能会减少银行的冒险性行为，他们进一步认为，对银行行为的更多限制会减少银行发生危机的可能。Laeven 和 Levine（2009）则认为，规制对风险的影响与所有制结构密切相关，相同的规制会因为银行法人治理结构不同，而对银行冒险行为影响不同。James 等（2013）持有相同的观点，他们发现对银行的行为实行较松的规制与银行效率负相关，但对资金紧缩规制与银行效率有微弱的正相关。只有在拥有独立监管机构的国家，加强官方监管势力才与银行效率正相关，进一步说，独立的监管机构更具有监管经验，能够提高银行效率。总之，具有更多金融透明度的市场监管机制的国家银行效率更高。

但更多的学者却持有相反的观点，主要是因为太过强势的监管者可能会给银行效率带来负面影响，因为通常他们只关心自己的利益，而不关心整个社会的利益（Becker，1983；Shleifer and Vishny，1989）。Berg、Forsund 和 Jansen（1992）认为，挪威银行管制放松之后，生产率和效率先下降，然后最终上升。Elyasiani 和 Mehdian（1992）则认为，美国的银行效率在 20 世纪 80 年代管制放松之后，效率并未改变。Gilbert 和 Wilson（1998）发现，自由化和管制放松促进了韩国商业银行生产率上升。Kumbhakar 等（2001）同样发现，西班牙储蓄银行在管制放松之后，生产率有一定程度的提升。Berger 和 DeYoung（2001）认为，在美国，管制放松会带来成本生产率的下降，这归因于存款人从管制放松中获取了更高的存款利息。Demirguc-Kunt、Laeven 和 Levine（2004）发现，对银行服务和行为实行紧缩规制会提高金融中介的成本。Barth、Caprio 和 Levine（2004）对 107 个国家样本数据研究结果显示，银行资金压力、政府监管势力、银行绩效和稳定性之间不存在显著关系；相反，鼓励性个人监管能提高银行绩效。总之，他们认为对银行行为的管制不仅不利于银行绩效的提升，而且还会导致银行发生危机的可能性。

一般而言，管制放松对不同银行会带来不同的影响。总而言之，管制放松带来的影响取决于金融系统的结构和放松管制的范围。与政府监管相比，市场监管是否更具有优势，并无一致的观点（Sturm and Williams，2004）。

在经济转型国家中，银行业管制意味着低效率。尤其是与国外银行相比，国内商业银行效率与之相差较大，使得一些发展中国家迫于各方的压力不得不对银行进行所有权改革，促进银行业产权结构的多元化（Arun and Thrner，2004）。因此，进入 21 世纪后，在经济转型国家中，政府纷纷放松对银行业的管制，允许私人资本和外资银行进入本国金融市场。发展中国家的银行业普遍缺乏竞争，经济学的基本原理告诉我们，提高竞争可以促进治理机制的完善，从这一点来看，放松管制、引进外资银行以及私人资本，可以通过加强东道国银行业的市场竞争，促进银行效率的提高（Bhanumik and Dimova，2004）。大多学者都倾向于对外开放，认为管制放松、银行自由化之后，有利于银行业发展、效率提升。Bhattacharya、Boot 和 Thakor（1997）发现，印度银行业系统自由化会促进整个银行系统效率的提升。Leightner 和 Lovell（1998）发现，金融自由化是推动中国台湾的银行生产率提升最成功的方法之一。Isik 和 Hassan（2003）认为，20 世纪 80 年代，土耳其实行新的金融政策，通过引进竞争，推动金融市场发展和部门效率，并在新的环境中，土耳其私人银行与公共银行的差距正在缩小。但是，也有学者提出相反的观点。Gruben 和 McComb（2003）认为，由于私人化之后的竞争，银行业市场势力发生了改变，私人化之后，银行业存在超竞争，此时边际成本超过了边际收入。Clarke、Cull 和 Shirley（2005）认为，私有化会导致银行绩效恶化的可能原因是，私有化通常在一段较长的时间内才会带来产量收益，新的私人银行通常都需要管理者争取更多的时间去克服和改变组织惯性和限制。

2.1.2 产权结构与银行业绩效

通过上述对银行业规制的分析发现，由于规制造成的产权结构差异会对银行竞争力和绩效有显著影响。由于政府对银行业管制，产权结构论认为，对于私人所有制，因为个人享有公司剩余利润的所有权，并同时承担公司经营风险，因此具有强烈的激励动机去提高公司的效益，具有较强的规避风险意识。从全球经济发展看，产权结构的改变实际上是从公有产权转化为私有产权的过程，产权所有者因为具有了强激励，改变企业的治理机制，从而会提高效率，发展中国家产权改革取得的成功无一不证实了这一观点（Vicker，1995）。

产权结构论认为企业是一切“契约关系的联结”，并以契约关系为基本的分析工具，重点研究银行业产权结构、企业治理与企业绩效之间的关系。从逻辑上讲，产权结构作为银行法人治理结构的基础，与企业治理及企业绩效二者之间存在着依次作用的关系，产权结构是企业治理机制的基础，企业治理机制又决定着企业绩效。因而在寻找合适的产权结构进而完善企业治理结构时，企业绩效可以作为评价产权结构是否合适的重要标准，同样，提高企业绩效的关键在于产权结构的优化配置。

2.1.2.1 产权属性与绩效

Faccio 等（2006）发现，与政治相关的银行更容易获得政府的支持和帮助，如果银行的所有者是政府自己，那么在银行破产时，它干预银行的可能性更大。国有银行具有更低的违约风险（Brown and Dinç，2011）。由于国有银行比私人银行具有较低的违约风险以及较高的经营风险，意味着政府保护的存在会引起更高冒险行为。同时，在选举年，国有银行的经营风险和政府保护会有所增长，这与国有银行具有政治目标息息相关（Giuliano，Giacomo and Andrea，2013）。国内外关于银行业国有产权、私人产权与绩效的关系，主要有两种观点：一种观点认为，银行产权属性对绩效有显著影响，另一种则认为不存在影响。

（1）显著影响。传统产权论认为，银行作为一种特殊企业，相对于国有银行和合作银行，私营银行的效率会更高，这主要是因为资本市场的监督作用，表现为以下几个方面：一是股东可以直接参与公司的经营治理，在必要时可以罢免公司的管理人员，或者抛售自己手中所持有的股份；二是资本市场的股票价格以及信息披露，能及时反映企业的经营信息，最大程度地将企业的盈亏状况呈现在股东面前，便于监督；三是资本市场对于企业所有权的争夺，迫使经营者提高企业效率，防止被并购。相比之下，公共产权银行和互助合作产权银行由于没有受到资本市场的监督，面临较为轻松的环境，所有者缺乏对经营者足够的约束，以致经营者更倾向于追求个人利益，从而导致效率比私营银行更低（Nicols，1969；O'Hara，1981）。另外，在国有产权银行中，“搭便车”现象很普遍，理论上国家所有意味着全民所有，但实际上他们并没有权力和动力去影响及监督银行的管理，政府成了唯一有效的代理人，但是政府却具有多重目标，银行在放贷过程中会受到政府不同程度的干预。Paola Sapienza（2005）的研究也证实了这一观点，他分析了意大利国有产权对银行业放贷行为的影响，结果表明国有银行在对相似或相同产权的企业发放贷款时，会比私营银行收取更低的贷款利息，即使企业能够从私营银行获得更多的贷款；国有银行大多喜欢向大企业或经济萧条区域的企业发放贷款；与政党相关的国有银行的贷款行为还受到选举结果的影响，在政党势力越强的区域的企业可以获得更多的贷款和更低的利息。Berger 等（2005）对银行业产权类型与企业的关系研究发现，财务透明度高的企业倾向于与外资参股的银行合作，产生的业务也最多，并且与所有权结构多样化的银行业务联系也较多，但国有企业不太倾向于与产权结构多元化的银行发生业务关系。

与私营银行或产权多元化的银行相比，国有银行效率更低，很多发达国家的实证都证明了这一观点。Braz（1999）对葡萄牙国有银行私有化过程进行了分析研究，结果发现私有化有利于商业银行效率的提升，平均资产大幅增加，在规模和机构扩张方面，国有银行比私有银行表现更为迅速。Otchere 和 Chan（2003）研究了澳大利亚联邦银行在私有化过程中，自身股票和绩效的变化以及对其他竞争对手的影响，结果表明，澳大利亚联邦银行股票价格长期收益为正，尤其是随着国有产权的减少，股票收益会提升，企业经营绩效在私有化之后有明显改进，并且超过主要国内竞争对手，并提出为了获得更强的效率、利润和股票市场绩效，应该推行完全私有化。Farabullini 和 Hester（2005）对意大利 6 家最大的私人银行的组织结构和利润进行了研究，发现私有化之后，利润比其他银行上升较为明显，并且能够考虑到不良贷款带来的利润损失。总之，私有化与银行利润之间存在正相关关系，具有更高的中间业务收入和经营效率。

与发达国家相比，大多数经济转型中国家都经历了国有银行私有化的过程，产权结构发生了重大变化。大量的实证结果表明，银行业私有化以及引进外资等产权结构改革，有力地促进了银行业市场绩效的提升，且表现得更为显著。Majnoni、Shankar 和 Varhegyi（2003）收集匈牙利 1995~2000 年 26 家商业银行的数据，分析了匈牙利银行业股权结构改革过程中允许外资股权进入的三种动态方式对于绩效的影响，结果显示：外资银行通过其产品创新、优质服务以及严密的风险管控机制能够连续性地获得比内资银行更高的利润，能够参与管理并得以成功实施不同战略，而使得成本效率明显改进。Bonin、Hasan 和 Wachtel（2005）为了研究经济转型国家中银行业私有化对绩效的影响，选取了经济相对发达的保加利亚、捷克、克罗地亚、匈牙利、波兰和罗马尼亚 6 个国家的最大银行，实证结果支持了这样的假说：外资控股的商业银行效率相对更高，国有产权占主导的银行效率最差。因此，吸引战略投资者进入银行业的产权私有化过程的重要性再次被肯定。Isaac（2005）对 1989~1998 年远东地区中低收入国家中，私营银行在私有化前后的经营绩效以及与国有银行在股票市场绩效进行分析研究发现，在样本期内，国有银行的经营利润和效率比私营银行更低，并且随着国有产权比例的增加，银行的绩效会更差。在 1997~1998 年的亚洲金融危机时期，国有银行和私营银行的绩效都受到了明显影响，绩效下降，但国有银行的绩效明显比私营银行下降得更快。此外，结果还显示，政府对银行经营管理参与越多的国家，银行绩效差异越明显，银行业国有产权占比越多会导致这些国家经济和金融发展越慢。Thorsten、Robert 和 Afeikhena（2005）评价了尼日利亚 1990~2001 年银行业私有化成果的绩效。结果显示，有 9 家通过私有化后的银行绩效有明显提高，而许多仍旧保留国有产权的银行绩效呈现继续恶化的趋势。Fries 和 Taci（2005）通过对东欧 15 个经济转型国家的研究发现，私营银行的成本效率比国有银行要高。Styrin（2005）收集了俄罗斯 1999~2002 年商业银行相关数据，使用 SFA 方法计算了银行业效率值，然后对国有产权和外资产权进行了分类研究，结果发现外资银行的效率更高，国有产权银行效率不显著。Adnan 和 Saadet（2006）运用 60 个国家 427 个银行的面板数据，分析估算了拉丁美洲和加勒比海银行部门的成本效率和利润效率，同时也比较分析了这些国家中内资银行和外资银行的绩效情况。结果表明，国家间银行效率差异的主要原因是环境变化，利润效率比成本效率水平低，外资银行的效率总体高于内资银行。Ghayad（2008）对伊斯兰银行经营绩效及其影响因素进行了研究，发现银行业存在严格的政府管制，绩效水平不仅受到银行本身的因素影响，而且还受行政因素的干预。Sufian 和 Majid（2008）考察了 2001~2005 年马来西亚伊斯兰银行效率。研究发现，马来西亚伊斯兰银行的规模无效率是由于纯技术无效率导致，而外资银行与同期内资银行相比，技术效率更高。

也有学者提出，在银行私有化过程中，接受出让股份的对象也至关重要。Alvaro（2011）的研究认为，银行业产权结构变化影响国内资本配置效率的程度，主要取决于接管政府出让股份的是外资股东，还是大型内资股东。总的来说，内资股份的增加会阻碍资本配置效率提高，而外资产权占比增加能够提高资本配置效率。

与国外的研究成果类似，国内大多学者都认为产权属性与银行绩效具有显著的相关性，不同所有制银行之间效率会有明显差异，总的来说，国有银行效率要低于股份制和外资银行。这主要是因为银行业产权国家所有，会导致国有商业银行在银行业体系中的强垄断地位，抑制了外界因素的竞争所形成的压力，从而保护国有商业银行处于低效率，造成了制度性的垄断无效或者低效率（刘晓辉、张璟，2005）。许晓雯和时鹏将（2006）利用 DEA 模型测度了 1997~2001 年我国 9 家商业银行的综合效率，对影响我国商业银行综合效率的因素进行了回归，研究结果显示，四大国有商业银行的经济效率普遍低于股份制商业银行。谢晓霞（2008）采用多元回归分析方法，分析了 2006 年我国商业银行效率的影响因素，结果发现，产权结构是影响我国商业银行效率的非常重要的因素。袁晓玲和张宝山（2009）收集了我国 15 家商业银行 1999~2006 年的面板数据，采用非参数的 Malmquist-DEA 模型计算了我国商业银行全要素生产率，结果显示，全要素生产率与资产份额、GDP 增长率以及全社会固定资产投资增长率具有正相关关系，与资产费用率、消费者价格指数以及全部国有及规模以上非国有工业企业销售收入、利润增长率负相关，多元化的产权结构则对商业银行的全要素生产率有一定帮助。Jiang、Yao 和 Feng（2013）对中国 1995~2010 年银行业产权结构和绩效的关系进行了研究。结果发现，相对于国有商业银行，股份制商业银行和城市商业银行经过私有化、合资改造之后具有更高的绩效。然而，对于上市银行，由于在资本市场受到多重的监管和审查，不论股权结构如何，其绩效都表现较好。银行产权结构的私有化无论是在短期还是在长期，都能够提高绩效，从而增加现金流收益和效率改进。

（2）不存在影响。这种观点则认为，银行产权结构对效率没有影响。有不少学者认为，非私营商业银行也存在多种环境压力，效率不会比私有产权银行更低。除了资本市场以外，还会存在对管理者监督的其他形式，比如，职业经理人市场的竞争使管理者必须以企业所有者的利益最大化为原则，公司治理机制中的董事会、监事会等机构也会对管理者形成强有力的监督和制约（Fama，1980）；公共产权的所有者对经营无效者的惩罚措施比私有产权所有者强大得多。Richard 和 Roger（1991）、Peristiani 和 Wizman（1997）等学者的研究也支持了上述观点。Kraft、Hofler 和 Payne（2006）通过对克罗地亚银行业产权结构和绩效的关系研究也发现，新的私营银行和早已私有化的银行比公共银行的绩效低，私有化并没有提高银行效率。Alejandro、Ugo 和 Monica（2007）则认为，在发展中国家和发达国家表现不同，他们采用发展中国家和发达国家的相关数据，重新评估银行产权与绩效之间的关系，结果发现，在发展中国家，与私有银行相比，国有银行拥有更低的盈利能力和更高的成本，而在工业发达国家，银行业产权与绩效之间并不存在很强的相关性。Karas、Schoors 和 Weill（2010）对俄罗斯产权结构与效率的研究表明，与银行产权私有化相比，俄罗斯银行业体系效率的改进更多得益于国内银行市场竞争的加剧和外资银行更大程度的进入。

2.1.2.2 股权结构与银行绩效

也有学者从股权结构的角度阐述与银行绩效的关系，发现股权集中度与银行绩效具有正相关性。Saunders、Strock 和 Travlos（1990）认为，股东控制的银行比管理型银行具有更好的监管意图，因为银行所有者更容易选择高效率的管理团队。Iannotta 等（2007）认为，股权集中度更高的银行具有更好的贷款质量，股权集中度和银行回报之间存在正相关关系，但银行股权限制也会产生负面影响。国内的一些学者也发现，股权结构与银行绩效之间密切相关。李维安和曹廷求（2004）对山东、河南等地 28 家城市商业银行的调查数据研究发现，我国城市商业银行主要是国有股权和集中股权，但大股东的国有性质并没有影响银行绩效，而集中型股权结构对银行绩效具有明显的正面效应。王丽和章锦涛（2005）的研究与上述观点一致，认为我国股份制商业银行相对股权集中度与银行绩效正相关。郑录军和曹廷求（2005）对我国商业银行效率影响因素的研究发现，不同所有制商业银行之间经营效率并不存在显著差异，股权结构集中度和公司治理机制是影响我国商业银行效率的重要因素。高正平和李仪简（2010）利用我国 9 家商业银行 1999~2008 年的面板数据，对股权结构和银行绩效进行了研究，结果发现，国家股权在总体上与银行绩效正相关，但又呈现一种左低右高的非对称“U”形关系，主要股东间的相互制衡也与绩效正相关。

国内更有学者进一步从股东持股比例的角度对银行业绩效进行了研究。杨德勇和曹永霞（2007）采用我国 5 家上市银行的数据，对股权结构与银行绩效关系进行了实证研究，结果发现第一大股东的持股比例与银行绩效呈显著负相关，前五大和十大股东持股比例与绩效显著正相关。吴栋和周建平（2007）收集了我国 14 家商业银行 1998~2005 年的数据，考察了商业银行股权结构与银行效率的关系，结果表明国家在调整商业银行股权结构时，应该选择国有法人股，而不是直接持股；允许境外战略投资者充当商业银行的第二或第三大股东。谭兴民、宋增基和杨天赋（2010）收集了 2006~2009 年我国 11 家上市商业银行的数据，在考虑银行业特殊性基础上，实证检验了我国银行业的股权结构与绩效之间的关系，结果表明银行绩效与第一大股东持股比例及其控制力以及过高的股权集中度之间存在负相关，引进境外战略投资者对银行效率有所改进。刘艳妮、张航和邝凯（2011）利用我国 14 家上市商业银行 2007~2009 年的面板数据，对银行股权结构与绩效关系进行实证分析，结果发现第一大股东持股比例、前五大股东持股比例之和与绩效呈倒“U”形的二次曲线关系，国有持股比例与绩效负相关，外资持股比例则与绩效正相关。

2.2 银行业市场结构与绩效关系研究综述

从20世纪60年代开始，学界开始将银行业作为产业组织理论研究的重点之一，主要关注的问题是垄断导致低效率的经典结论在银行业中是否存在。结构—行为—绩效（SCP）研究范式成为了研究银行业市场尤其是银行业绩效的主要工具，SCP范式拓宽了产业组织理论的研究范围，同时也促进了现代微观金融理论的形成和发展。一个关键问题是，这种源于对制造型产业的研究理论能否无条件地适用于银行业这个特殊行业的研究，且其理论本身也受到很多学者的质疑。

20世纪60年代后期，以J.施蒂格勒、O.E.威廉姆森、德姆塞茨为代表的学者，对SCP等结构主义分析范式进行了猛烈抨击。他们认为，SCP范式存在两个方面的缺陷：首先，SCP范式主要运用经验统计和回归分析，其研究的资料很可能不具有一般性，而且缺乏理论基础和逻辑一致性。其次，其政策的含义往往不准确，比如他们提出在制定反垄断政策时，以政策是否影响竞争为目标往往并不正确，而应该以效率为标准，但往往竞争程度与效率之间的关系并不一定存在严格正相关。20世纪70年代以后，随着经济学界开始将可竞争性理论、交易费用理论和博弈理论等新的经济理论方法引入银行业等行业问题研究以后，传统的产业组织理论在理论基础、分析手段以及研究重点等方向都有了实质性突破。80年代，西方经济学界将新兴起的新制度经济学以及不完全市场理论，应用于银行业市场的研究，使得中介微观金融理论得到快速发展。

20世纪90年代，Hannan、Calem和Carlino等在依托微观金融理论基础上，建立了适应银行业研究的新理论框架。他们将产业组织理论的最新研究方法应用于银行业市场研究，把实证分析与产业组织理论紧密地结合起来，形成了现在研究银行业市场的惯用方式。并且随着欧美国家对银行业管制的大幅放松，以及行为金融学的高速发展，银行业竞争和银行之间的策略性行为成为产业组织理论及金融学研究中的重要方向。

国内外关于银行业市场结构与绩效水平关系的大量理论和经验研究，主要存在下述三种假说，即市场力量假说（Market Power Hypothesis，MP）、效率结构假说（Efficient Structure Hypothesis，ES）和安逸生活假说（Quiet Life Hypothesis，QLH）。

2.2.1 市场力量假说

市场力量假说包括传统共谋假说，即结构—行为—绩效假说（Structure-Conduct-Performance Hypothesis，SCP）（Bain Joe，1959）和相对市场力量假说（Relative Market Power Hypothesis，RMP）（Shepherd，1982）两种理论。

2.2.1.1 SCP 假说

SCP 假说认为，在银行业市场中，银行的利润率与市场集中度呈正相关关系，因为如果银行业的市场集中度高，少数规模较大的银行占有很大的市场份额，从而可以操纵市场，且大银行之间更容易达成合谋，通过收取较高的存、贷款利差，高额的服务佣金，获取高额垄断利润。Molyneux 和 Teppet（1993）通过对芬兰、挪威、瑞典、瑞士和奥地利五个欧洲国家银行业相关数据的实证研究发现，在这五个国家中，银行业的市场结构与市场绩效之间存在着正相关，从而支持了 SCP 假说。Lioyd-Williams、Molyneux 和 Thornton（1994）通过对西班牙 1986~1988 年银行业的研究，也证明了这一观点。Berger 和 Hannan（1997）对欧洲的研究大多支持 SCP 假说，这些研究揭示出比较高的银行业市场集中度具有正面效应。Vennet 和 Vander（2002）通过收集欧洲 17 个国家的 2375 家银行 1995~1996 年的经营数据并建立面板模型，在假定银行效率和规模经济存在影响的前提下，检验了银行绩效的各种假说，结果显示，银行绩效与市场集中程度之间存在很强的相关性。

除了这些欧洲发达国家，对美国及一些经济转型国家的研究也支持 SCP 假说。Berger 和 Hannan（1998）采用美联储备银行数据，发现更多的证据支持 SCP 假说，而不是相对市场势力或者效率结构假说。Claeys 和 Vander（2008）在控制了中欧和东欧国家宏观经济环境、外资银行以及国有银行等其他影响因素的前提下，实证考察了其高利差来源是否由低效率和非竞争性市场条件形成的，通过运用 SFA 技术，他们的研究结果支持了 SCP 假说。

关于市场集中度和银行利润，Bourke（1989）对欧洲、北美和澳大利亚等发达国家银行业的研究发现，两者之间存在正相关。但是，Allen 和 Gale（1991）的结论却与之不同，他们利用博弈模型对银行业竞争分别进行静态和动态研究发现，随着竞争的加剧，银行的利润率会下降，同时还发现，在考虑了锁定效应、产品的多样性和有限的信息后，市场集中会导致银行更有效率的结果。Fernández de Guevara 和 Maudos（2005）采用勒纳指数衡量欧洲银行业 1993~2000 年的市场竞争程度，发现市场集中度与银行利息收入之间存在显著的正相关。Tregenna（2009）收集美国银行业 1994~2005 年的相关数据，研究发现银行业市场集中度与利润存在较强的正相关。

2.2.1.2 RMP 假说

RMP 假说认为，只有那些很好地实现了产品差异化且占有较大市场份额的大型银行，才能运用其拥有的市场力量来操控产品价格，获取超额利润，而这与其市场垄断程度并无必然联系。Shepherd（1986）认为，只有具有较大市场份额和提供差异化产品的银行才能借助市场势力，获得超额利润，而其他具有较小市场份额、产品差异化程度低的银行，只能作为跟随者确定自己的价格和产量，因此他认为市场份额是市场势力的来源，而不是市场结构，银行业绩效应该只与市场份额存在关系。Smirlock（1985）在回归方程中同时引入市场集中度与市场份额，实证检验结果发现，银行的利润率与市场集中度的关系并不太显著，而与银行市场份额有显著的正相关。同样，Frame 和 Kamerscherm（1997）认为，银行业的市场份额以及银行的效率是影响商业银行利润率的主要因素。Ali、Tomoe 和 Guy（2013）利用 40 个新兴和发达经济体 1999~2008 年银行业数据，对传统的结构—行为—绩效（SCP）和相对市场势力（RMP）假说进行检验，研究发现，在发达经济体国家，较大的市场份额会带来更高的银行利润，这与 RMP 假说一致，但在新兴经济体国家，市场结构与效率的关系不支持上述两种假说。但在发达国家，SCP 假说可能会产生负面影响，即更高的市场集中度会更不利于金融系统的安全和稳定。

2.2.1.3 国内的实证研究

国内有不少学者利用市场力量假说对银行业市场结构与绩效的关系进行研究，但实证研究的结果与国外并不一致。于良春和鞠源（1999）最早将产业组织理论应用于商业银行研究，他们选取市场份额、市场集中度和进入壁垒指标考察市场结构与绩效的关系，结果发现四大国有商业银行尽管处于垄断地位，但其获利能力和经营绩效明显低于股份制商业银行和外资银行，银行的经营效率和盈利能力基本与其规模无关。

众多学者主要是从关注市场集中度研究市场结构和绩效的关系，多数研究发现，我国市场集中度与绩效水平是呈负相关的。谭鹏万（2006）收集了 33 家商业银行 1997~2004 年的数据，测算了赫芬达尔指数，并对银行业市场结构与绩效关系进行了研究，结果表明，市场集中度降低对四大国有商业银行盈利能力没有产生显著性影响，但削弱了其他股份制商业银行和城市商业银行的盈利能力。徐传谌和齐树天（2007）收集了 1996~2003 年我国 14 家商业银行的数据，测算了我国商业银行的 X-效率，结果显示商业银行的所有制改革对银行业的经营绩效改善产生一定的积极作用，同时政府对国有商业银行的改革和调整措施在减少银行经营成本方面具有良好的效果。李一鸣和薛峰（2008）收集了 2000~2006 年我国 13 家商业银行的数据，对我国银行业市场结构、市场绩效等情况进行了实证分析，结果表明，银行绩效与市场集中度呈负相关，随着市场集中度的下降，银行绩效提高，商业银行资产规模也与绩效负相关，但是银行管理水平、创新能力对绩效产生显著正向影响。李继民和胡坚（2010）采用我国商业银行 2004~2007 年的数据，在借鉴 SCP 框架思路的基础上，对市场集中度、规模等因素与绩效之间的关系进行实证研究，发现我国银行业市场绩效与集中度之间呈负相关，银行业整体上表现出规模经济，非利息收入对市场绩效起到负面作用。曾江洪和樊娜娜（2010）利用我国 19 家商业银行 2004~2008 年的数据，对我国银行业的市场结构与绩效的关系进行了实证研究，结果表明，股份制商业银行和城市商业银行的绩效要优于国有商业银行，市场集中度与市场绩效呈现出显著的负相关关系。

国内也有一些学者检验了银行业市场份额与绩效水平的关系。秦宛顺和欧阳俊（2001）利用 1997~1999 年我国 16 家商业银行的混合数据研究发现，银行绩效水平与市场集中度之间并无显著的统计关系，而银行规模效率与市场份额显著负相关，不支持 RMP 假说和 ES 假说。赵旭、蒋振声和周军民（2001）的研究也证实市场份额、市场集中度与利润率负相关。徐忠、沈艳和王小康等（2009）分析了我国银行业市场结构与经营绩效之间的关系，结果发现资产回报率与市场份额正相关，而与市场集中度存在显著的负相关，这一结论在一定程度上支持了关于市场结构和银行绩效关系的 RMP 假说。宋玮、李植和王冬丽（2009）利用 1997~2006 年我国 16 家商业银行数据，实证研究了市场结构与绩效的关系，结果表明市场份额越大，市场集中度越高，银行业整体绩效越低，银行业绩效的提升有赖于市场份额、市场集中度、杠杆比率等影响因素的进一步优化。

2.2.2 效率结构假说

效率结构假说认为，有效率银行的高利润来源是高级的生产和管理技术，以及更低的成本。一方面，效率结构假说发现，因为效率结构，特定商业银行才能拥有较高的市场占有率，从而形成高市场集中度；另一方面，效率结构假说提出，银行业市场绩效与市场结构之间并不存在直接关系。与此相对应，效率结构假说包括两种假说：一是以 Demsetz（1973）和 Peltzman（1977）研究为代表的 X-效率结构（ESX）假说，二是以 Lambson（1987）为代表的规模效率（ESS）假说。

2.2.2.1 ESX 假说

ESX 假说认为，生产技术和管理水平较高的银行，凭借较低的成本和较高的利润，从而可以获取更大的市场份额，导致较高水平的市场集中度。Demsetz Harold（1973）和 Peltzman（1977）对银行业市场结构与市场绩效之间的关系作出了新的解释，他们的研究认为，如果一家商业银行比其他商业银行更有效率，那么这家商业银行会有更低的成本，同样的收益条件之下成本低的银行就可以获得高额利润。Vesala（1995）的观点与此一致，认为一家银行比其他银行更有效率，往往这家银行的成本会更低，才可以获得高的利润，从而这些银行往往可以通过降低服务价格获取更多的市场份额，因此市场结构被内生化。Victor 和 Rebelo（2003）对葡萄牙的研究、Shin 和 Kim（2011）对韩国的研究都验证了这一假说。

2.2.2.2 ESS 假说

ESS 假说认为，即使银行管理水平和生产技术基本相同，但由于企业规模经济效率并不完全一致，也会使得生产规模最优的企业成本最低，从而获得较高利润（Brozen，1982）。Goldberg、Lawrence 和 Anoop（1996）收集了 1988~1991 年 11 家欧洲国家大银行的数据，并且应用随机边界法测度了这些大银行的效率，经过实证检验，结果显示这些大银行的市场集中度与盈利能力之间并不存在正相关关系，X-效率结构假说也仅在银行业竞争程度比较高的市场中才成立。除了对欧美发达国家，对亚洲一些国家的研究也关注了市场结构与绩效的关系，如 Park 和 Weber（2006）对韩国银行业的研究，Samad（2008）对孟加拉国银行业的研究都支持了效率结构假说。

2.2.3 安逸生活假说

市场力量假说和效率结构假说，都认为市场集中度或市场势力与绩效是呈正相关的，但在实际中，拥有较高市场份额的银行效率会更低，这被称为安逸生活假说（Quiet Life Hypothesis，QLH），是由 Hicks（1953）提出来的。安逸生活假说为解释市场结构与绩效之间的不确定关系提供了另外一种选择。这一假说提出了与上述两种假说截然相反的关系，认为有着高集中度或较强势力的企业可能由于身处宽松的经营环境中，管理层过着安逸的生活，不会努力追求效率改进，从而导致企业效率低下，利润水平也同样低下。Berger 和 Hannan（1998）对其进行了进一步解释，他们认为，市场集中度高的大银行可以通过收取较高的贷款利率和支出较低的存款利率，赚取大量的利率差，在这样一种安逸的生活环境中，银行业的经理人不会努力控制成本，改进效率，在缺乏其他约束机制的作用下，经理人甚至会允许企业成本有一定程度的上升。在银行拥有市场势力的情况下，经理人可能并非以利润最大化为经营目标，而是盲目地扩大设备和规模，以更多的精力获得或者维持市场势力的局面，比如维持进入壁垒、阻止竞争等，这会导致企业成本上升。因此，银行业市场结构与绩效之间存在一定程度的负相关。Delis 和 Tsionas（2009）对欧盟和美国银行业市场势力和效率的检验研究发现，不同地区银行的市场势力和效率之间存在差异，银行业竞争激烈，但部分银行偏离了市场平均竞争行为，效率与市场势力之间存在负相关，从而支持了安逸生活假说。

然而国内有学者发现，我国银行业市场中既不存在“结构—行为—绩效”假说，也不存在“效率结构”假说，银行利润水平和市场绩效受到规模无效率的制约（陈敬学，2004；何韧，2005）。同样，关于“安逸生活”假说，国内也有学者进行了检验，发现中国银行业市场结构和绩效的关系并不支持这一假说，可能原因是政府利率严格管制一定程度上削弱了国有大型商业银行赚取超额垄断利润。因此，利率自由化必然会伴随着市场集中度的下降。总之，为了提高竞争程度，新的政策必须鼓励其他银行资本进入，以及增加有效率银行的市场份额（Fu and Heernan，2009）。

2.3 外资银行进入与东道国银行绩效关系研究综述

在梳理国内外关于银行业结构与绩效水平关系的研究成果过程中，我们发现，影响银行业绩效的一个很重要的因素是外资银行的进入，尤其是外资银行的进入方式和进入程度对东道国银行业的发展乃至国民经济的发展都有着至关重要的作用。一般来说，外资进入主要有两种方式：一种是直接参资入股东道国商业银行，以境外战略投资者的身份改变内资商业银行产权结构。境外战略投资者不仅会带来充足的资本金，而且还会带来先进的技术、管理经验等，同时外资银行一旦适应了国内银行所处的环境，就能够分享当地合作银行的软件信息和基础网络，国有银行股份制改造过程中引进境外战略投资者会更加有效（Hasan and Marton，2003；Fries and Taci，2005）。另一种是设立分支金融机构。在原有垄断的银行体系中，外资银行的进入可视为对东道国银行业的外部冲击，这一冲击将有可能打破银行业原有市场结构和低效率状态，有助于提高银行业竞争程度和信贷资本配置效率，为东道国银行经济运行带来好处（Walter and Gray，1983；Wengel，1995）。

与东道国商业银行不同的是，外资银行具有显著的重要特点：一是以追求利润最大化为根本目的，不像内资国有银行还承担较大的政治任务，具有较强的竞争实力，外资银行的渗透将削弱东道国银行获得超额利润的市场势力；二是能够带来新型的金融产品和服务、先进的管理技术和经营手段，值得国内商业银行模仿和借鉴。这些特点使得外资银行对东道国银行业产生巨大的影响，形成竞争效应和溢出效应。另外，来自成熟市场经济国家的外资银行还可以激发东道国银行业的学习效应，带动银行业市场规则的建设和公司治理机制的改进和完善（Crystal，Dages and Goldberg，2001；Drakos，2003）。上述效应是外资银行对东道国银行业效率产生影响的主要渠道，理论上来说，如果上述效应能得以充分发挥，外资银行进入将会促进东道国银行业信贷配置、经营效率乃至整个经济社会发展。但事实上，国外众多文献理论和实证研究都表明，外资银行进入对东道国银行业绩效产生的影响，与理论上的描述并不一致，而更多地依赖于东道国经济社会发展水平以及外资银行的进入程度。

国内外关于外资银行进入对东道国银行体系发展作用问题的研究始于 20 世纪 80 年代初，但学界的意见并不统一，主要存在三种观点：正面溢出效应、负面效应和阈值效应。下面将外资银行进入所产生的影响分别归纳如下。

2.3.1 正面溢出效应

很多学者认为，外资银行进入会产生正面溢出效应，通过示范与牵动效应，促进竞争，从而有助于东道国银行业效率的改进。Goldberg 和 Saunders（1981）、Walter 和 Gray（1983）等的一系列论文从理论和经验两个角度分析，认为外资银行的进入有助于东道国银行体系竞争程度的提高，给东道国银行提供了学习的榜样，因此有利于促进东道国银行业市场绩效水平的提升。

首先，外资银行的进入能带来先进的技术和管理经验，从而对东道国银行业绩效产生正面的影响（Thorne，1993）。Wright（2002）分析了澳大利亚外资股权进入对银行业绩效的影响，结果显示，外资银行通过其产品创新、优质服务以及严密的风险管控能够连续性地获得比内资银行更高的利润，以及引进战略投资者参与管理并能够明显改进成本效率。

其次，引进外资银行能提高东道国银行业市场的竞争程度，迫使内资银行在较大的压力下，改进经营管理方式，提升效率。Dages、Goldberg 和 Kinney（2000）的研究同样认为，外资银行进入会对东道国银行业的竞争程度有所增加，能够促进银行业的互相竞争和效率的提高。总之，有关外资银行进入对新兴市场国家银行业效率产生正面影响的代表性观点认为，外资银行进入主要通过竞争效应和外溢效应对东道国银行效率产生直接和间接的促进作用（Lensink and Hermes，2004；Wilhelm and Rainer，2011）。Yildirim 和 Philippatos（2007）收集了 11 个拉美国家的银行业数据进行分析，研究结果显示，外资银行进入极大地促进了拉美国家银行业的竞争程度，使得过去居高不下的银行利差得以下降，促进了东道国银行成本效率的提高。Tigran 和 Arsen（2010）通过对中东欧国家外资银行发展的研究发现，外资银行比国内银行具有更高的成本效率，会带来更加激烈的竞争，从而促进国内银行效率的改进。

此外，外资银行进入还会降低银行业的系统风险。Yeyati 和 Micro（2007）对拉丁美洲 8 个国家大量商业银行数据进行了实证分析，他们认为只要外资银行能够充分进入，那么银行业市场集中程度的增加并不一定代表市场竞争程度的降低，而且银行业产生危机的风险与银行业市场的竞争程度负相关，数据表明银行业的稳定和外资银行的进入程度之间存在正相关关系。

从现有研究可以发现，外资银行进入还会从其他渠道影响东道国银行业绩效。Claessens、Demirguc-Kunt 和 Huizinga（2001）以 80 个国家和地区（其中有 50 个国家是发展中国家及地区或者是处于经济转型过程中的国家）1988~1995 年 7900 家银行的数据为样本进行实证研究，结果发现，对于发展中国家，外资银行所占市场额度的上升明显降低了东道国银行利润及成本，同时外资银行要比东道国银行拥有更高的净边际利差和利润，外资银行机构数量与东道国银行利润率及成本负相关，而与其所拥有的市场份额并不相关。Sengupta（2007）建立了一个外资银行与东道国银行在银行信贷市场中的博弈竞争模型，研究结果显示，当东道国政府放松外资银行进入的限制，东道国的资金借贷成本会降低，这是由于外资银行会在东道国银行以及借款者之间重新分配利润；与此对应，东道国的借贷者还能从外资银行进入带来的低成本以及高效率优势服务中受益。Christopher 等（2008）通过对 2003~2005 年乌克兰 160 家银行的分析研究发现，国内商业银行业的利润水平与外资银行进入程度呈正相关，按照银行大小和利润水平对银行进行划分后，发现尤其对大型、小型银行影响更明显。Allen、Iftekhar 和 Zhou（2009）通过分析 1994~2003 年中国银行业效率来预测银行业改革的效果，结果表明，四大国有银行的效率最低，外资银行的效率最高；外资银行参股的股权与银行效率提高具有显著的相关性，四大国有银行通过少数外资股权的参股可以显著地提高绩效水平。

国内很多实证研究也都表明，外资银行进入有利于我国银行业的发展。黄宪和熊福平（2006）的研究发现，国内商业银行对外资银行在华设立分支机构数目的增加并不敏感，但随着外资银行所占市场份额的增加，国内商业银行的非利息收入率、运营费用率和税前利润都有显著的提高。Berger、Hasan 和 Zhou（2010）通过研究 1996~2006 年中国银行业多元化与银行绩效的关系，发现国内银行的外资银行股权大小与该银行业务多元化发展具有相关性，外资股权越高的银行，业务多元化发展速度越快，非利息收入增长也越快。Jiang、Yao 和 Feng（2013）将银行业产权的静态效应和私有化动态效应相结合，研究了 1995~2010 年中国银行业绩效水平。研究发现，相对于国有商业银行，股份制商业银行和城市商业银行通过股份制改造之后明显具有更高的绩效；上市银行由于在资本市场受到多重的监管和审查，不论股权结构如何，其绩效都表现较好；无论是在短期还是在长期，银行产权结构的私有化都能够通过提高绩效来增加收益现金流和改进效率，外资参股的银行能够获得长期积极的效应。

另外，外资银行进入以后，逐步打破我国银行业低效率的状态，通过与中资银行的竞争与合作，融入到我国商业银行体系中，这将逐渐优化我国银行业市场结构（谢雨白，2004），有利于我国金融体制改革的进一步深化（陈泽慧，2008）。叶欣（2006）的研究发现，外资银行进入所产生的竞争压力虽然有限，尚未打破中国银行业低效状态，但待中国银行业市场竞争条件改善以后，外资银行进入带来的竞争效应将有利于促进银行业效率的提升。彭欢和雷震（2010）的研究也证实，我国放松管制政策以及外资银行的进入，提高了银行业市场竞争程度，这种竞争关系提升了银行业绩效水平。郭妍和张立光（2005）运用我国 1993~2002 年 13 家银行的面板数据，实证研究了外资银行进入对我国商业银行的经营水平、盈利能力、抗风险能力的影响，结果证实，在 20 世纪 90 年代前半期，外资银行的影响仍甚微，直到 1998 年后才逐渐显著，国内银行的利差上升，利润率、非贷款收益率以及费用率均下降。陈奉先和涂万春（2008）收集我国 1999~2006 年 24 家银行数据，实证检验了外资银行进入对我国银行业效率的影响，结果发现，短期内会导致我银行业利润水平下降，风险管理水平上升，外资银行机构数量和持股比例的增加能促进我国银行业效率的改进。闫庆悦和王彬（2010）收集了1996~2007年中国商业银行的主要财务数据，分析了外资银行进入对我国商业银行的盈利水平、稳健性、流动性以及经营费用四个方面的影响，结果表明外资银行进入给我国商业银行的盈利水平带来了正向影响，经营费用带来负向影响，而稳健性、流动性这两者的影响检验不显著。

Yao、Han和Feng（2008）通过运用非参数法对1998~2005年我国15家大型商业银行效率变化进行分析，结果发现，产权改革和外资银行进入促进中国商业银行的绩效提高，全要素生产率会以年均5.6%的速度提高，但绩效水平的提升很可能与大量的政府支持以及人为创造因素有关，而实际上我们的银行效率仍旧很低。

2.3.2 负面效应

这种观点认为，外资银行进入对于东道国银行业的影响有很大的不确定性，并不一定就会带来竞争和效率的改善，甚至会产生负面作用。尽管外资银行进入的正面作用已得到很多研究的验证，但也有不少研究表明，外资银行的进入并没有改善东道国商业银行的效率，反而会凭借自身的优势给东道国银行业带来压力，从而抑制其效率改进。美国诺贝尔经济学奖获得者斯蒂格利茨（Stiglitz，1993）的研究最早提出了这一观点，他在文章中指出，外资银行进入会给东道国银行、企业以及政府造成潜在的成本，这会使东道国银行体系效率的改进受到牵制和消耗。另外，他还认为，与外资银行的竞争会加重东道国银行的竞争成本及压力。

Clake和Cull（2000）分析了阿根廷银行业市场在外资银行进入后的变化，结果发现外资银行进入对阿根廷银行业竞争与效率的影响程度在不同市场之间会存在差异，抵押贷款市场外资银行参与较为积极，使得该市场净利差下降，而银行经营成本增加；在消费信贷市场由于外资银行进入较少，使得净利差以及经营成本变化不大。Okuda和Rungsomboon（2007）分析研究了外资银行进入对泰国银行业绩效的影响，结果发现，外资银行的进入降低了泰国国内银行的贷款利息收入、非利息收入和利润；在短时间内，外资银行进入会导致内资银行管理成本的提高，但从长远看，对国内银行业的发展有帮助。Beck 和 Martinez（2010）以及 Haber 和 Musacchio（2012）的研究发现，同样对于拉美国家的墨西哥来说，外资银行的不断进入并没有打破墨西哥银行业市场高度集中的现状，墨西哥银行业的竞争程度以及银行经营效率没有得到改进。Lensink 和 Naaborg（2007）对外资银行业效率和外资产权水平进行全面分析，以验证本土优势假说（国内银行成本更低）和全球优势假说（超先进技术），通过研究发现，外资产权的增加水平与净利息收入和利润呈负相关，这支持了本土优势假说。

Detragiache、Tressel 和 Gupta（2008）通过研究发现，外资银行进入会降低私营企业的信贷。这一结果可以用“吸脂效应”解释，外资银行在监管“硬”信息（比如会计信息、担保价格）等方面优于内资银行，但在监管“软”信息（如企业家才能）上比内资银行要差，这会导致外资银行更倾向于借款给财务透明的客户，而不会选择不透明的企业，一旦这些具备硬信息的客户与其他借贷者分离，则剩下的软信息顾客就会处于一个更差的境地，这将导致他们既不能为贷款支付更高利息，也得不到借贷，这将导致私营企业整体信贷额的减少。Lin 和 Zhang（2008）使用 1997~2004 年中国银行业数据，评估了银行业产权结构对银行业绩效的影响，并从静态、选择和动态效应方面联合考察了内资私人银行、国有银行和外资银行所有权，研究发现，除政策性银行以外，四大国有商业银行比其他类型银行的获利能力更差、效率更低、资产质量更差，进一步的研究还表明，正在引入境外战略投资者或者准备上市的银行获得更好的前期工作绩效（选择效应），而在短期或长期内绩效水平几乎没有发生变化。

由以上分析可知，大多数文献都已验证外资银行进入会对我国商业银行效率产生正面影响，但也有学者认为这一影响较小或不产生影响。孙兆斌和方先明（2007）通过对 1996~2004 年我国 14 家主要商业银行的研究发现，外资银行进入对我国银行业全要素生产率的提升作用不显著。Wu、Chen 和 Lin（2007）将中国 1996~2004 年 14 家银行作为样本，实证结果表明，对于整体样本银行来说，有外资股东参股的中资银行平均资产回报率（ROA）比没有外资股东参股的银行低，外资银行参与深度的增加不能影响中国银行业经营绩效。侯晓辉和张国平（2008）认为，伴随银行业竞争程度的增加，国有所有制形式以及引进战略投资者两者对我国银行业的技术非效率并无显著影响，但却能显著改善银行配置非效率。姚树洁、姜春霞和冯根福（2011）研究了 1995~2008 年中国银行业改革的状况和效率的变化，结果发现，银行的不良资产对成本效率有着很强的膨胀效应，外资银行会选择利润效率好的企业进行投资，显现较强的选择效应（即“选摘樱桃效应”）。

2.3.3 阈值效应

也有一些学者通过实证研究发现，外资银行进入会给东道国银行业同时带来正、负两方面的影响，这被称为阈值效应。Lensink 和 Hermes（2004）分析了 26 个欠发达国家的银行业市场在外资银行进入后的变化情况，结果发现，外资银行进入与东道国银行业的利差收入以及银行经营成本并非完全线性相关，而是表现为一种倒“U”形关系，即当且仅当外资银行在东道国银行业的市场份额达到或超过一个最优的水平或阈值之后，外资银行的进入才会提高东道国银行业的竞争程度。

国内也有学者研究发现，外资银行进入会同时对我国银行业产生正反两方面的影响，这主要取决于进入的程度。李伟和韩立岩（2008）利用我国 1996~2006 年银行业的数据，应用 Panzar-Rosse 模型测算了中国银行业市场的竞争程度，并分析了外资银行进入程度和银行业市场竞争之间的关系，研究发现两者之间存在“U”形关系，只有外资银行的进入程度达到一定阈值后，外资银行才会促进国内银行业市场竞争程度的提高。张金清和吴有红（2010）利用我国 14 家主要商业银行的数据，首先运用 SFA 方法测度了其效率水平，然后研究了外资银行进入对我国商业银效率改进的“阈值效应”，结果发现外资银行进入的“阈值效应”是客观存在的，而且这种效应并不会因为银行产权性质的不同而显现出差异。邱立成和王凤丽（2010）采用多国面板数据分析方法，从不同角度实证研究了外资银行进入对东道国银行体系稳定性的影响，结果认为，当外资银行进入达到一定程度时，会影响国内信贷规模的大小、信贷治理的高低和货币政策的传导效果。毛泽盛（2010）对中国银行业的实证研究发现，外资银行进入对中国企业信贷的影响存在二次函数关系，可用“U”形曲线加以描述，但对中国国内信贷供给的总体影响不够显著。王聪和宋慧英（2012）使用结构断点检验，发现自我国加入 WTO 后，国内银行市场的竞争程度明显提高，我国商业银行的竞争行为同外资银行进入程度之间出现倒“U”形关系，即外资银行的进入会促进我国银行间竞争，但只有外资银行的进入达到一定阈值之后，商业银行市场竞争行为才会出现反转现象。

从以上国内外学者的研究看，外资银行通过对东道国商业银行的产权结构和市场结构的冲击，以影响银行业绩效。这也说明，外资银行进入所产生的竞争效应、学习效应都发挥了一定的作用。但从实证结果看，由于选取指标、变量以及数据的差异，关于外资银行进入对银行业的影响结果看法并不一致，认为这取决于东道国自身经济开放的程度、金融制度的市场化程度、银行业市场结构以及外资银行进入的方式等因素。

2.4 对已有研究的评述

在已有研究中，有大量文献关注到在发展中国家，外资银行进入对东道国商业银行业结构和绩效水平的影响，但主要都还是利用传统的 SCP 假说、ESH 假说等，研究方法较为单一，存在分析框架上的缺陷，尤其是产业组织理论没有考虑在经济转型国家中，独特的银行业产权结构特征是影响绩效的关键因素，未能将外资银行进入、产权结构、市场结构和绩效的变化纳入到统一的研究框架中，因此难以合理解释外资银行进入对东道国银行业绩效的作用机理和效果。

在分析外资银行进入产生作用时，关于具体的影响渠道，外资银行进入所激发的市场竞争效应、学习效应是如何发生的，它们作用的机理是什么，很少有文献对此进行深入研究；政府对外资银行的严格规制，是影响外资银行发挥作用的一个重要因素，政府（客户）、中资银行、外资银行（合资银行）三方主体是如何进行利益博弈的，以及外资银行进入对我国商业银行产生的行为效应变化机理是什么，很少有文献对此进行数理上的推演分析和发展趋势上的模型检验。

在评价东道国银行业效率时，一般都采用国内银行业的财务性和经营性指标，即使采用比较全面的银行业生产率指标，但也因为没有考虑不良贷款等“非期望”产出的影响，尤其是我国大型商业银行在金融改革之前不良贷款一直居高不下，这对效率的测量会产生偏差。另外，信贷资本配置效率是衡量商业银行对社会经济发挥优化资源配置功能作用的重要指标，但截至目前，现有文献尚未考察外资银行进入条件下我国商业银行分行业、分地区的信贷资本配置效率情况，这势必会影响我们客观、全面地评价我国商业银行的效率现状。

关于外资银行进入对我国商业银行效率的影响效果研究，虽然有些学者也发现这两者并非完全线性的关系，但都没有定量给出外资银行进入到何种程度才会对银行业效率的影响产生方向性改变。更鲜有文献实证研究我国不同类型商业银行、不同地区在面对外资银行的效率冲击时、产生方向性改变时外资进入程度的差异情况。

3 外资银行进入对我国商业银行效率影响的分析框架

3.1 产业组织理论

产业组织理论主要是围绕垄断与完全市场竞争的博弈在不断探索，进而从结构问题上升为效率问题，简而言之就是效率影响结构还是结构影响效率，或者两者孰轻孰重而决定市场结构与效率的制衡。从目前的研究看主要有四种理论范式，即哈佛学派范式、芝加哥学派范式、可竞争理论范式和以博弈论为基础研究方法的新产业组织理论范式。四种范式没有绝对性地定论孰优孰劣，哪种方式也没有占主导地位，只是在原有研究的基础上不断完善，增强理论解释现实的能力。同时，必须说明的是，产业组织理论是微观经济理论发展到宏观经济理论的过程，最初是微观经济学研究的范畴，逐渐过渡到宏观经济的产业问题。

3.1.1 哈佛学派的 SCP 分析范式

作为产业组织理论的开创性系统论著，贝恩的《产业组织》在原有产业组织一系列基本概念的基础上明确提出了构成传统产业组织理论核心内容的结构（Structure）—行为（Conduct）—绩效（Performance）分析范式。其中，市场结构通过市场集中度、产品差异化程度和市场进入条件等项指标分析，考察卖者之间、买者之间、买卖双方之间以及潜在进入者与现有卖者之间的市场关系。市场行为则包括卖者的价格和产量决策、卖者的产品和费用决策、卖者的掠夺性行为和排他性行为，以及买者的市场行为。而行为的结果绩效主要从六个方面进行考察：受产量、过剩生产能力所影响的技术效率、企业规模；相对于长期边际成本和平均成本的价格水平以及价格—成本差额；长期边际成本与价格相同条件下的最大可能产出规模与实际产出规模的比较；生产费用与销售费用的比较；生产与产品的特点（技术、质量与产品差异化等）；产业在产品生产工艺方面的进步程度，及其与可以达到的最优成本水平的比较。谢勒（Chelle F. M.）进一步系统阐释了 SCP 分析范式，从供需两个方面强调了产业基本条件对市场结构和市场行为的影响，揭示了市场行为对产业基本条件和市场结构以及市场结构对产业基本条件的反馈效应。

结构—行为—绩效的根本在于市场结构对企业行为的决定性影响，而企业行为是市场绩效的决定因素，这是这一分析范式的精髓所在，也是备受诟病的原因，但并不能说明这一分析范式否认市场绩效对企业行为、市场结构有影响。贝恩认为，如果市场结构高度集中，厂商就能够通过限制产出把价格维持在正常收益以上的水平。哈佛学派提出“集中度—利润”假说，认为在存在垄断势力的产业中，企业间可以通过存在共谋、协商行为以及提高进入壁垒等行为限制竞争，削弱市场竞争性，导致资源配置效率降低，从而获得超额的利润或者垄断利润的市场绩效。因此，要限制这些行为以维护市场秩序和市场竞争、获得理想的绩效，最重要的是要通过产业组织政策来调整和直接改善不合理的市场结构。

3.1.2 芝加哥学派的效率结构分析范式

芝加哥学派对哈佛学派的最大批评认为“结构—行为—绩效”理论缺乏理论支撑。以德姆塞茨、施蒂格勒、布罗普等为代表的芝加哥学派对市场结构和市场绩效之间的关系作出了全新的解释，认为绩效决定结构而非结构决定绩效，市场竞争过程就是市场力量自由发挥作用的过程，是一个“生存检验”的过程。该学派在理论上皈依新古典经济理论，坚信瓦尔拉斯均衡和自由竞争理论依然有效，厂商行为是厂商预期的函数，政府不需干预。他们试图通过大量论证来阐述企业的高利润主要是由于大企业生产的持续发展带来了效率的提高以及成本的不断降低，而非哈佛学派认为的所谓垄断巨头通过勾结提高价格所产生，分析高度集中化市场结构下的垄断时把侧重点从以往的注重竞争转变到注重效率，更关心效率与结构的关系，以此提升市场绩效。

3.1.3 可竞争市场理论分析范式

作为对传统 SCP 理论的批判，1982 年，鲍莫尔、帕恩查和韦利格等共同出版了名为《可竞争市场与产业机构理论》的巨著，详细阐述了其所谓的“可竞争市场理论”（Theory of Contestable Markets）。这一理论以沉没成本和完全可竞争市场等概念为中心，推导了有效率的、可持续的产业组织的基本态势及其内生的形成过程，对贝恩（J. Bain）的进入壁垒理论提出了极大的质疑和强烈批评，认为问题不在于是否存在进入壁垒，关键在于是否存在人为的进入壁垒，该理论对 20 世纪 80 年代鲍莫尔（W.J.Baumol，1982）提出的“进退无障碍理论”（Contestability Theory，又译为“可竞争性理论”）有很大影响。该学派主，张政府的竞争政策与其重视市场结构，倒不如说更应该重视是否存在充分的潜在竞争压力，而保障潜在竞争压力存在的关键是尽可能地降低沉没成本。

3.1.4 新产业组织理论分析范式

20 世纪 70 年代以后，新产业组织理论（New Industrial Organization）以分析企业的策略性行为为主要研究内容而逐渐发展起来。在研究基础上，该理论更加注重厂商行为与市场环境的互动关系，这种互动体现了逻辑上的循环和反馈链。在研究方法和工具上，运用了大量的现代数学的分析工具，尤其是多变量的分析工具，在 80 年代前后，克瑞普斯、泰勒尔等经济学家将博弈论引入产业组织理论的研究领域，采用博弈论的分析方法对整个产业组织学的理论体系进行了突破性改造，逐步形成了“新产业组织学”的理论体系。新产业组织理论的突出特点主要体现在以下方面：突破了传统 SCP 范式单向、静态的研究框架，建立了双向的、动态的研究框架；从重视市场结构的研究转向重视市场行为的研究，即由“结构主义”转向“行为主义”；从研究方法上引入博弈论，进行双向动态分析。

3.2 外资银行进入对我国商业银行结构的影响机理

银行业管制的放松是外资银行进入的前提，反过来，外资银行进入又对银行业产权管制和市场管制产生重要作用，因此分析外资银行进入对商业银行结构的影响离不开管制放松的改革背景。外资银行进入我国金融市场，不仅成为市场竞争主体，而且对商业银行市场结构、产权结构产生了重要的影响。最直接的影响是商业银行数量的变化，许多外资银行机构从代表处、办事处升级为独立的法人机构或者合资银行机构，国内商业银行绝对数量随之增加。长期以来，银行业管制使得国有垄断或者地方国有垄断的银行占据主导地位，即便是股份制商业银行也由大型国有企业控股，鲜有民资参股。外资银行的主体成分是私有产权，进入我国银行业的方式主要是参股，或者设立分支机构，不管是哪种形式，已经打破了国内银行业的产权结构，改变了所有制结构，产生重要的竞争效应。同时，外资银行进入本身已经成为国内银行市场新的竞争主体，降低了原有的市场集中度，稀释了国有商业银行的市场份额，打破了原有的市场结构，提高了市场竞争程度。外资银行进入对我国商业银行结构的影响是多方面的，本书主要分析对市场结构与产权结构的影响，这是产生商业银行外部市场行为变化和内部行为变化的根源所在，也是研究分析商业银行效率的关键机制所在。

3.2.1 银行业管制放松与外资银行进入

外资银行进入我国市场伴随着银行业管制制度的变化，管制的放松对产权结构和市场结构产生重要的影响，是外资银行进入的前提和条件，而外资银行进入所产生的影响效应也是基于管制放松大背景下发生的。池建宇（2010）提出，在中国存在不同行业的不对称管制问题，由此对市场结构产生较大的影响。商业银行作为影响经济发展的关键行业，管制问题尤为突出，不论发达国家还是发展中国家都不例外。相对而言，发展中国家的管制措施更为严格，管制意愿更为强烈。对于经济转型国家来说，始终在探索管制放松与管制加强的制度设计，寻求与西方国家的制度并轨，同时又不影响本国的金融市场、维持金融稳定的制度均衡。商业银行作为一个特殊的行业，从 19 世纪开始进行严格的政府管制，管制贯穿了商业银行“成立—组织设计—业务选择—内控机制—绩效考核”全部过程。所有制管制、准入管制等影响着产权结构的变化，有些银行管制非常有必要，是世界通行惯例。但对于转型国家的管制行为，有些不符合市场逻辑和国际惯例，导致经营效率的低下（谢朝华、陈学彬，2005）。

长期的计划经济导致我国商业银行处于特殊的市场环境和制度安排下，严格的所有制管制，自然形成了国有银行垄断、利益集团维护现有利益均衡的现状。外资银行进入必然要打破这种格局，国有银行在引进外资之前要做适当调整，在国家层面要有制度上的改善，防止外资银行的冲击，保护国内银行的利益，所以外资银行进入后采取逐步过渡的制度安排（高晓红，2000）。管制放松为外资银行进入打开了制度闸门，为应对外资银行进入的冲击，在国内商业银行产权结构上事先进行了一定的调整，比如成立许多家股份制商业银行、地方商业银行，原有的城市信用社也在不断转型等，逐步培养商业银行的市场竞争环境和竞争意识。外资银行进入后为保护国内商业银行进行了过渡性的制度安排，如逐步放开外资银行独立分支机构在华开展人民币业务和地域限制，逐步与国内商业银行享受同等的国民待遇。

我国银行业管制虽然有一些放松，但对资本金的监管却在加强，这也是前面所说的管制放松并非是取消管制，而是该管制的就加强，该市场化的就放松。这符合产权制度改革的逻辑和市场化竞价机制的规则。而且管制放松不但影响产权结构而且影响市场结构，比如外资银行进入本来就是市场结构调整变化过程。但相对而言，在我国开始允许外资银行进入这个时期，由于采取过渡性制度安排，管制也逐步放松，外资银行进入的比例对整个市场结构的冲击比较小，但对产权制度和结构的影响是主要的。随着管制的进一步放松，产权制度会发生较大的变化，这种变化带来市场结构的变化是内生性的，是推动市场结构按照市场化发展逻辑的内生动力。因此，管制变化影响产权结构的深刻变化，进而带来市场结构的进一步变化。

3.2.2 外资银行进入影响我国商业银行产权结构、市场结构的机理

外资银行进入影响我国商业银行市场结构、产权结构的传导机制：外资银行进入—产权结构改善—制度变迁效应—市场集中度变化—市场结构变化。从表象上看仅仅是市场结构的变化，但实质引发结构变化的关键在于产权结构的变化带来的竞争机制、制度变迁与市场结构的变化，是一个连续的作用机制与过程。实际上不外乎两种方式：一种是直接方式，另一种是间接方式。这两种方式的影响是不一样的，参与经营管理与不参与经营管理有别，控股与不控股有别，最终要达到的目的是一致的：利润最大化、渠道最优化以及吸引优质的客户群。

3.2.2.1 外资银行进入影响市场结构的作用渠道

我们分析外资银行进入的渠道才能发现作用机制。外资银行进入主要采取四种方式：第一，选择五大国有银行战略投资，上市后选择合适时机退出，谋求投资收益。这是追求投资收益目标而非真正达到在华开展业务与渠道合作。第二，参股或者控股股份制商业银行，这与前面有所差异，是间接进入我国银行业市场，达到业务和渠道的合作。第三，与城市商业银行合作，达到对局部市场的介入，渠道渗透比较深入，选择具有区位优势的地方商业银行进行战略协作，争取更多的客户群体。第四，建立自己的海外分公司与分支机构，独立运营，逐步推进，与其他行业的跨国公司进入战略如出一辙，战略定位与战略进入策略具有长期性，战略推进也是稳步前进。“客户追随假说”与“市场机会假说”对渠道渗透具有较强的解释力，这也是外资银行进入的动因机制。

外资银行进入从三个方面对我国商业银行市场产生影响：一是改变了参与市场竞争的商业银行数量，增加了外资银行这个竞争主体，稀释了原有大型商业银行的市场份额；二是增大了市场规模，外资银行进入带来的投资和经营会对我国商业银行的资产规模产生影响；三是改变了原有的市场反应机制，刺激了国内投资机构对商业银行市场的投资，产生许多新的银行或者银行机构。

3.2.2.2 外资银行进入影响产权结构的传导机制

外资银行进入首先受到冲击的是产权结构。产权问题一直是制约我国银行业结构与效率的关键，不言而喻，商业银行的行为与之密不可分，产权结构与商业银行行为具有内在联系，国内商业银行缺乏真正的委托人，存在多重代理行为和

代理人短期行为，导致委托代理机制不健全，从而演变为经营效率低下和商业银行改革的困局。外资银行进入对产权结构冲击的机制可以概括为：国有银行垄断低效—政府主导下的结构变化—体制或者内部阻滞—外部推力—产权优化；主流观点认为私有银行产权结构较为符合市场竞争机制，有利于打破垄断竞争。产权结构传导机制具有制度变迁的机制效应，是关联的交易过程，当外资银行进入时，国内商业银行在市场管理、监管以及进入壁垒设置等方面会发生很大变化，引入外资银行的目的是不但要学习、适应西方国家先进的理念，同时要与国际接轨，借鉴国际商业银行经营管理的先进经验，通过“引进来”，然后“走出去”，融入国际金融的大潮。

产权的多元化、国际化带来的制度变迁有两个层面：一个层面是国家监管层与货币政策制定层，加强外资银行进入后的国际化管理的制度建设，同时防范金融风险的发生；另一个层面是商业银行本身，由于股权变化带来的管理制度设计变革，参股或者控股不仅是股权简单的变化，还会涉及一系列的交易约束，比如董事会制度、经营管理的其他约束条件，外资银行也要考虑投资风险和损失。我国加快引入外资银行的原因是长期以来国有银行垄断，而且长期低效率运作，虽然改革开放以来取得了明显的进步，但垄断下的低效运作与国际化趋势还有较大的差距，加入 WTO 以后逐步开放金融市场，商业银行必然面对国内外的激烈竞争，但国内商业银行的经营管理水平难以适应国际化竞争需要。为提高国际化竞争力，必须在政府主导下先打破国有垄断和利益格局，放宽市场进入限制，提高市场竞争度。任何的变革都会遇到阻滞，商业银行的改革亦如此，要打破现有的利益集团，因此，需要在政府主导下推进，进行渐进性制度变革，打破原有的制度障碍与利益约束，借助外资银行进入对国内商业银行机构以及人员可以起到“狼来了”的风险与竞争预期，这一点可能不同于内部改革推进，通过预期的心理作用可以减少改革的交易成本，提高改革的效率。原有的商业银行股权结构大多是国有独资或者控股，从委托代理机制理论解释存在委托人缺位与多重代理人问题，外资银行进入以后一定程度上能够解决委托人缺位的问题，产权结构优化能制约代理人短视行为，减少道德风险的产生。外资银行进入带来国内商业银行私有制成分也在不断增加，释放了一个重要的信号：私人资本也可以进入银行业。

从制度变迁来看，为提高商业银行国际化经营水平，先后参照《巴塞尔资本协议Ⅱ》与《新资本协议Ⅲ》的内容进行银行监管改革，这是最为明显的例证。同时，在金融创新监管中有所放松，以适应国际化的要求，逐步实行利率市场化、资本项目开放以及汇率市场化，与国际完全接轨。引入外资银行是渐进的过程，也是让国内商业银行适应市场化、国际化的过程。

3.2.2.3 产权结构变化引致市场结构变化的传导机制

外资银行进入，商业银行产权结构改善，伴随而来的银行业市场进入壁垒放宽，许多小的银行机构相继成立，同时原来的城市商业银行申请全国经营牌照，部分股份制商业银行扩充股权、扩大地盘等，都稀释了国内商业银行集中度，一定程度上打破了国有垄断的格局，向垄断竞争的市场结构演进。这些表象的背后是产权结构变化影响到市场集中度的变化，国有商业银行寡头垄断逐步向垄断竞争的结构变化，也带来市场竞争程度的变化。

在加入 WTO 前，外资银行进入模式主要是采取参股形式，加入 WTO 初期，参股与设立分支机构并行，但仍以参股居多，当外资银行在允许经营人民币业务后，分支机构才迅速增加。外资银行进入前的管制放松只是打开进入的大门，进入后的管制放松才是变化的重点，从而对产权结构的影响更大。外资银行进入产生的制度变化，首当其冲是所有制的变化，原本是不允许私人经营银行，而外资银行本身就是私有产权，这样会对我国商业银行所有制产生冲击，某种程度上这种冲击产生的影响将是非常深远的。所有制是基本的经济制度，它的变化肯定会引起产权制度的变化，国外私人产权介入必然会造成对国内私人产权管制的放松。产权管制的放松实际上是体制选择行为的改变，也就是所有制结构发生变化的过程，对中国来说，商业银行所有制结构变化是产权变化的根本所在，是制度性突变，随之而来的是商业银行公司治理结构的变化，这是微观层面提升效率的关键。

原有的国有商业银行一直被认为是公共产权，存在大量的寻租行为，具有垄断经营、效率低下等特点，外资银行进入必然打破这样的产权结构状况，商业银行转而追求实现利润最大化的目标，会减少公共领域的寻租问题。诚然，在外资银行进入前，国内成立了许多家股份制商业银行、城市商业银行、农村金融机构等，但仍是地方国有或者变相的国家持有，产权性质、所有制性质没有发生变化，皆为政府产权控制。只要存在政府产权控制就会有“寻租”的存在、效率的损失，所以引入外资银行就会打破原有的利益均衡，导致产权制度的变化、产权结构的优化。产权结构的变化建立在所有制结构变化的基础上，逐步选择市场化产权结构模式，也就是产生市场结构的变化（何一鸣、罗必良，2013）。

市场结构变化的必然结果是国有商业银行市场势力的减弱，以及股份制商业银行市场势力的增强，这是外资银行进入到国内银行业市场的影响作用，并沿着产品差异化、渠道优化与差异化影响策略在不断加深。基本的影响路径是：外资银行进入—国内商业银行竞争度增强—市场势力变化—产品多元、渠道强化—中间业务发展—盈利模式改变。

3.3 外资银行进入对我国商业银行效率的影响机理

改革开放初期，外资银行进入我国受到严格限制，随着改革开放的深入，特别是加入 WTO 以后，银行业对外开放的步伐加快，很多外资银行以不同的渠道和方式进入我国银行业，对银行业市场产生较大的影响，银行产业组织也发生了显著变化，带来了市场结构的变化，更为重要的是对银行效率产生了更为深远的影响。结构变化是过程，效率提升才是变化的结果和源泉。“鲶鱼效应”假说认为，外资银行进入会对国内银行产生很大的竞争压力，迫使其改善经营管理和服务水平，进行产品创新，提高服务效率和利率效率（张金清、吴有红，2010）。“选摘樱桃效应”假说认为，外资银行会选择利润较大、风险较低的银行投资，将风险较高的银行留给国内投资者，对市场长期产生不良的绩效。姚树洁、姜春霞和冯根福（2011）研究证实：股份制商业银行与城市商业银行的利润效率要比国有商业银行高，根据“选摘樱桃效应”原理，外国投资者选择了利润效率好的银行进行投资。从长期来看，外资参股对我国银行利润效率具有负面的影响；银行首次发行新股虽然在短期内改善了银行的获利能力，但从长期来看对利润效率也有负面影响。从外资银行战略性进入与退出可以印证其观点，也引起了是否贱卖国有银行资产的争议。

一般而言，商业银行效率在稳定的外部或者内部条件下会在较长时间内处于均衡状态，只有当外部条件或者内部的主要因素发生改变时，才会打破原来的效率均衡状态进入新的均衡。外资银行进入后对我国商业银行到底会产生多大影响，这是研究的重心，既有市场结构的变化，也有市场行为的变化，更为重要的是效率的变化。通过打破原来的均衡状态实现新的均衡目标，暂且不论孰先孰后、孰重孰轻，问题的关键在于当前外资银行进入到底会对我国银行业结构和效率产生多大的影响，如何从理论上分析影响的传导机制，解释中国银行效率福利改进的作用机制？本书认为，外资银行进入对商业银行效率改进的基本作用机制：外资银行进入—管制放松—产权结构变化—制度设计的改变—市场结构变化—行业管制与进入壁垒的变化—银行竞争行为发生变化—行业效率变化。

3.3.1 外资银行进入、产权结构与商业银行效率传导机制

外资银行进入导致我国商业银行产权结构变化已是现实，而更为深远的影响要归属商业银行效率改进。而效率改进是通过产权结构变化引致所产生的，外资银行进入主要从以下几个层面作用于商业银行效率：一是从微观层面改变了原有商业银行的公司治理结构，股份制改造程度加深，进行股改的商业银行数量明显增加，股份制改革已成为不可逆转的事实，彻底改变了原有的国有独资或者完全国有垄断的格局，股份制改造必然伴随着公司治理结构的变化与完善。二是产权结构变化改变了商业银行的行为机制，产生竞争效应和学习效应。外资银行进入形成新的竞争主体，原有的国内商业银行有了危机感就会产生内在的学习机制，不断学习和改进，改变过去的经营理念，迎接新的挑战。三是产生制度设计的变化，导致市场反应机制的变化，为提升效率铺垫了制度的基石。外资银行进入我国银行业市场，要进行适应性调整，完善制度设计，逐步与国际对接，发挥市场调节和竞争机制。

3.3.1.1 外资银行进入、商业银行公司治理变化与效率提升

外资银行进入带来产权结构变化是不争的事实，而产权结构变化会导致公司治理结构的变化，治理结构变化会影响商业银行行为，形成科学的决策管理机制，这是提高商业银行自身效率的关键，国内外大量理论和实证研究已经证明改善公司治理结构的重要性。商业银行结构变化通过影响行为机制对效率产生影响，而行为机制是如何引发效率变化的呢？要区分不同产权结构安排下的企业竞

争行为，外资银行进入带来股份制商业银行兴起，地方商业银行快速发展，现在又进一步发展私人银行，实现制度和市场结构、产权结构的突变。这样的结构变化是市场主导下的改革，也是提升商业银行效率的重要行为变化。那么起到关键作用的就是商业银行公司治理结构的优化，打破原有的国资独有或者绝对控股的局面，逐步过渡到多元化的股权结构。随着产权结构的变化，补充了委托人缺位，产生具有私有产权约束的委托人机制，能够有效限制代理人的私人行为，有利于商业银行建立科学的管理机制、运作机制，实现利润最大化的目标。公司治理结构变化会产生有效的经理人约束机制和内部的学习动力，产生内部竞争机制，为此商业银行内部竞争的压力越来越大，会促进企业决策系统的优化，从而引致定价决策优化、产品创新等行为发生根本性变化，更为重要的是人力资源开放与运用更是不断在进步，最终会产生商业银行技术效率的改善。

3.3.1.2 外资银行进入、学习机制与商业银行效率提高

Lehner 和 Schnitzer（2008）研究外资银行进入对本土银行的示范效应，结果发现，外资银行进入在增加竞争的同时提高了社会福利水平，此外还发现，示范效应与竞争效应相互减弱。Haselmann（2006）发现，外资银行与中东欧国内银行在同一市场内竞争时，外资银行与本土银行间的竞争提升了内资银行经营效率，降低了贷款利率。Mathieson 和 Roldos（2001）研究了外资银行进入与新兴市场国家银行效率的关系，发现外资银行进入主要通过溢出效应和竞争效应对效率产生直接及间接的促进作用。外资银行进入具有外部性效应，可能是正的外部性效应，也可能是负的外部性效应，也就是所谓生产的外部性效应问题。从大量的理论和经验分析发现，外资银行对我国商业银行效率的影响主要表现为学习效应和阈值效应，有利有弊，长期来说利大于弊。

（1）学习效应带来的效率变化。没有产权结构的变化，就缺少外部推动的机制，单纯依赖内部无法解决现有国内商业银行的风险控制和道德风险问题，只有通过产权的改变，才会从企业内部产生影响。按照内生经济增长理论观点提出技术进步是现代经济增长的来源和内生演化的动力。因此，技术进步（本书测算值为 LPTP）和技术进步的演进机制是我国商业银行发展模式的一个关键所在。外资银行进入的科学性，在于内资银行可以学习借鉴外资银行发展的内生动力和技术进步等。如何在面对国际竞争环境下，通过学习和适应提升国内商业银行的技

术效率、增长模式，理解国内商业银行在受到外资银行冲击下的内生演化动力和经营方式改变，是当前我国银行业效率改进面临的最重要命题。学习效应主要分三个层次：第一层次是微观层次如何改变国内商业银行内在的技术水平、技术扩散机制和生产要素组合方式；第二层次是中观层次从行业管理和行业政策上如何安排，学习适应西方发达国家的治理结构、风险控制等是按照新资本协议这个西方国家制定的游戏规则来规范管理银行业；第三层次是宏观经济政策和货币政策走向，可能要考虑外资银行进入下传导机制的变化、国际金融风险等传染效应。这是学习效应的层次反应，具体结果主要体现在两个方面：①人力资本学习效应，通过学习外资银行的人力资源培养模式，提升商业银行从业人员素质和绩效；②技术溢出效应，学习外资银行先进的经营与管理技术、技术应用等，提升国内商业银行的技术效率。风险控制技术转移与示范效应是技术溢出效应中的关键，更为重要的是中间业务产品开发是示范效应、技术效应的关键步骤，因此学习效应是提升经营效率的关键因素。

（2）阈值效应，是指当外资银行进入到一定水平时会对国内商业银行产生影响，这种影响可能是积极的，也可能是消极的，不同水平会产生不同影响。有学者认为外资银行进入在短期内会对新兴市场国家本地银行的生存和发展构成巨大威胁，但从长期来看，外资银行的进入能够刺激本地银行提高经营管理水平，有利于本地银行的发展。加入 WTO 以后，外资银行逐步进入我国市场，近几年加快了进入的步伐。按照现在的进入水平，外资银行到底对国内商业银行效率产生多大的影响，是正的效应大还是负的效应大，怎样的进入水平才能发挥正效应，多长时间才能发生正效应，多大水平会产生负效应等，都是阈值效应要研究的问题。我国对外资银行进入采取审慎原则，放开的速度比较慢，以防止对国内金融体系的冲击。但要达到对国内商业银行的影响还需要进一步扩大引资的力度和步伐，一味地限制会产生效率损失和福利损失，达不到改革的目的。

3.3.1.3 外资银行进入、产权管制放松与商业银行效率提高

外资银行进入与不进入实际上会带来不同的机制反应，外资银行进入表示外部力量会对商业银行所有制结构产生影响，对银行经营管理表面的激励不是问题的本质，“引狼入室”的根本是要打破原有的制度均衡，实现所有制结构和产权结构的质变，这种质变是渐进的过程，不排斥利益损失的可能，但也是当前经济

体制与政治体制下无奈的选择，符合政府制度安排效用最大化的需求。产权变化引致的制度设计的重新变化是关键，只有制度发生变化，才能引发市场参与者与竞争机制的变化。新的制度安排下降低了进入门槛，吸引更多的参与者，自从2005年有许多机构进入银行业以来，商业银行股份制改造明显加快，如给中小银行发放全国经营牌照，中外银行的分支机构迅速扩大等，必然会导致原有的市场集中度降低，产品创新、金融创新前所未有，银企合作、银证合作、银保合作、银信合作等金融机构合作方式空前高涨，存款之争、客户争夺在不断加深，虽然存款价格受到限制，但事实上存款价格已经发生很大变化。

按照已有的研究，外资银行进入对东道国商业银行的效率具有溢出效应，如促进竞争效率、资源配置效率以及全要素生产率等的提高，可以刺激东道国银行降低成本，增强竞争的压力，增加更多的金融服务产品。Claessens（2001）研究认为，外资银行进入程度高会使东道国银行业竞争更为激烈，竞争压力引致银行的日常开支与利差收入减少，进而提高银行的效率。Levine（1996）研究得出，外资银行进入有利于东道国银行业采用先进技术，而技术的进步必然会带来服务效率和经营效率的提高（高永进、葛兆强，2008）。外资银行进入，一方面通过增加国内银行机构数量、加剧银行竞争来提高东道国市场上金融服务质量和可获得性，另一方面外资银行进入可促进内资银行更好地运用现代化的金融技术和渠道，促进银行监管和法律基础设施的建设，有利于本国银行进入国际资本市场获得更优资本，从而提高整个银行体系的效率。目前中国正处在发展转型时期，国有银行垄断地位是特殊历史的产物，虽然这种市场结构在不断改变，但受制于国有企业垄断的影响，经济主体依然是国有占有主导地位，形成与许多发展中国家、新兴市场国家不尽相同的商业银行改革与发展的路径。因此，产权结构对银行效率没有影响的观点不适合中国国情。外资银行进入的效率影响机制是从外生机理演进为内生机理的过程，这个过程伴随着监管制度、内部管理制度改进，从原来的外推性演进为内部效率强化的约束。从外资银行进入、效率演进的渠道可以归纳为规模变化、机构增加、产品增加、技术进步等效率方面的变化，最终表现为生产要素配置效率的提高以及行业利润率指标的提升。通过外资进入—规模变化—人员素质变化—机构产品变化—技术利用和创新变化—全要素生产率变化、资源配置效率提高这样的机制，达到改善商业银行效率的目标。

3.3.2 外资银行进入、市场结构与商业银行效率传导机制

中国经济转型过程中，要提高商业银行效率，关键是建立竞争性市场结构，打破长期国有银行垄断的格局，通过完善微观商业银行的公司治理结构，建立适应性市场机制，提高资源配置效率。传统的产业组织理论观点认为，市场势力是企业垄断的必然结果，而市场势力是导致社会福利损失与寻租行为的重要因素，对于转型中的新兴经济体的中国来说，银行业市场结构与市场势力是否和一般企业具有相同的经济含义，假如有区别，其独有的特征是什么？我国银行业市场结构可以说是渐进演变的过程，其市场势力也在不断发生变迁，是市场与政府主导下的银行改革、金融改革共同作用的结果，是效率逐渐改进的过程。关于银行业市场势力对经济的影响存在两种截然不同的观点。Guzma（2000）认为，在信贷配给的条件下，垄断性市场结构条件下的信贷配给程度更高，银行市场势力会对资本积累产生抑制效应；但在信贷配给过高时，企业违约的风险和企业的道德风险可能相应增加，因此，垄断性银行要支付更高的监督成本，浪费了本可以被用于借贷的资源，导致银行业垄断势力的无效率。Shaffer（1998）的实证发现，在考虑影响收入增长等其他因素情况下，拥有较多银行分支机构的城市，家庭收入增长速度也较快，从而表明垄断性银行对经济的负面作用。但 Shaffer 的研究又表明，随着银行数量的增加，美国银行体系中银行借款人的总体质量反而显现下降的趋势。我国银行市场结构从统计数量看趋向垄断竞争格局，由此引致垄断市场势力在逐步减弱，按照一般的理论观点，效率也会不断提升。与西方国家不同，由于体制制度安排，长期以来中国银行业垄断实际上是国家垄断，通过行政垄断的方式表现出来。

银行市场结构与效率问题的研究要明确几个重要的市场行为，如核心的价格行为，也就是产品定价行为，在各个国家具有很大的差异性。在发达国家，银行机构众多，市场处于垄断竞争或者完全竞争的格局，早已实行利率市场化，利率敏感性较强，大型银行对市场价格影响举足轻重，主要原因是大型银行市场势力较强，存在利用垄断地位合谋的可能。外资银行进入的结构—效率演进影响机制关键在于商业银行内部治理行为、外部监管行为的变化，这种变化会导致经营理念、监管理念以及其他竞争行为机制的变化，其中起着重要作用的是竞争行为核

心机制变化带来的结果，特别是风险控制行为机制的变化尤为重要，这是商业银行竞争机制中不可缺少的重要环节，也是不同于其他行业的特点之一。商业银行市场行为则包括卖者的价格和产量决策、卖者的产品和费用决策、卖者的掠夺性行为和排他性行为，以及买者的市场行为。

3.3.2.1 定价机制改进与商业银行效率改善

在发达国家，利率市场化早已实施，而且对于商业银行经营的影响非常之大，银行产品的两个非常重要的组成部分：一是资金价格，二是风险控制。银行产品利率定价是银行经营利润的主要来源，合理的定价行为有利于长期利润产生，而现代金融服务定价行为产生巨大变化的是考虑了综合贡献和风险因素，应用经济资本理论，最终计算出科学合理的价格。但我国市场化改革较为缓慢，其中定价行为的改变与利率市场化有关，虽然货币当局对利率的管制行为在改变，但能否实施完全的市场利率还有待于央行的制度变革。长期以来对利率的管制保证了商业银行的利差收入，成为我国商业银行主要的利润来源，限制了其创新能力，没有足够利润驱动力发展新兴市场业务，特别是中间业务。目前来说，随着贷款利率市场化的实施，在市场定价行为方面，我国与发达国家的商业银行相比差距较大，难以发挥市场经济的价格调节作用。因此，外资银行进入对市场结构影响的同时，也在不断发挥市场定价功能。为配合商业银行整体改革，外资银行进入前准备工作和进入后最初一段时间要进行利率市场化的改革，特别是最近利率市场化有了实质性进展，贷款市场利率的放开具有开创性的意义，改革的步伐随时可能加快。这是提高银行效率、减少行业收入差距、解决金融过热、虚拟经济过热的措施之一。利率市场化可以提高银行的资源配置能力，减少不正当竞争，使商业银行融入全球竞争的大潮。

3.3.2.2 产品决策机制的变化与商业银行效率改善

为适应外资银行和国内商业银行的竞争需要，银行加强了产品设计能力的改进，以重视营销能力。如以客户为中心的产品设计理念和服务理念逐渐得到培养形成。产品创新、产品定位、多元化产品线的理论和实践活动已经在商业银行逐渐得到发展，根据顾客的需求开发产品，特别是理财产品多元化、银信合作、银企合作、银证合作、银保合作等渠道、模式不断创新。但依然存在很多问题，比如在合作过程银行承担的风险过大，而且产品开发的成本原则没有真正实施，存在不计成本、摸着石头过河的问题。这也是价格机制没有发挥作用的原因。但总体来说，产品决策机制发生较大变化，以市场为导向的产品开发机制已经形成，这是外资银行进入后结构效率变化的关键。

差异产品具有不同的需求曲线，不同需求曲线的斜率反映了不同企业具有的市场力量。外资银行进入以后产品差异化的影响模式逐步发展，体现在不同规模银行在产品设计上的差异化程度大幅度提高，一个银行内部的产品差异化、多元化程度也在提高，以满足不同层次、同一客户不同需求的变化，提升了整个市场竞争度，在产品的价格决策中也发生了很大的变化。

3.3.2.3 市场竞争行为机制变化与商业银行效率改进

外资银行进入不但改善了商业银行市场结构，更为重要的是通过市场结构变化影响了市场行为的变化，这种变化是通过逐渐培育竞争性市场结构而实现的，对国内商业银行影响显著的就是竞争行为的变化。这种竞争行为变化具有内生性特征，分为价格竞争行为的变化和非价格竞争行为的变化。外资银行进入产生的竞争机制变化有利有弊，有利的方面称之为“鲶鱼效应”，不利的方面称之为“选摘樱桃效应”。外资银行进入的积极效应就是“鲶鱼效应”产生的外溢效应，会对本国的商业银行产生很大的竞争压力，迫使国内商业银行提升管理水平，促使效率的改善和提升，产生“竞争效应”。外资银行积累丰富的管理经验，拥有较强的管理技术、硬件设施和全球化运作的经历，对内资银行具有重要的借鉴作用，可提升其生存竞争的能力。从国有商业银行占据垄断地位的市场结构来看，引入外资银行会对现有体制产生较强的冲击，委托人产生一部分变化，对代理人的约束发生了变化，这是“鲶鱼效应”重要的外部性作用，这种外部性通过外资银行股权内部化来实现。一股独大或者全部国有控股的情况下，整个委托代理机制系统出现了效率低下，难以摆脱委托人缺位与多重代理控制风险、道德风险的发生，外资银行的“鲶鱼效应”可以在一定程度上降低风险，也是风险管理内化、公司治理结构的借鉴效应，“鲶鱼效应”也可以在一定程度上提升整个行业的效率。

“选摘樱桃效应”假说认为，外资银行会选择利润较大、风险较低的银行投资，将风险较高的银行留给国内投资者，对市场长期产生不良的绩效。这是从外资银行负面影响来分析，通过新兴市场国家引入外资银行的实证分析得出的结论，外资银行带来的不只是有利作用，还有不利的因素，因此对中国来说，引入外资银行要防止外资银行投机行为，控制国内商业银行的优质资产，从而控制商业银行市场。否则一旦出现国际金融风险，就会产生风险的传染效应，外资银行就有可能将风险转嫁给国内投资者，同时也对国内的货币政策产生一定的冲击，自然会影响银行体系的效率，降低货币政策效率，也会降低商业银行市场效率。国有商业银行机构在国外上市过程中，存在“选摘樱桃”问题，当外资银行完成它的投资收益后可能会立即选择退出，影响银行股市价值，对我国商业银行资产损失较大。

“选摘樱桃效应”的效率作用机制通过选择优质资产投资，实现市场垄断，降低市场竞争效应实现。效益好、资产优质的银行自然在市场存在一定的竞争优势或者垄断优势，加上这些银行更是强强联手，对其他银行的冲击会很大，强势银行的行为决定市场行为，进而影响整个银行业的绩效。

3.3.2.4 市场监管机制变化与商业银行效率改进

进入壁垒与管制问题是经济转型国家的典型特色，管制带来的效率与结构变化也是研究过程中无法避开的制度因素。西方经济学界也对发展中国家和新兴市场国家的银行业市场结构进行了大量研究，他们的研究发现，相对发达国家的银行业市场，发展中国家和新兴市场国家的银行业有更加严格的进入规制，而严格的进入规制与银行业效率表现出负相关。进一步的研究发现，通过降低外资银行进入壁垒，可以降低中介成本，提高整个银行业的稳定性。为改善中国银行业竞争格局，提升国际竞争力，逐步扩大引入 FDI，允许外资银行在我国成立机构经营人民币业务，从理论上分析这种变化肯定有助于我国银行市场结构的改变和效率的提升，完善市场竞争结构、产品结构等。

市场准入机制是政府通过颁发银行经营许可证和法律规定等措施，以限制商业银行的进入与退出。外资银行进入会带来银行业准入制度和退出制度的变化，目前表现出来的仍为准入制度的放松，后面将逐步显现出退出制度的实施。为提升市场竞争实力，商业银行股权制度发生根本性变化，引入了民营资本，牌照管理松动，分支机构和混业经营的业务制度改革，允许商业银行成立租赁公司、开展投行业务，使市场规模巨变。经过一段时间的市场培育，在限制基础上允许外资银行经营人民币业务，防止外资银行产生“选摘樱桃效应”。当然，不能否认放松管制对市场竞争的影响，政府管制降低行业竞争程度，但放松管制后，高效率商业银行也可能通过兼并收购来降低市场竞争，谋取垄断利润。

在进入壁垒和管制方面的一个重要的改革就是对资本充足率的管理，按照国际惯例来加强我国银行业资本充足率的管理，按照逐步过渡原则，按照一定的时间表与国际商业银行接轨，原则上参照《新资本协议Ⅲ》进行合规性监管，增加了商业银行抗风险的能力。

3.3.3 双结构与商业银行效率传导机制

在中国目前国有银行占垄断地位的情况下，产权结构、市场结构变化具有一定的内在联系，这种联系随着委托代理机制的变化而发生变化，产权结构的变化会引致商业银行内在治理机制的变化，从内部作用于商业银行的管理机制，培育学习机制和创新机制，最终影响商业银行效率的变化。只有健全的公司治理结构才能产生良好的决策机制、市场机制，效率是机制优化的产物与表现。而产权结构是产生公司治理结构变化的外部直接动因，市场结构是公司治理结构变化的内在需求。因此，在我国经济转型过程中，外资银行进入通过双结构的改变对商业银行效率产生影响，通过委托代理机制的变化达到效率改进的目标。其作用机理按照双结构变化—公司治理结构的优化—内部学习机制的建立—市场化竞争机制培育—企业节约成本和创新动力—商业银行资源配置效率提高—商业银行业效率提升这样的逻辑变化，随着外资银行进入的深度加强、速度不断加快，商业银行效率将发生较大的变化。

竞争性的市场结构是产权结构改革产生正效应的前提，也是商业银行对市场反应能够做出正常反应的前提。在我国存在国有企业—国有银行这样的内在金融供求约束，政府与国有企业、国有银行之间存在难以割舍的关联，所以导致了政府主导下的市场结构优化受制于产权改革的约束，产权结构特别是所有制结构成为政府市场结构优化改革遇挫的决定性因素。所以说，市场结构优化、产权结构改革具有联动性，双重改革才能体现联动效应，建立竞争性的市场结构和科学的市场行为需要双结构改革的配合。双结构影响机制的核心是竞争行为和私有产权约束的成本最低化、利润最大化的内在学习行为、创新机制。微观行为变化与商业银行绩效变化存在互动影响，微观行为符合市场竞争机制发展，商业银行对于市场正常反应才能做出理性的、正确的预判和决策，整体商业银行效率才能得到改善。双结构影响商业银行效率的传导机制如图 3.1 所示。

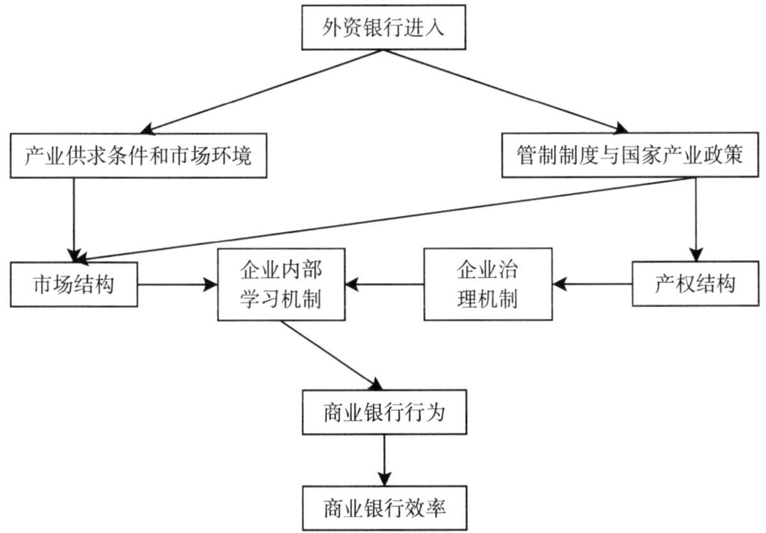

图 3.1　双结构影响商业银行效率的传导机制

3.4　本书理论分析框架

3.4.1　基于我国经济转型下双结构约束的 SCP 模型拓展

本书之所以选择哈佛学派的 SCP 理论来解释我国银行业市场结构与效率之间的关系，是因为目前我国银行业发展的现状仍处于结构变化阶段，市场集中度、市场规模、市场结构在不断发生变化，市场集中度和规模是当前银行业面临的主要问题，是计划经济向市场经济过渡的阶段，其独有的市场特征和产业发展路径与西方国家差异较大，以政府为主导的市场化过程会导致银行业市场结构变迁存在一定的问题。金融产品创新不断增强，与发达国家不同，我国产业发展的市场化过程是政府主导下的改革选择过程，不仅是一个微观市场结构的问题，而且直接担负着实现宏观经济发展目标的使命。因此，中国目前的状况仍然是产权结构变化约束下的市场结构变化阶段，市场结构问题仍是目前影响银行竞争与效率提高的核心问题，从最近几年国有银行的巨额利润不难看出其中的端倪。

尽管 SCP 理论受到新产业组织理论的极大挑战，但传统经典“结构—行为—绩效”分析范式仍能给出令人信服的解释力。按照梅森和贝恩的观点，市场结构影响企业行为，企业行为反制约市场结构，在一个给定的市场结构中，企业行为会决定产业绩效。分析判断产业绩效情况首先要分析市场行为是否存在扭曲，其次要分析这种扭曲后面的市场结构状况，市场结构是如何影响企业行为和市场行为变化的。传统的“结构—行为—绩效”即 SCP 分析范式的有效性建立在一些隐含条件下：产业中的企业具有私有产权属性，按照现代公司治理结构，具有相对完善的激励机制和治理结构安排，能够对市场释放出的信息作出理性、正常的反应。但在转型经济国家，受制于产权结构约束，无法满足预设条件的要求，因此要研究外资银行进入对商业银行效率影响，就要引入新的变量才能符合我国转轨经济的实际情况。中国经济改革 40 年，形成了国有企业和民营企业共存的产业发展模式，而且这种模式将会长期存在。在一些行业，大型央企具有绝对的垄断地位，特别是银行业存在长期管制下的所有制约束，使得民营企业、私人资本难以介入，随着外资银行的进入，对降低激励扭曲程度、改善治理结构具有一定的影响。

我国正处于经济转型改革时期，单纯依赖市场结构调整而不触及产权结构改革则无法解决商业银行效率低下的问题，这也是引入外资银行的初衷。产权结构论认为，对于私人所有制，因为个人享有公司剩余利润的所有权，并同时承担公司经营风险，因此具有强烈的激励动机去提高公司的效益，具有较强的规避风险意识。在中国目前国有银行占垄断地位的情况下，产权结构、市场结构变化具有一定的内在联系，这种联系通过委托代理机制的变化发生变化，产权结构的变化是引致商业银行内在的治理机制的变化，从内部作用于商业银行的管理机制，培育学习机制和创新机制，最终影响商业银行效率的变化。只有健全的公司治理结构才能产生良好的决策机制、市场机制，效率是机制优化的产物与表现。而产权结构是产生公司治理结构变化的外部直接动因，市场结构变化内生于产权结构的变化。与其他产业发展的模式类似，外资银行进入以后会沿着“国有—私有”的银行产业发展路径变化，很长一段时间内私人资本在商业银行市场的比重依旧较少，但渐进性的产权改革已不可逆转。产权结构变化，伴随着市场机制的变化，如果市场监管机制改革能够跟上，就会内生出商业银行管理者的激励创新，产生更强烈的节约成本和创新动力，符合现代化企业的内部学习机制和正常的演进机制，商业银行对特定市场结构下的积极性反应能力才能得以迅速提升。产权结构优化带来的市场结构优化和市场行为机制建立的健全才能提高资源配置效率，进而提高商业银行的效率。

目前，以国有银行为主导的市场结构中，政府管制过度，产权结构严重失调，是当前抑制市场结构优化的主要因素，也是导致效率损失和改进的关键所在。虽然中国改革开放已 40 年，但银行业仍然受到国家的严格控制，以维护金融稳定和经济社会稳定，进而严重阻碍经济发展。因此，减少管制，提高政府管理的效率，引入外资和私人资本，优化市场结构，增加市场竞争度是提高商业银行效率的重中之重。综上所述，理解我国商业银行独特的发展模式，以外资银行股权结构变化为特征的商业银行产权结构变化，自然成为很重要的解释变量，由此形成外资银行进入的“双结构—行为—绩效”的商业银行效率分析框架。

3.4.2 基于产权结构、市场结构的双结构分析框架

如前面所分析，我国正处于经济转型时期，银行业管制放松会导致所有制结构变化，也是导致产权结构变化的外部推力，具有外资银行进入—管制放松—所有制结构变化（体制下选择行为）—产权结构、市场结构变化—商业银行绩效变化的内在机理，虽然外资银行进入前也会发生结构改变，但我们按照进入后产生的影响机制来分析，依据进入后的内在变化逻辑，结合中国的特点，构建新的“双结构—行为—绩效”分析范式。

在我国，国有商业银行和国有企业仍是经济主体，国有银行占据垄断地位，在这样的情况下，外资银行进入产生的市场结构行为变化必然引致产权结构变化，这种变化对于商业银行市场结构和效率的影响非常关键，因此产权结构变化与市场结构变化具有共生性变化机理，是相互作用的过程，竞争性的市场结构选择与建立是我国商业银行产权改革取得成功不可或缺的重要前提，而产权改革是推动市场结构调整、完善市场机制的决定性因素。因此，本书在原有的 SCP 模型中加入产权结构变量，构建基于产权结构、市场结构的双结构分析范式，研究外

资银行进入过程中产权结构、市场结构约束下的商业银行行为变化，探究商业银行效率改进。

传统SCP理论是实证得出的结论和理论模型，缺乏严格的数理基础和推导，对于企业行为变化也是基于市场观察和分析得出的，因此受到了新产业组织理论的挑战。为使研究更能反映外资银行进入带来的行为变化机制，本书在SCP理论中加入博弈论的分析工具，将产权结构、市场结构变化带来的企业行为升华为竞争行为和学习行为，将外资银行进入产生的行为效应归结为竞争效应与学习效应，这些行为效应变化更能体现商业银行决策行为的内在动因，是企业创新发展和成本节约、实现利润最大化和效率改善的最直接动力。原有理论分析中的企业价格、产品决策、广告等行为是竞争行为、学习行为的外在表现，这些行为变化的根本动因是竞争行为和学习行为的改善。因此，为使本书研究更具科学性，在研究商业银行行为变化时引入博弈论行为分析工具，以弥补已有SCP分析范式的不足，把外资银行进入产生的产权结构和市场结构约束，最终引致的商业银行行为变化等纳入拓展的SCP分析范式内，找出结构（市场结构和产权结构）、行为（学习行为、竞争行为等）与绩效（生产效率、资源配置效率）的内在关系。

本书在前面理论分析的基础上，构建了产权结构、市场结构的双结构分析框架，从外资银行进入—产权结构变化—市场结构优化—商业银行行为机制变化—效率评价的思路，从以下三个层次分析了外资银行进入产生的结构、行为和效率变化。

第一层次分析外资银行进入的产权结构、市场结构变化，管制放松带来所有制结构的变化，产生体制下选择，引入市场化的运作机制。管制放松的所有制变化直接体现为产权结构变化，增加了外资银行股东，同时通过上市也有限度地增加国内私人股东。管制放松、产权结构的变化吸引更多市场参与者进入，原有的国有银行完全垄断行为被打破，逐渐过渡为较多商业银行参与者、市场竞争者，优化了市场结构。

第二层次分析外资银行进入带来的商业银行行为模式的变化，主要分析竞争效应、学习效应。外资银行进入产生的直接作用就是银行的行为变化，在我国商业银行市场主要表现为竞争行为和学习行为的变化，这种行为的变化是国内商业银行提升竞争力和效率的关键。

第三层次分析外资银行进入条件下的商业银行效率评价，分析微观层次的商业银行全要素生产率和宏观层次的信贷资本配置效率；并分析外资银行进入对我国商业银行效率影响的门限效应，提出关于银行业对外开放的政策建议。

3.5 本章小结

第一，外资银行进入对我国商业银行产权结构具有很大的影响作用。外资银行本来就是私人产权，会对我国商业银行的所有制产生冲击。所有制是基本经济制度，它的变化肯定会引致产权制度的变化，国外私人产权介入会造成国内私人产权管制的放松。产权管制放松实际上是体制选择行为的改变，产权结构的变化建立在所有制结构变化的基础上，逐步选择市场化产权结构模式，也就是产生市场结构的变化动力。

第二，外资银行进入对我国商业银行市场结构产生较大影响。外资银行进入对于我国商业银行市场结构变化冲击影响的传导机制：外资银行进入—产权结构改善—制度变迁效应—市场集中度变化—市场结构变化。从表象上看仅仅是市场结构的变化，但实质引发结构变化的关键在于产权结构的变化带来的竞争机制、制度变迁与市场结构的变化，是一个连续的作用机制与过程。

第三，外资银行进入对我国商业银行微观行为的影响。结构—效率演进机制的关键在于商业银行市场行为、监管行为的变化，这种变化会导致经营理念、监管理念以及其他竞争行为的变化，其中起着重要作用的是竞争行为核心机制变化带来的结果，特别是风险控制行为机制的变化尤为重要，这是商业银行竞争机制中不可缺少的重要环节，也是不同于其他行业的特点之一。市场行为则包括卖者的价格和产量决策、卖者的产品和费用决策、卖者的掠夺性行为和排他性行为，以及买者的市场行为。

第四，外资银行进入对我国商业银行效率的影响存在双结构约束。外资进入主要通过竞争效应和学习效应对效率产生直接的和间接的促进作用。产权结构、市场结构变化具有一定的内在联系，这种联系随着委托代理机制的变化而发生变化，产权结构的变化是引致商业银行内在的治理机制的变化，从内部作用于商业银行的管理机制，培育学习和创新机制，最终影响商业银行效率的变化。

4 外资银行进入对我国商业银行结构变迁的影响

20 世纪 80 年代以来，随着金融自由化浪潮不断发展，银行业的国际化进程成为一股不可阻挡的潮流席卷了全世界。在此背景下，为了顺应我国经济日益融入世界经济的客观要求，也为了促进我国金融体制改革的完善，我国银行业开始了对外开放。30 多年来，我国银行业的对外开放进程在循序渐进中稳步推进，经历了从无到有、从偏到全、从少到多的发展历程。主要表现在三个方面：第一，在地域范围上来说，经历了从经济特区到全国各地的变迁；第二，从经营业务上看，经历了从外币业务到本币业务的扩张；第三，从服务对象上看，经历了从外国居民到本国居民的扩大。特别是 2006 年，在银行业全面对外开放的大背景下，伴随着国内经济的高速发展，我国经济体系中的生产部门对现代化市场经济血液——“现金”低成本使用的极度渴求，以及消费者面临“现金”投资渠道的极度匮乏，促进了国内经济对高效金融体系的强烈诉求，使得我国金融体制改革步伐进一步加快。外资银行机构开始大规模进入我国银行业市场，经营机构不断扩大，业务规模迅速扩张，已经成为我国银行业的重要组成部分，从而对我国原有的产权结构和市场竞争格局产生重大影响。可见，外资银行进入是影响我国商业银行结构变迁的重要因素。

4.1 管制放松背景下的外资银行进入现状

1978 年以来，我国经济体制改革促使了民营经济和集体经济等非公有经济的快速发展，成为我国经济高速发展的核心动力之一。非公有经济的发展速度已逐步赶上并大踏步超过国有经济，解决了我国大部分新增就业问题，也为中国改革开放的成功与经济的平稳发展做出了巨大贡献。但是1995年以来，非公有经济的增长不断放缓，尤其是最具活力的个体经济下滑速度更快。除了在市场结构、市场准入等方面的影响之外，缺乏有效金融支持无疑是最基本的制约因素。而且，非国有企业不仅受到间接融资的歧视，直接融资渠道也不畅通，这种对非国有企业的资金抑制使得中国未来经济很难靠低投入、高产出的方式实现增长，很难在不伴有通货膨胀的条件下提供充足的投资、无法维持投资带来的持续增长。同时，在国有银行单一产权结构和垄断性市场结构不发生改变的情况下，国有银行提供信贷本身因有国家的担保性注资与金融约束而面临一个较低的边际成本，因此具有较低的信贷提供价格。相对其他类型的商业银行而言，这就意味着存在很高的进入壁垒。

为了有效改善上述问题，我国银行业进行了改革和对外开放，金融管理部门开始逐步改革银行业市场准入制度，逐步允许外资银行进入我国境内进行经营活动。1985年国务院颁布了《中华人民共和国经济特区外资银行、中外合资银行管理条例》，外资银行开始在深圳、厦门、珠海、汕头和海口五个经济特区设立营业性机构。1994年国务院颁布了第一部全面规范外资银行的《中华人民共和国外资金融机构管理条例》，规定了外资银行在我国金融市场上从事经营活动的市场准入条件和监管标准，开始规范外资银行在国内金融市场上合法从事相关的营业活动，使之逐渐踏上法制化、规范化的发展道路。2001年12月11日，我国加入世界贸易组织，开始了银行业对外全面开放的过渡，政府也取消了外资金融机构外汇业务服务对象的限制。2006年11月11日，国务院修订颁布了《中华人民共和国外资银行管理条例》和11月24日银监会发布了《中华人民共和国外资银行管理条例实施细则》，外资法人银行开始陆续对外营业，从事外汇和人民币业务，包括对中国境内公民的人民币业务。2010年，银监会印发《关于外资银行在所在城市辖区内外向型企业密集市县设立支行有关事项的通知》，首次允许外资银行在总行或其分行所在城市辖内外向型企业密集市县设立支行，积极发挥外资银行在县域外向型经济发展中的作用。

经过30多年的发展，我国境内的外资银行已经初具规模。表4.1详细列示了 1985 年以来外资银行在我国境内设立营业性机构的变化态势。从表 4.1 中可以看出，1985~2000 年，外资银行营业性机构数目从 18 家增加到 191 家，资产总额达到 450 亿美元，期间，外资银行试点人民币业务得到了较快发展，总体业务发展也较为迅速。2001~2006 年，是外资银行进入加快的发展时期。我国于 2001 年 12 月加入世贸组织，在 5 年的过渡期内，认真履行承诺，有序推进银行业对外开放，稳定的开放预期和有效的政策调整推动了外资银行加速发展。期间，外资银行营业性机构数目从 190 家增加到 224 家，在华外资银行总资产增长了 54%，年增长率为 18%，实现了自身的快速发展。2007~2011 年，由于取消了外资银行在我国经营人民币业务的地域限制和客户限制，外资银行进入了全面发展时期。期间，外资银行营业性机构数目从 274 家增加到 387 家，在华外资银行总资产增长了 71.94%，年增长率为 17.98%，实现了自身的全面发展。

表 4.1　1985~2011 年在华外资银行营业性机构数

单位：家

年份	外资银行营业性机构数目	年份	外资银行营业性机构数目
1985	18	2005	207
1995	144	2006	224
1997	173	2007	274
2000	191	2008	311
2001	190	2009	338
2002	180	2010	360
2004	188	2011	387

资料来源：1985~2002 年数据来源于张红军的《外资银行：进入与监管》；2004~2011 年数据来源于《中国银行业监督管理委员会 2011 年报》。

此外，外资银行入股中资商业银行的资金规模快速增加。从进入方式看，外资银行除了直接设立分支机构、营业网点外，还通过入股中资银行来积极推进其在华本土化战略。1996 年，亚洲开发银行成为第一家入股中资商业银行的外资银行，从此拉开了外资银行以参股方式进入中国银行业市场的序幕，触角也由最初的股份制商业银行、延伸到国有大型商业银行，再到地方性城市商业银行，形成全面式的入股热潮。据银监会年报公布，截至 2009 年底，已有 35 家中资商业银行引进境外战略投资者，累计引进投资金额达 329.9 亿美元。如表 4.2 所示，大量的外资银行以及境外战略投资者参股中资商业银行，不仅促使我国商业银行的市场结构发生巨大变化，更重要的是增强了中资商业银行的资本实力，改变了中资银行单一的产权结构，对我国商业银行的产权结构、金融规制产生巨大的挑战，最根本的是对我国商业银行的生存与发展提出更高的要求。

表 4.2 外资金融机构参股我国商业银行基本情况

编号	中资银行	引资时间	外资股东	协议出资额（美元）	入股比例（%）
1	中国光大银行	1996-01	亚洲开发银行 ADB	1900 万	3.29
2	上海银行	1999-09-09	国际金融公司 IFC	2561 万	5
		2001-12-29	中国香港上海汇丰银行	6257 万	8
			中国香港上海商业银行	2347 万	3
			国际金融公司（增持）	2467 万	2
3	南京市商业银行	2001-11-28	国际金融公司 IFC	2700 万	15
		2005-10-12	法国巴黎银行	8500 万	19.2
4	上海浦东发展银行	2003-01-01	花旗银行	6753 万	5
5	西安市商业银行	2003-06-27	国际金融公司 IFC	2688 万元人民币	2.5
			加拿大丰业银行 BNS	2688 万元人民币	2.5
6	兴业银行	2003-12-17	中国香港恒生银行	2.08 亿	15.98
			新加坡政府直接投资公司 GIC	0.65 亿	5
			国际金融公司 IFC	0.52 亿	4
7	深圳发展银行	2004-05-29	美国新桥投资集团	1.5 亿	17.89
		2005-09-28	通用电气金融财务（中国）有限公司（CECF）	1 亿	7.3
8	中国民生银行	2004-07-02	国际金融公司	2313 万	1.08
		2004-10-16	新加坡淡马锡公司	1.1 亿	4.55
9	交通银行	2004-08-06	汇丰银行	17.47 亿	19.9
10	济南市商业银行	2004-09-08	澳洲联邦银行 CBA	1730 万	11
11	北京银行	2005-03-25	荷兰国际银行 ING	1.66 亿欧元	19.9
		2005-05-25	国际金融公司	4.47 亿元人民币	5
12	杭州市商业银行	2005-04-21	澳洲联邦银行 CBA	7760 万	19.91
		2006-08-24	亚洲开发银行 ADB	2.16 亿元人民币	5

续表

编号	中资银行	引资时间	外资股东	协议出资额（美元）	入股比例（%）
13	中国建设银行	2005-06-17	美洲银行	25 亿	9.1
		2005-07-01	新加坡淡马锡控股全资公司亚洲金融	14.66 亿	5.1
14	南充市商业银行	2005-07-08	德国投资与开发有限公司 DEG	300 万欧元	10
			德国储蓄银行国际发展基金	100 万欧元	3.3
15	中国银行	2005-08-18	苏格兰皇家银行集团 RBS	31 亿	10
		2005-08-31	新加坡淡马锡控股全资公司亚洲金融	31 亿	10
		2005-09-27	瑞士银行 UBS	5 亿	1.55
		2005-10-01	亚洲开发银行	0.75 亿	0.24
16	渤海银行	2005-09-06	渣打银行	1.23 亿	19.9
17	华夏银行	2005-10-17	德意志银行	18.72 亿元人民币	9.9
			萨尔奥彭海姆银行	7.7 亿元人民币	4.08
18	天津银行	2005-12-06	澳新银行 ANZ	1.1 亿	20
19	宁波银行	2006-01-10	新加坡华侨银行	5.7 亿元人民币	12.2
20	中国工商银行	2006-01-27	高盛集团	25.822 亿	7
			安联集团	10 亿	2.5
			美国运通	2 亿	0.5
21	杭州联合农村合作银行	2006-07-11	荷兰合作银行	2244 万	10
			国际金融公司 IFC	1122 万	5
22	广东发展银行	2006-11-16	花旗银行投标团	242.67 亿元人民币	58.59
23	上海农村商业银行	2006-11-21	澳新银行	2.52 亿	19.9
24	中信银行	2006-11-22	西班牙毕尔巴鄂维茨卡亚对外银行 BBVA	5.01 亿欧元	5
25	重庆市商业银行	2006-12-21	中国香港大新银行	10.1 亿元人民币	17
			美国凯雷投资基金		7.99
26	青岛市商业银行	2007-07-12	意大利联合圣保罗银行	约 1 亿欧元	19.99
27	成都市商业银行	2007-08-14	英国 Rothschild 银行	3310 万	5
		2007-10-25	马来西亚丰隆银行	2.6 亿	20
28	天津滨海农村商业银行	2007-12-21	国际金融公司 IFC	2 亿元人民币	10

续表

编号	中资银行	引资时间	外资股东	协议出资额（美元）	入股比例（%）
29	烟台市商业银行	2008-01-31	中国香港恒生银行	1.03 亿	20
			中国香港永隆银行	2600 万	4.99
30	营口银行	2008-03-17	马来西亚联昌国际证券银行集团	4900 万	19.99
31	厦门市商业银行	2008-06-10	中国台湾富邦金融集团在港子公司富邦银行（香港）	3300 万	19.99
32	恒丰银行	2008-06-26	新加坡大华银行 UOB	1.15 亿	15.38
33	吉林银行	2008-08-13	韩国韩亚银行	3.16 亿	19.67
34	德阳市商业银行	2009-10-17	国际金融公司 IFC	2.11 亿元人民币	15

资料来源：商务部、银监会、人民银行、报纸、各银行网站公布数据。黄宪，赵征. 开放条件下中国银行业的控制力与国家金融安全［M］. 北京：中国金融出版社，2009.

4.2 我国商业银行产权结构的动态变迁

本书主要从股权性质、股权集中度两个方面考察外资银行进入后，我国商业银行产权结构的动态变迁过程。

4.2.1 股权性质

根据我国商业银行投资主体的不同，股权性质主要有四种形式：国家股、法人股、个人股、外资股。它们之间的比例关系构成了持股者的身份结构。从 1996 年亚洲开发银行第一次参股光大银行开始，在金融改革的背景下，我国商业银行引进境外战略投资者的步伐加快，原有的单一国有股权性质发生了翻天覆地的变化，逐渐形成了以国有股权为主，法人股、个人股以及外资股多种形式并存的局面，当然随着金融体制改革的进一步深化，目前商业银行的股权结构还会发生调整。表 4.3 描述了我国商业银行国家股和外资股持股比例的变化情况。

表 4.3　我国商业银行国有股和外资股持股比例

银行	国有股持股比例（%）			外资股持股比例（%）		
	2001 年	2006 年	2012 年	2001 年	2006 年	2012 年
工商银行	100	75.44	72.43	0	19.55	24.60
中国银行	100	70.79	68.08	0	26.37	29.44
建设银行	100	74.26	60.71	0	25.23	36.17
农业银行	100	100	82.7	0	0	9.4
交通银行	100	45.74	37.22	0	19.9	38.76
大型商业银行	**100**	**73.25**	**64.23**	**0**	**22.76**	**27.69**
华夏银行	100	46.36	44.63	0	13.98	19.99
光大银行	70.88	56.26	53.17	3.29	1.9	0
民生银行	30.05	16.47	12.98	0	3.92	20.22
广东发展银行	100	71.67	72.28	0	24.74	23.69
平安银行	100	6.23	8.35	0	19.01	12.34
中信银行	100	100	63.49	0	0	30.93
兴业银行	80.48	57.95	27.64	0	24.98	15.53
招商银行	47.31	46.53	34.9	4.33	17.94	17.87
浦东发展银行	39.3	43.33	37.58	0	3.78	0
恒丰银行	100	15	20.55	0	0	14.26
渤海银行	—	72.01	62.01	—	19.99	19.99
股份制商业银行	**76.80**	**48.35**	**39.78**	**0.76**	**11.84**	**15.89**
北京银行	31.19	29.86	27.39	0	24.9	17.07
上海银行	29.25	28.17	54.17	5	18	11
南京银行	25.84	25.85	29.49	15	24.2	14.74
宁波银行	14.27	13.17	16.47	0	10	15.34
天津银行	43.19	43.19	37.53	0	20	17.6
青岛银行	37.82	36.61	23.68	0	0	23.87
西安银行	32.14	31.35	44.22	0	3.19	19
重庆银行	100	69.78	53.89	0	17	20
杭州银行	100	35.93	52.30	0	24.99	23.95
城市商业银行	**45.97**	**34.88**	**37.68**	**2.22**	**15.81**	**18.06**

资料来源：根据历年《中国银行业监督管理委员会年报》、各银行年报、《中国金融年鉴》数据整理计算而得。

从表 4.3 可以看出，商业银行股权结构调整的过程，实质上也就是外资银行不断进入的过程，可以说，我国商业银行正是通过引进外资银行，发挥外部力量的作用，来调整自身产权结构的问题，使得股权结构多元化。但在引进外资过程中，各类型商业银行股权性质的变化轨迹又不一样，具体如下：

第一，大型商业银行。总体来看，大型商业银行中，国有股份比例平均由 2001 年的 100%，降低到 2006 年的 73.25%，再到 2012 年的 64.23%，可见，随着银行业股份制改造、上市，国有股份逐渐降低和稀释。但同时外资股份却经历了从无到有、从少到多的过程，平均从 2001 年的零股份增长到 2006 年的 22.76%，上升到 2012 年的 27.69%。2001 年，四大商业银行全部为单一的国有股权，随着 2005 年工商银行、中国银行和建设银行相继引进境外战略投资者，并成功上市，原有的单一股权结构得到改善。截至 2006 年，这三家大型商业银行的国有股持股比例分别为 75.44%、70.79%和 74.26%，值得注意的是，这三家银行的国有持股股东都是财政部和汇金公司，它们代表国家持股，占有绝对的主导地位。同时，2006 年三家银行的外资股份分别为 19.55%、26.37%和 25.23%，通过进一步分析，我们发现，外资股东中除了直接持股的外资银行，还有中国香港中央结算代理人有限公司等一些境外金融机构。农业银行到 2010 年才完成股份制改造并上市，因此在 2001 年和 2006 年的国有股份都是 100%，无外资进入。交通银行由于在 2004 年就已引进汇丰银行等境外战略投资者，并于 2005 年在中国香港成功上市，成为首家上市的大型商业银行。因此，到 2006 年时，其国有股份已经稀释到 45.74%，在大型商业银行中最低，但外资股份仍为 19.9%，与上市时没有变化。到 2012 年，随着上市之后产权改革的进一步加深，股权结构更加多元化，五家大型商业银行的国有股份逐渐降低，分别为 72.43%、68.08%、60.71%、82.7%和 37.22%，但外资股份却有明显的提高，分别为 24.6%、29.44%、36.17%、9.4%和 38.76%，农业银行外资股份最低。可见，大型商业银行股份制改造、上市的过程，伴随着国有股份降低、外资股份上升等股权结构变迁的过程，在这一过程中，同时完善了国有大型商业银行的法人治理结构、提高经营决策的科学性，逐渐建立起现代商业银行制度。

第二，股份制商业银行。相比大型商业银行，股份制商业银行股权结构改革的时间要早得多，其中，光大银行于 1996 年成为第一家引进外资的国内商业银行。随后，尤其是在 2003 年之后，股份制商业银行相继引进境外战略投资者，股权结构更趋于多元化。总体来看，股份制商业银行中的国有股权平均由 2001 年的 76.8%降低到 2006 的 48.35%，再降低到 2012 年的 39.78%；但相反外资股份平均由 2001 年的 0.76%上升到 2006 年的 11.84%和 2012 年的 15.89%，可见国有股份和外资股份也是经历了此消彼长的过程。与大型商业银行相比，股份制商业银行中的国有股份和外资股份都要低，主要原因是股东更加多元化，除了国有股东和外资股东，还有更多的法人股东和自然人股东。其中持股比例最高的股东一般都是大型国企，比如华夏银行与首钢集团、光大银行与光大集团、中信银行与中信集团、招商银行与招商局等，另外地方政府也成为股份制商业银行的重要股东，如兴业银行与福建省财政厅，广发银行与中国人寿、国家电网等，第一大股东皆为国有股东。由此可见，引进境外战略投资者，发挥了良好效果，不仅补充了资本金，优化了股权结构，还提升了股权价值，增强了股份制商业银行的核心竞争力。

第三，城市商业银行。相比大型商业银行，城市商业银行引进外资的时间同样要早得多，应该说紧随着股份制商业银行，城市商业银行就迈开了引进外资的步伐，如上海银行在 1999 年就引进国际金融公司作为战略合作伙伴。总的来看，城市商业银行的国有股份经历了先下降后上升的过程，平均由 2001 年的 45.97%下降到 2006 年的 34.88%，再上升到 2012 年的 37.68%；与此同时，外资股份经历了上升的过程，分别平均由 2001 年的 2.22%上升到 2006 年的 15.81%，再到 2012 年的 18.06%。与大型商业银行相比，城市商业银行的国有股份和外资股份都要低，但与股份制商业银行相比，国有股份要低，但外资股份却要高，主要原因是城市商业银行的股权结构更加复杂和分散，自 1995 年以来，城市信用社撤并组建为城市商业银行（以下简称城商行），国务院允许地方政府以一部分资金参股城商行，入股最高比例上限为 30%，但其他股东却不参与经营。虽然其中一些城商行第一大持股股东仍为地方政府或地方大型国有企业，如天津银行、青岛银行、西安银行、重庆银行等，但是，另外一些城商行尤其是上市银行，第一大持股股东已经为外资银行，如北京银行为荷兰国际银行，南京银行为法国巴黎银行，宁波银行为新加坡华侨银行等。第一大股东性质的改变，是外资银行参股对国内商业银行产权结构带来变化的一个重要体现。可见，外资银行为了谋求更大发言权，甚至相对控股的意图已初见端倪，对中小规模的各地城商行出手尤其阔绰，单个参股比例屡屡逼近 20%，随着外资参股比例不断逼近上限，不少城商行的国资控制权面临着挑战。但对于外资银行来说，在中国城商行的投资或可看成其全球投资组合中的一小部分，盈利则会继续增持甚至独资，不能盈利立即撤退也不会损失太多，所以能以低廉的国内银行转让价取得相对控制权，正是外资银行利益最大化的迫切需求。

由以上可见，外资银行进入对我国商业银行股权性质产生了巨大的影响，改善了原有单一国有股权性质，使得股权性质更加多元化。但总体来看，对于大型商业银行，仍然是国有股东占据绝对地位，外资股份作为补充具有重要的地位；股份制商业银行中虽然大多数银行第一大股东仍为国有股东，但已不占据绝对控股地位；而对于城商行来说，股权性质更为分散，甚至已有多家银行第一大股东为外资银行。这些变化，都与我国银行业管制放松，以及由此引起的外资银行大规模进入密切相关。

4.2.2 股权集中度

银行业股权集中度是指持股者所持有公司股份的比例，股权集中度有股权高度分散、高度集中和适度集中三种类型。当一家银行的单个股东持股比例都在10%以下，所有权与经营权处于分散状况时，我们认为其股权高度分散；当一家银行的第一大股东持股比例超过 50%时，一般认为该银行股权高度集中；股权适度集中介于上述两种类型之间，一般所持股份介于 10%~50%，主要特征是该银行内较大的相对控股股东与其他大股东并存。

本书选取我国商业银行第一大股东持股比例和前五大股东持股比例作为衡量股权集中度的指标，分别用 CR_{s1} 和 CR_{s5} 表示，表 4.4 列示了我国商业银行的股权集中度情况。

从表 4.4 可以看出，2001~2012 年，国内商业银行第一大股东持股比例和前五大股东持股比例都处于不断变化的过程，这也反映出，随着外资银行的进入，银行业股权结构不断调整，原有股权过于集中的问题得到进一步解决。但各类型商业银行股权集中度的调整幅度并不一致，差异较大，具体如下：

第一，大型商业银行。从 CR_{s1} 看，大型商业银行的 CR_{s1} 呈逐渐下降趋势，

表 4.4 我国商业银行股权集中度情况

银行	第一大股东持股比例 CR_{S1}（%）			前五大股东持股比例 CR_{S5}（%）		
	2001 年	2006 年	2012 年	2001 年	2006 年	2012 年
工商银行	100	35.33	35.46	100	92.75	96.43
中国银行	100	67.49	67.72	100	95.09	97.33
建设银行	100	67.49	57.21	100	95.09	94.67
农业银行	100	100	40.21	100	100	92.81
交通银行	29.08	21.78	26.53	49.06	62.51	70.39
大型商业银行	**85.82**	**58.42**	**45.43**	**89.81**	**89.09**	**90.33**
华夏银行	20	10.19	20.28	63.5	39.37	60.38
光大银行	24.16	24.16	48.37	52.83	52.83	62.51
民生银行	7.98	5.98	20.22	35.14	25.97	35.3
广东发展银行	25.21	20	20	86.24	84.74	83.69
平安银行	8.96	17.89	42.16	24.07	22.9	55.44
中信银行	100	100	61.85	100	100	93.68
兴业银行	34	25.51	21.03	48.74	54.74	40.69
招商银行	24.36	17.79	17.87	51.53	43.13	42.37
浦东发展银行	8.26	23.57	20	24.21	41.37	45.2
恒丰银行	100	6.5	20.55	100	25	55.35
渤海银行	—	25	25	—	82	82
股份制商业银行	**35.29**	**25.14**	**28.85**	**58.63**	**52.00**	**59.69**
北京银行	20.07	20.07	13.64	38.88	38.88	32.99
上海银行	8.29	8.4	19.24	29.54	33.17	40.32
南京银行	19.78	19.78	12.68	61.7	61.7	29.74
宁波银行	14.27	13.17	13.74	56.34	51.56	37.49
天津银行	26.54	26.54	24.17	55.71	54.2	51.14
青岛银行	32.63	29.34	20	82.54	78.7	66.61
西安银行	9.4	13.16	21	34.28	36.54	60.66
重庆银行	35.21	28.13	20.14	75.08	69.47	64.48
杭州银行	25.21	19.99	20	63.42	57.49	52.61
城市商业银行	**21.27**	**19.84**	**18.29**	**55.28**	**53.52**	**48.45**

资料来源：根据历年《中国银行业监督管理委员会年报》、各银行年报、《中国金融年鉴》数据整理计算而得。

平均由2001年的85.82%下降到2006的58.42%，再到2012年的45.43%。其中，工商银行、中国银行和建设银行变化幅度较大，从2001年的单一国有股权占100%，到2012年均有大幅度的减持。其中，2012年中国银行和建设银行的CR_{s1}均超过50%，分别为67.72%和57.21%，工商银行的CR_{s1}为35.46%，农业银行的CR_{s1}为40.21%，交通银行的CR_{s1}虽然有小幅下降，但仍然为26.53%。根据股权集中度与控股模式（见表4.5）可知，中国银行、建设银行属于股权高度集中，作为第一大股东的汇金公司具有绝对控股地位，中小股东处于弱势地位。工商银行、农业银行、交通银行股权相对集中，第一大股东具有相对控制权，股权结构比较合理。从CR_{s5}看，平均变化幅度不明显，先略有下降，后有小幅上升，维持在86%~90%。其中除了交通银行为70.39%，其他四家银行前五大股东持股比例高达90%以上，这说明这几家大型商业银行前五大股东具有较高的控股权，股权集中度较高。这也反映出，虽然引进外资银行和境外战略投资者，大型商业银行改变了之前国有股权"一股独大"的局面，股权结构逐步呈现出多元化，但目前国有股权占据绝对地位，存在股权高度集中的现象。这主要是因为我国政府为了维护金融系统安全，始终掌握着对大型商业银行的控制权。

表4.5 股权集中度与控股模式

持股比例	$CR_{s1} < 20\%$	$20\% \leqslant CR_{s1} < 50\%$	$CR_{s1} \geqslant 50\%$
控股模式	股权分散	相对控股	绝对控股

资料来源：林乐芬.中国上市公司股权集中度研究［M］.北京：经济管理出版社，2005.

第二，股份制商业银行。从CR_{s1}看，股份制商业银行的CR_{s1}呈现先下降后上升的趋势，平均由2001年的35.29%下降到2006年的25.14%，再上升到2012年的28.85%。其中，中信银行的CR_{s1}始终维持在50%以上，经过2007年引进境外战略投资者以及上市之后，到2012年CR_{s1}仍处于61.85%的高水平，由此反映出作为大型国企的中信集团仍对其具有绝对的控股权。到2012年，华夏银行、光大银行、民生银行、广发银行、平安银行、兴业银行、浦发银行、恒丰银行、渤海银行的CR_{s1}均超过20%，但仍低于50%，属于相对控股状态，但各家银行的相对控股股东各不相同，其中民生银行的第一大股东为中国香港中央结算（代理人）有限公司，广发银行则为花旗银行、中国人寿、国网英大、中信信托四家公司各占20%，平安银行第一大股东为中国平安集团，属于民营股份，其他几家银行的第一大股东皆为国有股份。另外，招商银行的最低，为17.87%，股权集中度分散。与大型商业银行相比，股份制商业银行的第一大股东持股比例普遍较低，难以形成绝对控股权，股权结构更加合理化。从 CR_{s5} 来看，同样呈现先下降后上升的趋势，由2001年的58.63%下降到2006年的52.00%，再上升到2012年的59.69%。其中，2012年，中信银行 CR_{s5} 最高，为93.68%，广发银行次之，为83.69%，渤海银行位列第三，为82%，说明这三家银行前五大股东具有较高的控股权。民生银行的 CR_{s5} 最低，股权集中度较为分散。招商银行、兴业银行以及浦发银行的 CR_{s5} 也都低于50%，相对来说这几家银行前五大股东的控制权较弱。总的来看，除个别银行外，股份制商业银行的股权结构较为合理，股权集中度要比大型商业银行低，这不仅是股份制商业银行成立之初就具有的先天特征，也是经过不断引进外资以及推行股份制改革的结果。

第三，城市商业银行。从 CR_{s1} 来看，城市商业银行的 CR_{s1} 呈现逐渐下降的趋势，平均由2001年的21.27%下降到2006年的19.84%，再下降到2012年的18.29%。到2012年，未有一家银行的 CR_{s1} 超过50%，其中，天津银行、青岛银行、重庆银行、西安银行、杭州银行的 CR_{s1} 均超过20%，属于相对控股状态，但第一大股东各不相同，其中甚至有外资股东。比如青岛银行第一大股东为意大利圣保罗联合银行，杭州银行第一大股东为澳洲联邦银行，其余的三家银行第一大股东仍为国有股东。北京银行、南京银行、宁波银行、上海银行的 CR_{s1} 都小于20%，其中南京银行最低，仅为12.68%。此外，前三家银行都已上市，并且第一大股东皆为外资银行，分别为荷兰国际银行、法国巴黎银行和新加坡华侨银行。与大型商业银行和股份制商业银行相比，城市商业银行的第一大股东持股比例相对要小得多，并且多家城市商业银行的第一大股东皆为外资银行，说明外资银行进入以后，已经彻底改变了城市商业银行的股权结构，为了谋求更大的利益，外资银行甚至会采取相对控股的方式参股城市商业银行。从 CR_{s5} 来看，城市商业银行的 CR_{s5} 也处于下降的过程，平均由2001年的55.28%，下降到2006年的53.52%，再到2012年的48.45%。到2012年，其中有三家银行的 CR_{s5} 超过60%，分别为青岛银行、西安银行和重庆银行，相对其他城市商业银行来说，这三家银行前五大股东具有较强的控股权，同时可以发现，这三家银行所处的城市，都位于二三线城市，具有较为明显的地域特征。南京银行的 CR_{s5} 最低，仅为 29.74%，北京银行和宁波银行位列倒数第二和倒数第三，分别仅为 32.99%和 37.49%，值得一提的是，这三家银行是所有城市商业银行中仅有的上市银行，这也反映公开上市可以促进股权结构更加分散。总的来看，城市商业银行的股权集中程度比大型商业银行和股份制银行都要低，这也说明城市商业银行在引进外资、上市之后，股权结构更加合理。

综上所述，通过近些年的不断引进外资和股权改革，我国商业银行的股权结构发生重大变化，大型商业银行改变了原有的国有产权独大的局面，股份制商业银行和城市商业银行的股权结构更加多元化。但也存在一些问题，主要是在大型商业银行中，国有产权仍然是最大的持股主体，前十大股东中，国有股东也占多数席位，这为银行提供隐形信用担保，保持银行业稳定运营，发挥了重要作用，但同时也弱化了债权人和股东对经营者的监督约束，所有者缺位问题阻碍了国家对经营者的有效监督和控制等。

4.3 我国商业银行市场结构的动态变迁

商业银行市场结构的变迁一直是随着我国银行业的市场化改革进程而发展的，国内部分学者认为我国已基本建立了层次分明的银行业体系，并开始进入“日益激烈的充分竞争格局”。但也有不少学者认为我国银行业并非过度竞争，而是竞争不足。对此，我们认为市场中竞争者的数量与市场竞争是否充分并无直接关系。尤其是在我国银行市场化利率尚未彻底放开的前提下，相对固定的利率政策基本保障了商业银行的中介利差，只要银行能够获准进入市场，即能享有行业垄断利润。而垄断的直接后果就是金融产品与服务的供给不足，并表现为银行数量虽然众多，但同质性极强。一方面，在对优质客户、大客户、大项目的竞争上表现为过度竞争甚至是恶性竞争；另一方面，对多数中小企业的融资需求又显得兴趣不足。为了考察外资银行进入对我国商业银行市场结构变迁的影响作用，本节将从市场份额和市场集中度两个方面进行分析。

4.3.1 市场份额

银行业市场份额是指一家银行资产（贷款、存款、利润等）在银行业整体市场中所占的比重，表明银行在市场中所处的地位。市场份额越高，表明银行对市场的控制能力越强，银行的经营和竞争能力就越强。根据产业组织理论，一般认为市场份额在20%~40%的企业通常具有一定程度的市场控制力，而市场份额低于20%，特别是10%的企业则缺乏发言权。鉴于我国商业银行的特点，我们将采用资产、存款、贷款、净利润份额四组指标来分析我国商业银行的市场份额情况，分别如表4.6至表4.9所示。

表 4.6 我国商业银行资产份额

单位：%

银行＼年份	2001	2002	2003	2004	2005	2006	2007	2008	2009	2010	2011
中国银行	19.18	17.54	18.50	17.52	16.09	15.29	14.54	14.03	13.83	13.66	12.95
农业银行	14.43	14.76	16.27	16.49	16.19	15.39	12.87	14.16	14.04	13.50	12.78
工商银行	24.76	23.69	21.23	26.52	21.91	21.55	21.07	19.70	18.63	17.58	16.94
建设银行	15.71	15.29	16.56	16.06	15.57	15.63	16.01	15.25	15.21	14.12	13.44
交通银行	3.82	3.63	4.31	4.70	4.83	4.93	5.12	5.41	5.23	5.16	5.05
大型商业银行	**77.89**	**74.92**	**76.88**	**75.48**	**74.60**	**72.79**	**69.60**	**68.54**	**66.95**	**64.04**	**61.17**
华夏银行	0.77	0.88	1.15	1.25	1.21	1.28	1.44	1.48	1.34	1.36	1.36
民生银行	0.79	1.21	1.68	1.83	1.89	2.08	2.23	2.13	2.25	2.38	2.44
广发银行	1.09	1.09	1.41	1.42	1.17	1.07	1.06	1.10	1.05	1.06	1.01
平安银行	0.69	0.82	0.88	0.81	0.75	0.75	0.86	0.96	0.93	0.95	1.38
中信银行	1.71	1.66	1.95	2.04	2.02	2.03	2.45	2.66	2.81	2.72	3.03
兴业银行	0.71	0.88	1.21	1.40	1.61	1.77	2.07	2.06	2.11	2.42	2.64
光大银行	1.51	1.58	1.84	1.71	1.74	1.71	1.79	1.72	1.89	1.93	1.89
招商银行	1.52	1.84	2.35	2.41	2.49	2.68	3.18	3.17	3.27	3.14	3.06
浦发银行	0.99	1.39	1.73	1.87	1.95	1.98	2.22	2.64	2.56	2.86	2.94
恒丰银行	—	—	—	0.11	0.13	0.16	0.26	0.30	0.34	0.36	0.48
渤海银行	—	—	—	—	—	0.04	0.08	0.13	0.19	0.35	0.34
浙商银行	—	—	—	0.04	0.07	0.11	0.14	0.17	0.26	0.28	0.33

续表

银行＼年份	2001	2002	2003	2004	2005	2006	2007	2008	2009	2010	2011
股份制商业银行	**9.79**	**11.36**	**14.19**	**14.89**	**15.03**	**15.66**	**17.78**	**18.52**	**18.99**	**19.81**	**20.89**
北京银行	0.54	0.67	0.80	0.86	0.79	0.78	0.86	0.84	0.84	0.96	1.05
上海银行	0.70	0.84	0.90	0.90	0.82	0.77	0.75	0.74	0.74	0.74	0.72
南京银行	0.12	0.13	0.14	0.16	0.15	0.17	0.18	0.19	0.24	0.29	0.31
宁波银行	0.06	0.07	0.11	0.10	0.10	0.09	0.11	0.11	0.13	0.14	0.14
天津银行	0.13	0.16	0.19	0.15	0.16	0.16	0.17	0.20	0.24	0.28	0.27
青岛银行	0.10	0.11	0.13	0.14	0.14	0.16	0.18	0.21	0.26	0.34	0.29
西安银行	0.20	0.22	0.25	0.25	0.23	0.23	0.25	0.25	0.24	0.27	0.26
重庆银行	0.06	0.07	0.08	0.06	0.06	0.07	0.08	0.07	0.07	0.08	0.08
杭州银行	0.09	0.11	0.12	0.10	0.10	0.11	0.10	0.10	0.10	0.11	0.11
城市商业银行	**4.71**	**5.47**	**6.81**	**7.01**	**6.91**	**7.44**	**8.10**	**8.34**	**8.98**	**10.26**	**10.93**
农村商业银行	**0.04**	**0.05**	**0.18**	**0.23**	**1.03**	**1.45**	**1.48**	**1.88**	**2.95**	**3.61**	**4.65**
外资银行	**1.51**	**1.99**	**1.50**	**1.84**	**1.91**	**2.11**	**2.36**	**2.13**	**1.70**	**1.83**	**1.90**

资料来源：根据历年《中国银行业监督管理委员会年报》、各银行年报、《中国金融年鉴》、Bankscope 数据库数据整理计算而得。

表 4.6 列示了大型商业银行、股份制商业银行、城市商业银行、外资银行等商业银行的资产份额情况。五家大型商业银行的资产份额一直呈现下降态势，但仍维持在 60%以上，在 2011 年时，仍高达 61.17%，可见大型商业银行资产份额近些年虽然有大幅下降，但总体上仍占据绝对地位，拥有较大的市场控制力。股份制商业银行资产份额在 10 年间则翻了一倍，从 2001 年的 9.79%上升到 2011 年的 20.89%，可见，股份制商业银行引进境外战略投资者不但充足了资本金，而且资产份额有了较大幅度的提升，由此可以预见的是，在未来银行业市场中，股份制商业银行将会拥有更多的话语权。城市商业银行资产份额也从 2001 年的 4.71%上升到 2011 年的 10.93%，提高一倍有余，反映出地方城市商业银行经过重组、引进外资以及股份制改造以后，取得了明显的效果。

表 4.7 列示了大型商业银行、股份制商业银行、城市商业银行、外资银行等

银行业的存款份额情况。与资产份额的变化趋势一致，五家大型商业银行的存款份额也是呈现下降趋势，从 2001 年的 83.94%，下降到 2011 年的 64.98%，但仍维持高位水平，由此可见，大型商业银行存款份额尽管有大幅下降，但总体上仍占据主导地位，具有大量来自财政、电力、社保系统的资金，存款上占有先天优势。股份制商业银行的存款份额也基本翻了一番，从 2001 年的 10.68%上升到 2011 年的 21.16%，尽管相对大型商业银行来说，股份制银行的营业网点较少，不便于吸收存款，但近些年股份制商业银行凭借灵活的运营机制，在营业网点建设方面发展迅速，另外，往往不约而同地在对公存款上下功夫，大量吸收对公存款。城市商业银行的存款份额也从 2001 年的 4.94%，上升到 2011 年的 9.41%，增长将近一倍。城市商业银行在市区的营业网点上比股份制商业银行更具有优势，存款也主要来源于中小客户，引进外资银行后，在管理水平和吸收存款能力方面有了很大程度的提升。

表 4.7 我国商业银行存款份额

单位：%

银行＼年份	2001	2002	2003	2004	2005	2006	2007	2008	2009	2010	2011
中国银行	20.71	18.76	17.07	16.36	15.46	14.55	13.86	13.93	14.05	13.67	13.67
农业银行	16.10	15.46	15.85	16.17	17.29	16.91	15.98	15.09	14.82	14.34	13.57
工商银行	26.77	25.82	25.01	24.07	22.79	22.21	21.60	20.73	19.53	18.53	17.98
建设银行	17.37	17.15	16.65	15.97	15.84	16.23	16.40	16.07	15.96	14.85	14.39
交通银行	2.99	4.04	4.50	4.68	4.95	5.16	5.16	5.69	5.47	5.41	5.37
大型商业银行	**83.94**	**81.23**	**79.09**	**77.26**	**76.33**	**75.06**	**73.01**	**71.50**	**69.82**	**66.79**	**64.98**
华夏银行	0.80	0.98	1.16	1.27	1.28	1.38	1.50	1.56	1.41	1.45	1.49
民生银行	0.84	1.36	1.74	1.87	2.00	2.20	2.25	2.22	2.34	2.51	2.62
广发银行	1.31	1.28	1.41	1.44	1.27	1.16	1.13	1.20	1.14	1.13	0.96
平安银行	0.78	0.93	0.92	0.84	0.81	0.82	0.91	1.03	0.99	1.01	1.39
中信银行	1.84	1.66	1.76	2.10	2.12	2.14	2.46	2.67	2.94	2.84	3.27
兴业银行	0.74	0.95	1.25	1.42	1.67	1.80	2.02	2.07	2.14	2.51	1.75
光大银行	1.64	1.76	1.89	1.79	1.81	1.82	1.83	1.72	1.93	1.89	1.96
招商银行	1.62	2.01	2.36	2.42	2.57	2.78	3.31	3.32	3.39	3.29	3.31
浦发银行	1.11	1.55	1.77	1.88	2.01	2.07	2.29	2.80	2.72	3.03	3.17

续表

银行＼年份	2001	2002	2003	2004	2005	2006	2007	2008	2009	2010	2011
恒丰银行	—	—	—	0.11	0.13	0.18	0.28	0.33	0.36	0.38	0.52
渤海银行	—	—	—	—	0	0.03	0.07	0.13	0.20	0.38	0.37
浙商银行	—	—	—	—	0.08	0.11	0.14	0.18	0.25	0.28	0.34
股份制商业银行	**10.68**	**12.49**	**14.27**	**15.14**	**15.75**	**16.48**	**18.20**	**19.23**	**19.80**	**20.72**	**21.16**
北京银行	0.60	0.75	0.81	0.87	0.80	0.84	0.87	0.85	0.86	1.01	0.80
上海银行	0.76	0.90	0.91	0.92	0.85	0.82	0.78	0.79	0.78	0.79	0.61
南京银行	0.13	0.14	0.14	0.15	0.15	0.17	0.17	0.18	0.24	0.30	0.33
宁波银行	0.06	0.06	0.08	0.10	0.11	0.10	0.11	0.12	0.13	0.15	0.15
天津银行	0.15	0.17	0.18	0.15	0.16	0.17	0.17	0.21	0.25	0.30	0.29
青岛银行	0.21	0.23	0.25	0.24	0.24	0.24	0.26	0.26	0.25	0.28	0.28
西安银行	0.07	0.10	0.13	0.14	0.15	0.17	0.18	0.20	0.26	0.35	0.30
重庆银行	0.06	0.08	0.08	0.06	0.07	0.07	0.08	0.06	0.07	0.09	0.09
杭州银行	0.10	0.12	0.11	0.10	0.10	0.11	0.09	0.09	0.10	0.11	0.12
城市商业银行	**4.94**	**5.48**	**5.54**	**6.34**	**6.59**	**7.02**	**7.33**	**7.71**	**8.34**	**9.10**	**9.41**
农村商业银行	**0.44**	**0.80**	**1.11**	**1.27**	**1.33**	**1.43**	**1.45**	**1.55**	**2.03**	**3.37**	**4.44**
外资银行	**0.93**	**0.97**	**1.06**	**1.08**	**1.15**	**1.12**	**1.21**	**1.40**	**1.33**	**1.60**	**1.71**

资料来源：同表 4.6。

表 4.8 列示了大型商业银行、股份制商业银行、城市商业银行、外资银行等银行业的贷款份额情况。与存款份额的变化趋势一致，五家大型商业银行的贷款份额也呈现下降趋势，从 2001 年的 81.97%，下降到 2011 年的 61.96%，降幅水平较大，但同时依然占据着贷款市场的大半壁江山，其主要贷款对象集中于大城市、大企业和大项目，以及重点基础设施建设等。股份制商业银行的贷款份额也增速明显，由 2001 年的 9.63%，提升到 2011 年的 20.98%，贷款对象除了关注重点大型企业和项目外，还在中小企业、新型战略产业、实体经济等方面提供金融支持。城市商业银行贷款份额从 2001 年的 6.9%上升到 2011 年的 9.56%，较存款份额来说，上升幅度较小，由于地域上的限制，主要以中小企业、个体工商户、下岗职工等为服务对象，零售贷款业务，专营小额贷款，信贷规模金额总体不大。

表 4.8 我国商业银行贷款份额

单位：%

银行＼年份	2001	2002	2003	2004	2005	2006	2007	2008	2009	2010	2011
中国银行	16.49	15.81	15.16	14.46	13.59	12.75	13.49	13.43	15.05	14.35	13.72
农业银行	17.21	17.08	17.66	17.84	17.77	17.02	13.27	12.70	12.59	12.41	11.94
工商银行	28.36	27.03	21.81	21.69	20.25	19.28	19.38	18.68	17.52	17.16	16.79
建设银行	16.00	15.73	15.33	15.16	15.13	15.25	15.59	15.51	14.72	14.32	13.99
交通银行	3.91	3.57	4.07	4.41	4.78	4.95	5.30	5.47	5.65	5.68	5.54
大型商业银行	**81.97**	**79.23**	**74.04**	**73.55**	**71.52**	**69.26**	**67.02**	**65.80**	**65.53**	**63.91**	**61.96**
华夏银行	0.68	0.77	1.16	1.23	1.44	1.38	1.46	1.46	1.32	1.33	1.31
民生银行	0.81	1.18	1.59	2.00	2.37	3.02	3.21	2.72	2.72	2.69	2.61
广发银行	1.11	1.15	1.51	1.48	1.01	1.14	1.18	1.26	1.15	1.17	1.19
平安银行	0.72	0.99	1.00	0.84	0.95	0.96	1.05	1.19	1.12	1.04	1.35
中信银行	1.67	1.86	2.04	2.04	2.26	2.47	2.77	3.02	3.30	3.23	3.12
兴业银行	0.84	1.01	1.21	1.39	1.50	1.74	1.92	2.06	2.17	2.18	2.17
光大银行	1.40	1.62	1.88	1.74	1.80	1.82	1.93	1.90	1.98	1.97	1.92
招商银行	1.41	1.81	2.36	2.53	2.90	3.00	3.20	3.59	3.65	3.63	3.55
浦发银行	0.98	1.54	1.97	2.11	2.32	2.45	2.62	2.87	2.86	2.91	2.88
恒丰银行	—	—	—	0.09	0.15	0.19	0.22	0.27	0.29	0.31	0.31
渤海银行	—	—	—	—	—	0.04	0.09	0.14	0.22	0.24	0.24
浙商银行	—	—	—	—	0.08	0.12	0.16	0.21	0.27	0.29	0.32
股份制商业银行	**9.63**	**11.94**	**14.72**	**15.44**	**16.79**	**18.33**	**19.83**	**20.69**	**21.04**	**20.99**	**20.98**
北京银行	0.48	0.64	0.72	0.75	0.74	0.68	0.75	0.79	0.84	0.85	1.00
上海银行	0.60	0.68	0.77	0.74	0.76	0.68	0.71	0.73	0.75	0.75	0.74
南京银行	0.09	0.08	0.11	0.11	0.12	0.14	0.15	0.16	0.21	0.21	0.22
宁波银行	0.06	0.06	0.09	0.09	0.09	0.10	0.11	0.12	0.13	0.13	0.14
天津银行	0.12	0.12	0.17	0.15	0.17	0.18	0.20	0.24	0.27	0.27	0.27
青岛银行	0.07	0.10	0.13	0.12	0.12	0.15	0.18	0.20	0.25	0.26	0.27
西安银行	0.17	0.16	0.16	0.18	0.19	0.19	0.20	0.20	0.19	0.20	0.21
重庆银行	0.06	0.07	0.07	0.06	0.08	0.09	0.09	0.07	0.07	0.07	0.07
杭州银行	0.10	0.10	0.12	0.12	0.13	0.13	0.13	0.11	0.10	0.10	0.10

续表

年份 银行	2001	2002	2003	2004	2005	2006	2007	2008	2009	2010	2011
城市商业银行	**6.90**	**7.26**	**7.56**	**7.12**	**7.28**	**7.44**	**8.14**	**8.72**	**8.98**	**9.22**	**9.56**
农村商业银行	**0.58**	**0.65**	**0.83**	**0.92**	**1.24**	**1.42**	**1.60**	**1.72**	**2.18**	**3.51**	**5.31**
外资银行	**0.93**	**0.93**	**2.86**	**2.97**	**3.17**	**3.56**	**3.40**	**3.08**	**2.27**	**2.37**	**2.16**

资料来源：同表 4.6。

表 4.9　我国商业银行净利润份额

单位：%

年份 银行	2001	2002	2003	2004	2005	2006	2007	2008	2009	2010	2011
中国银行	26.52	24.54	29.69	16.58	19.72	22.20	16.76	13.41	14.68	13.77	12.28
农业银行	3.75	7.48	1.99	1.59	0.63	2.41	11.83	10.47	11.18	11.92	11.49
工商银行	19.74	17.42	23.27	24.04	23.00	23.04	22.22	22.64	22.26	20.85	19.64
建设银行	16.81	11.11	23.16	38.84	28.49	21.40	18.68	18.86	18.38	16.95	15.97
交通银行	6.21	11.43	4.53	1.27	5.59	5.67	5.51	5.83	5.20	4.92	4.79
大型商业银行	**73.02**	**71.96**	**82.63**	**82.32**	**77.43**	**74.72**	**75.01**	**71.20**	**71.69**	**68.41**	**64.17**
华夏银行	2.22	2.04	0.70	0.82	0.85	0.68	0.57	0.63	0.65	0.75	0.87
民生银行	1.98	2.28	1.41	1.59	1.67	1.74	1.71	1.61	2.08	2.22	2.68
广发银行	0.90	0.78	0.41	0.08	−0.42	−0.29	0.72	0.57	0.58	0.78	0.90
平安银行	1.24	1.00	0.43	0.26	0.17	0.68	0.72	0.12	0.87	0.79	0.98
中信银行	3.08	3.65	1.60	1.92	1.87	1.78	2.25	2.70	2.50	2.73	2.91
兴业银行	1.57	1.23	1.02	0.87	1.58	1.75	2.32	2.32	2.28	2.33	2.40
光大银行	0.57	0.70	0.45	1.02	1.63	1.22	1.36	1.49	1.31	1.60	1.69
招商银行	4.47	4.48	2.31	2.59	2.27	3.14	4.12	4.26	3.14	3.24	3.40
浦发银行	3.45	3.32	1.62	1.53	1.55	1.55	1.49	2.55	2.27	2.41	2.58
恒丰银行	—	—	—	0.08	0.08	0.07	0.12	0.19	0.21	0.28	0.39
渤海银行	—	—	—	—	—	0.10	0.01	0.03	0.04	0.10	0.17
浙商银行	—	—	—	−0.03	0.04	0.13	0.10	0.12	0.15	0.21	0.27
股份制商业银行	**19.48**	**19.48**	**9.95**	**10.73**	**11.28**	**12.36**	**15.49**	**16.57**	**16.09**	**17.43**	**19.24**
北京银行	1.95	1.54	0.63	1.10	1.02	0.99	0.90	1.10	0.97	0.85	0.84

续表

年份 银行	2001	2002	2003	2004	2005	2006	2007	2008	2009	2010	2011
上海银行	2.77	2.01	1.18	1.16	0.85	0.78	0.79	0.63	0.62	0.63	0.55
南京银行	0.35	0.27	0.18	0.17	0.19	0.28	0.25	0.30	0.27	0.29	0.30
宁波银行	0.07	0.06	0.05	0.06	0.06	0.13	0.15	0.13	0.15	0.14	0.14
天津银行	0.23	0.38	0.19	0.16	0.26	0.28	0.23	0.26	0.23	0.24	0.25
青岛银行	1.58	1.05	0.41	0.31	0.23	0.21	0.19	0.26	0.23	0.22	0.20
西安银行	0.06	0.07	0.07	0.06	0.29	0.29	0.26	0.27	0.25	0.29	0.31
重庆银行	0.04	0.07	0.03	0.07	0.07	0.01	0.08	0.07	0.07	0.06	0.07
杭州银行	0.23	0.21	0.09	0.07	0.07	0.05	0.04	0.14	0.12	0.10	0.10
城市商业银行	**7.32**	**8.37**	**5.61**	**6.92**	**7.30**	**8.36**	**6.70**	**8.30**	**8.54**	**9.67**	**10.19**
农村商业银行	**0.18**	**0.19**	**0.10**	**0.01**	**1.78**	**1.89**	**1.16**	**1.49**	**2.56**	**3.52**	**4.83**
外资银行	**1.48**	**1.54**	**1.72**	**2.02**	**2.21**	**2.67**	**1.64**	**2.43**	**1.11**	**0.98**	**1.58**

资料来源：同表 4.6。

表 4.9 列示了大型商业银行、股份制商业银行、城市商业银行、外资银行等银行业的净利润份额情况。大型商业银行的净利润份额由 2001 年的 73.02%，下降到 2011 年的 64.17%。据英国《银行家》杂志统计，中国工商银行已经连续多年成为全球最赚钱的银行，建设银行和中国银行也进入了前五名，这反映了大型商业银行的盈利能力不仅在国内表现突出，在国际上也处于领先水平。到 2011 年，股份制商业银行的净利润份额为 19.24%，由于引进外资较早，在业务创新能力和中间业务收入上要明显强于大型商业银行。城市商业银行 2011 年的净利润份额为 10.19%，近十年间有了一定程度的涨幅，表明城市商业银行在引进外资之后，盈利能力得到较为明显的提高。

由以上的分析可以发现，大型商业银行在资产、存款、贷款规模和净利润上仍然占有绝对的优势，具有较强的市场控制能力，但同时资产、存款、贷款份额呈现下降趋势，而随着外资银行的进入，股份制商业银行和城市商业银行等银行的规模却在不断地壮大。这说明，大型商业银行的垄断地位受到了挑战，银行业市场竞争程度提高，市场结构正在发生变化，但值得注意的是，目前大型商业银行仍占据主导地位。

4.3.2 市场集中度

市场集中度是对整个银行业的市场结构集中程度的衡量指标，集中体现了市场的竞争程度和垄断程度。衡量一个行业集中度高低的方法主要有两种：绝对集中度和相对集中度两类指标。文中我们采用绝对集中度指标行业集中率 CR_n 和相对集中度指标赫芬达尔指数（HHI），来考察外资银行进入后我国银行业的市场结构变迁情况。

4.3.2.1 绝对集中度指标 CR_n

对于银行业而言，绝对集中度是指规模处于前几位的银行在整个银行市场中所占的市场份额之和，CR_n 越大，表示垄断程度越高，公式如下：

$$CR_n = \sum_{i=1}^{n} Y_i / Y \tag{4-1}$$

式中，CR_n 为最大 n 家银行集中度，Y_i 为第 i 家银行的有关变量，n 为银行数量，本文中 n 取 4 和 8。CR_n 介于 0 和 1 之间，等于 1 时，说明市场处于完全垄断状态，接近于 0 时，说明市场趋向于完全竞争状态。本文根据上述的计算公式，对我国前四家和前八家商业银行的资产、存款、贷款以及净利润的集中度情况进行了测算，结果如表 4-10 所示。

表 4.10 2001~2011 年银行业市场集中率 CR_4 和 CR_8

单位：%

年份	资产		存款		贷款		净利润	
	CR_4	CR_8	CR_4	CR_8	CR_4	CR_8	CR_4	CR_8
2001	74.07	82.64	73.95	85.04	74.56	86.45	71.28	83.03
2002	71.29	80.01	72.19	83.66	73.65	84.52	69.49	82.41
2003	72.57	83.02	71.58	82.10	71.96	80.31	72.64	83.15
2004	70.59	81.45	70.87	81.56	69.15	79.86	74.73	84.36
2005	69.76	80.84	69.38	80.84	67.74	78.49	73.80	82.11
2006	67.86	79.21	68.90	79.79	66.30	76.55	72.31	81.19
2007	64.48	77.03	64.94	78.61	61.72	74.93	65.09	79.69
2008	63.14	76.10	63.82	77.21	60.33	74.30	64.38	78.48
2009	61.71	74.91	62.35	76.08	59.88	74.46	63.50	76.62

续表

年份	资产		存款		贷款		净利润	
	CR_4	CR_8	CR_4	CR_8	CR_4	CR_8	CR_4	CR_8
2010	58.87	71.83	61.38	74.82	58.23	72.74	62.49	74.70
2011	56.12	69.15	59.61	73.51	56.43	70.56	59.38	72.88

资料来源：根据 Bankscope 数据库和历年各银行年报、《中国银行业监督管理委员会年报》数据整理计算而得。

由表 4.10 可知，2001~2006 年，我国银行业资产、存款、贷款、净利润的 CR_4 的数值基本上处于 70%~75%，但从变化趋势来看，资产、存款和贷款呈现逐渐下降的趋势，但净利润呈现先降低后上升趋势。2007~2011 年，我国银行业资产、存款、贷款以及净利润的 CR_4 的数值基本上处于 55%~65%，各变量都呈现出逐年下降的特征。根据贝恩的市场结构分类方法（见表 4.11），2001~2006 年，我国银行业市场结构处于高集中寡占型，2007~2011 年，市场结构得到有效改善，处于中（上）集中寡占型。再从 CR_8 指标来看，资产、存款、贷款以及净利润的数值变化趋势与 CR_4 一致，基本上要高 10 个百分点，这说明目前四家大型商业银行是我国银行业市场上的主要垄断力量。

总体上看，2001~2011 年，反映我国银行业市场集中度的 CR_4 和 CR_8 指标呈逐年下降趋势，说明竞争程度正在不断增强，但从表 4.10 得到的统计数据看，我国银行业市场集中程度仍然较高。虽然目前外资银行进入对国内商业银行市场结构高度集中的格局产生了一定的冲击，使得 CR_4 和 CR_8 值有所下降，但垄断格局并没用发生实质性的改变。

表 4.11　贝恩的市场结构分类方法

单位：%

市场结构类型	CR_4 值	CR_8 值
极高寡占型	$75 \leq CR_4$	—
高集中寡占型	$65 \leq CR_4 < 75$	$85 \leq CR_8$
中（上）集中寡占型	$50 \leq CR_4 < 65$	$75 \leq CR_8 < 85$
中（下）集中寡占型	$35 \leq CR_4 < 50$	$45 \leq CR_8 < 75$
低集中寡占型	$30 \leq CR_4 < 35$	$40 \leq CR_8 < 45$
竞争型	$CR_4 < 30$	$CR_8 < 40$

注：摘自夏大慰. 产业经济学（修订版）[M]. 北京：上海财经大学出版社，2002.

4.3.2.2 相对集中度指标：赫芬达尔指数（HHI）

赫芬达尔指数是衡量市场结构的一种综合性指标，用以反映市场的垄断程度，HHI 值越大，表示垄断程度越高，公式如下：

$$HHI=\sum_{i=1}^{n}(Y_i/Y)^2=\sum_{i=1}^{n}S_i^2 \qquad (4\text{–}2)$$

式中，Y_i 为各银行需要衡量的各指标规模，本文选用银行业资产、存款、贷款、净利润等指标，Y 表示各指标的总规模；S_i 为各银行各项指标的市场份额。HHI 的取值介于 0~1。HHI 接近于 0，表示银行业市场近似于完全竞争，HHI 接近于 1，表示市场近似于完全垄断。本书根据式（4–2），对我国商业银行的资产、存款、贷款以及净利润的 HHI 指数进行了测算，具体结果见表 4.12。

表 4.12　2001~2011 年我国商业银行 HHI 指数

年份	资产	存款	贷款	净利润
2001	0.1463	0.1731	0.1656	0.1498
2002	0.1351	0.1588	0.1551	0.1280
2003	0.1377	0.1492	0.1296	0.2000
2004	0.1590	0.1414	0.1277	0.2386
2005	0.1295	0.1363	0.1198	0.1783
2006	0.1234	0.1314	0.1123	0.1546
2007	0.1142	0.1251	0.1053	0.1332
2008	0.1089	0.1187	0.1013	0.1236
2009	0.1038	0.1130	0.0995	0.1236
2010	0.0951	0.1037	0.0945	0.1118
2011	0.0875	0.0983	0.0892	0.0993

资料来源：同表 4.10。

从表 4.12 可以看出，在 2010 年以前，我国商业银行资产、存款、贷款以及净利润的指数均大于 0.1，根据指数的分类标准（见表 4.13），我国商业银行市场结构仍然属于寡占型，但到 2011 年，HHI 已开始小于 0.1，说明此时市场结构正逐渐向竞争型过渡。总体来看，2001~2011 年，HHI 指数呈现逐渐下降的状态，说明我国银行业市场结构逐渐从 2001 年的低寡占Ⅰ型，过渡到低寡占Ⅱ型，再向竞争型方向发展。由此可见，随着外资银行的进入，以及金融体制改革的加快，我国银行业市场结构竞争程度不断提高。

表 4.13 HHI 指数的分类标准

市场结构	寡占型				竞争型	
	高寡占Ⅰ型	高寡占Ⅱ型	低寡占Ⅰ型	低寡占Ⅱ型	竞争Ⅰ型	竞争Ⅱ型
HHI	HHI≥0.3	0.3＞HHI≥1.8	0.18＞HHI≥0.14	0.14＞HHI≥0.1	0.1>HHI≥0.05	0.05≥HHI

注：苏东水. 产业经济学（第三版）[M]. 北京：高等教育出版社，2010.

4.4 本章小结

本章首先描述了管制放松背景下，目前外资银行进入我国的现状；其次进一步对外资银行进入前后，我国商业银行产权结构和市场结构的变迁特征进行了分析。结果发现：

第一，产权结构方面。在金融改革的背景下，随着我国商业银行引进境外战略投资者的步伐加快，原有的单一国有股权性质发生了翻天覆地的变化，逐渐形成了以国有股权为主，法人股、个人股以及外资股多种形式并存的局面，其中，外资股份占有十分重要的地位。从股权集中度来看，我国商业银行第一大股东持股比例和前五大股东持股比例都呈现明显的下降趋势，大型商业银行改变原有国有产权独大的局面，股份制商业银行和城市商业银行的股权结构更加多元化，甚至在一些城市商业银行中，外资银行已经成为第一大股东。但同时也存在一些问题，主要是国有产权仍然是最大的持股主体，在我国大型银行前十大股东中，国有股东也占多数席位，这为银行提供隐形信用担保，保持银行业稳定运营，发挥了重要作用，但同时也弱化了债权人和股东对经营者的监督约束，所有者缺位问题阻碍了国家对经营者的有效监督和控制等。

第二，市场结构方面。从市场份额来看，大型商业银行保持对市场控制权的同时，其资产、存款、贷款及净利润市场份额呈下降趋势，而外资银行、股份制商业银行、城市商业银行等银行规模却在不断地发展壮大。从市场集中度来看，CR_4 和 CR_8 指标呈逐年下降趋势，说明竞争程度正在不断增强，而外资银行进入对国内商业银行市场结构高度集中的格局产生了一定的冲击，但垄断格局并没用发生实质性的改变。2010 年以前，我国商业银行资产、存款、贷款以及净利润的 HHI 指数均大于 0.1，表明银行业市场结构仍然属于寡占型，从变化趋势来看，正朝竞争型方向发展。

综上所述，这些变化说明了大型商业银行的绝对垄断地位受到了外资银行进入的挑战，我国银行业产权结构和市场结构正在发生显著变化，市场竞争程度有所增强，股权结构逐渐多元化，外资银行的进入有效地改善了我国银行业原有的单一产权结构和垄断性市场结构。但是，目前大型商业银行仍占据将近一半的市场份额，我国银行业市场处于寡头垄断状态。

5 外资银行进入对我国商业银行效率影响的行为效应分析

随着银行业对外开放程度的逐渐深入，外资银行进入的政策障碍已经逐渐取消。外资银行进入对我国商业银行究竟会产生什么样的竞争效应和学习效应？外资银行的全面进入，是促进还是削弱了我国商业银行之间的竞争？是推动还是制约了我国商业银行的效率的提升？外资银行的进入对国内银行的信贷供给究竟是产生了积极的竞争效应还是纯粹的挤出效应？针对这些理论问题，本章从新实证产业组织理论的角度，使用静态博弈模型、数值仿真技术相结合的方法，以外资银行进入下我国商业银行竞争行为和学习行为的定义与度量为核心，围绕外资银行进入对我国商业银行所产生的竞争效应和学习效应等方面展开深入的讨论与研究。

5.1 外资银行进入产生竞争效应的博弈分析

5.1.1 商业银行竞争行为内涵界定

商业银行的竞争行为是指为了达到经营目标（如获得更多的营业利润、占有更高的市场份额等），按照市场要求所采取的战略性行为的总称，包含价格竞争和非价格竞争两大类行为，具体归结为定价竞争行为、并购竞争行为、产品差异化竞争行为和广告竞争行为等。商业银行的价格竞争具体化为其所提供的金融服务产品的定价竞争行为，涉及存、贷款利率和中间业务收费率的确定等内容。商业银行的非价格竞争主要表现为银行间兼并收购行为、产品差异化策略实施行为、广告宣传行为以及商业银行金融产品创新行为等内容。外资银行大规模进入之前，由于国内商业银行的金融服务差异化程度不高，国内商业银行的价格竞争行为是金融市场最重要的竞争形式。随着外资银行的大规模进入，国内银行业的产权结构得到明显改善，金融服务产品差异化程度获得显著提升，非价格竞争行为逐渐过渡成为我国金融市场上最重要的竞争形式。

5.1.1.1 商业银行价格竞争分析

定价竞争行为可分为合作性定价和非合作性定价两种类型。合作性定价，又称价格合谋，是指各银行为防止恶性竞争而相互协调各自提供的金融服务产品价格以使各自利润最大化的策略行为。典型的价格合谋表现为银行同业协会制定并要求会员银行遵守的行业自律利率以及浮动政策。现实中，具体表现为各银行间达成的关于金融服务产品价格的一致性口头的或者书面的“多市场合约”。这种价格合谋常常存在于大型商业银行之间，表现为大型商业银行间的合作性竞争关系。非合作性定价包括限制性定价、掠夺性定价及多元化定价三种方式。通常为了限制新的商业银行进入市场而加剧竞争，现有大型银行会采用限制性定价策略，将其产品价格确定在新银行无利可图的水平上，以阻止新的商业银行进入市场；如果这一策略失效，现有大型银行会进一步采用掠夺性定价策略，通过将价格降到自身成本以下，从而承担短期亏损来排挤和吓退新的对手进入市场。多元化定价，也称关联定价法，是指商业银行将多款金融服务产品进行打包定价以吸引银行客户购买自己其他产品的定价行为。

我国银行业由于长期存在利率管制，并不存在真正意义上的市场利率。各商业银行不能制定自己的存、贷款利率，而是在中国人民银行确定的统一利率标准基础上，通过对存款利率实行下浮、对贷款利率实行一定范围内的上下浮动来完成自身产品的定价行为。因此，从整体上看，我国商业银行业，特别是大型商业银行的价格竞争基本上都属于合作性定价。这一定价竞争行为模式，主要是由利率政府管制形成的较高存贷利差所致。结果导致我国商业银行长期以来的核心工作是扩展其自身的存贷业务，而忽视发展中间业务这一重要的利润来源，十分不利于提高我国商业银行的竞争力和风险承受能力。外资银行进入我国银行业市场以来，这一不利局面才有所改善。各大商业银行开始逐渐重视发展中间业务，多家银行开始针对借记卡征收年费、账户管理费、跨行取款收费等中间业务项目进行改革。特别是 2009 年，中国工商银行上调了 20 项中间业务收费标准，最高涨幅达到 150%。相比大型商业银行针对中间业务的涨价潮，中小银行却反其道而行之。中信银行和华夏银行同城跨行取款免收手续费；中国民生银行同城跨行取款每月前 3 笔免费；平安银行针对个人客户推出 ATM 取款免费、网银汇款免费和网银安全保障三项服务承诺等。各商业银行的定价竞争行为模式开始分化，多元化定价方式也逐渐受到各商业银行青睐。在商业银行服务综合化的今天，客户的个性化服务需求越来越明显。针对这一新趋势，商业银行采用多元化定价，通过对标准化和无差异服务制定优惠价格；对客户特别需求的服务制定较高价格，既能满足普通大众一般需求，又能实现对优质客户的高质量服务，从而较好地适应了现阶段我国银行业发展的内在要求。

总之，虽然利率的政府管制依然存在，但外资银行进入，改善了内资商业银行长期忽视中间业务的弊端，提高了内资商业银行的金融服务效率，促进了以合作性定价向合作性定价与多元化定价并存的定价竞争模式过渡，有效推动了我国商业银行价格竞争。

5.1.1.2 商业银行非价格竞争分析

非价格竞争主要是商业银行为了扩大自身服务的差异化程度，构筑限制其他竞争对手的进入障碍，扩大自身金融服务产品的市场占有率，从而获取更高盈利水平而进行的策略性行为，具体反映在商业银行之间实施的兼并收购、产品差异化策略、金融创新和产品营销等方面。主要涉及并购竞争行为和产品差异化竞争行为。

商业银行并购竞争行为，是指商业银行在市场机制的作用下，通过购买或兼并等有偿交易方式，获取对其他金融机构资产实际控制权的市场竞争行为，包括商业银行之间的收购行为和兼并行为。其中，收购行为是指一家商业银行经银行业监管当局批准后，按照法定程序，以出资方式对其他一家或几家商业银行取得所有权的市场竞争行为，被收购的商业银行，其债权债务关系由收购方承担，从此丧失法人资格。通常主要是大银行对小银行进行收购；兼并行为是指经银行业监管当局批准，依照法定程序，将两个以上商业银行合并成为一个商业银行，并解散原有各方商业银行。商业银行间的并购竞争行为，是各商业银行迅速排挤同业对手、扩大市场占有率的主要非价格竞争手段，一般包括不同规模商业银行之间的并购、不同产权结构商业银行之间的并购以及不同国家商业银行间的并购。

我国银行业间的并购竞争行为主要包括三种类型：国内中资商业银行之间由于竞争加剧而发生的并购、外资银行进入我国对境内商业银行进行的并购，以及中资银行利用金融危机的契机走出国门到海外进行并购。一方面，国有商业银行，特别是国有大型商业银行由于在国内已经建设成完善的分支机构网络，加之利率管制带来丰厚的经营收益，因此它们缺少进行国内并购的动力；另一方面，2007 年以前中资银行进行的海外并购多发生在东南亚，2007 年之后才开始走出东南亚、走向拉丁美洲、欧洲和非洲。起步时间很短，并没有形成真正意义上的海外商业银行并购。股份制商业银行和城市商业银行由于自身规模较小，缺少并购资金而很难实现大规模的商业银行并购行为。因此，随着外资银行大规模进入国内商业银行市场，外资银行为了增强自身服务网络的建设，进入新的城市与地区进行扩张，而成为国内商业银行并购的主力。总的来说，国内中资商业银行之间的兼并收购行为较少发生，目前主要是外资银行选择国内商业银行进行并购活动。尽管外资银行可以选择成立外资独资银行、开办独立的分支机构和办事处等方式，但入股中资银行、成立合资银行已成为外资银行进入中国的首选方式。

商业银行产品差异化竞争行为，是指商业银行为了实现较高收益率目标，而在其所提供金融服务产品的实体要素或过程诸条件上，实施与其他银行所提供同类产品相区别的特殊性能，以满足特殊银行客户的特殊偏好，达到在市场竞争中占据有利地位的目的，包括产品的主观差异和客观差异以及不同业务子市场上产品差异。主观差异是指国内银行客户由于历史原因和自身偏好使然，通常对新兴的股份制商业银行、城市商业银行和外资银行存在认知不足问题，从而导致它们在产品选择过程中明显地倾向于更信任大型商业银行。具体来说，包括以下内容：银行客户对某家银行品牌的信任度高，具有较大偏好；银行客户掌握的金融知识程度不同所引起的对银行提供服务认知的差异。客观差异主要来源于不同商业银行所提供金融服务产品质量的差异，包括 ATM 的数量分布、分支密度和各种服务实施的不同。具体来说，包括以下内容：地理位置上的差异、各种营销行为（如存贷款业务中搭桥贷款等行为）的服务差异、存贷款能力和服务、产品设计与性能的差异上的差异等。

商业银行的业务子市场包括存贷款业务和中间业务两个子市场，不同业务子市场的产品差异各有不同。从存贷款业务子市场看，中小型商业银行的存贷款类别普遍少于大型商业银行。为了弥补网点数量的劣势，中小型商业银行虽然也推出了一些具有特色的存贷款业务，但各商业银行存贷款业务的差异化程度仍然较低。从中间业务子市场看，以银行卡、个人理财和网上银行为核心的中间业务的战略地位迅速提升，但各商业银行的品牌同质化现象依然严重。银行卡业务虽然发展很快，但各商业银行的相关产品区别不大；网上银行业务起步时间晚，正在经历从产品竞争向品牌竞争转变；个人理财产品中普通产品占据90%以上的份额，并集中在股票和商品市场，品种单一，缺少相关的利率产品和汇率品种。总的来看，中资银行在存贷款业务市场上占有优势，而外资银行在中间业务市场上更具竞争力。

5.1.2 外资银行进入产生竞争效应的博弈模型分析

为了进一步考察我国商业银行业发展历程中，外资银行进入所产生的竞争效应，本节将构建一个涉及政府、中资银行、外资银行三方主体，即政府与两个具有不同股权结构（外资银行所占比例不同）的合资银行之间相互竞争的三阶段博弈模型。在构建模型前对本章研究的问题及假设前提进行描述。

5.1.2.1 问题描述

由上面非价格竞争中有关商业银行并购竞争行为的讨论可知，外资银行进入我国主要采取参股中资银行的方式，而且各中资银行引进战略投资者的规模和程度也各不相同。因此，我们的博弈模型中将不再单独考察中资银行和外资银行，而是研究两个合资银行的竞争行为。通过设定外资银行在两个合资银行的股权结构中具有不同的比例，来考察实际中外资银行进入对我国银行业产生的竞争效应。这样，通过将外资银行在两个合资银行中的股权比例分别设定为0和1，就可以分别得到中资合资银行和外资独资银行，而通过将外资银行在合资银行中的股权比例设定为不同值，则可以表达各中资银行引进外国战略投资者的规模和程度各不相同的事实。

进一步地，由上述价格竞争中有关商业银行定价竞争行为的讨论以及非价格竞争中有关商业银行产品差异化竞争行为的讨论可知，商业银行的经营业务主要涉及存贷业务和中间业务两大类。为了简化博弈模型，在不失一般性的前提下，假设模型中的商业银行向金融市场提供一种可完全替代金融服务产品，该金融服务产品包含存贷业务和中间业务两部分。不同商业银行依据自身优势向市场提供具有不同业务结构的金融服务产品，即所有的商业银行向市场只提供一种金融服务产品，不同商业银行所提供的金融服务产品之间的区别仅在于产品中包含的存贷业务和中间业务的比例不同。通常，由于外资银行在中间业务上具有显著的技术优势，因此，假设股权结构中外资银行所占比重高的合资银行，其所提供的金融服务产品中中间业务所占比例更高，表明其所提供的金融服务产品的价格更高、质量更好。

另外，从上述价格竞争中有关商业银行定价行为的讨论以及非价格竞争中有关商业银行并购竞争行为的讨论可知，我国政府现阶段对银行业存贷款利率仍然进行管制，而随着“入世”过渡阶段的顺利实现，我国政府对外资银行进入的管制政策经历了从严格控制到适度放松再到全面放开的整个过程。这里需要特别注意的是，实际中我国政府对金融业的政策管制并不仅局限在对商业银行存贷款利率上，还包括法定存款准备金、向中央银行再贴现率以及中央银行对商业银行的业务指导等方面。但是，正是政府对存贷款的利率进行管制，导致我国现阶段并不存在真正意义上的市场利率。所以，对存贷款利率的管制是我国政府管理商业银行的最重要特征，因此，本节主要考察政府对合资银行的存贷款利率管制，而对外资银行进入的政策管制也不仅只局限在对合资银行中外资银行所占比例的限制上，还涉及对外资银行进入我国后的业务范围、地域范围的限制。但是，从提高国内商业银行竞争能力和学习能力的角度看，政府对合资银行中外资银行所占比例的管制是我国政府在银行业对外开放过程中保护国内商业银行的主要手段。因此，本节的博弈模型，将重点考察政府对存贷款利率和外资银行进入的政策管制问题，并将政府的这两种政策管制模型化为政府通过管制而从商业银行所提供的金融服务产品上获得的收益。

最后，在市场中购买金融服务产品的银行客户具有巨大的差异，优质银行客户肯为高质量金融服务产品付出更高价钱，而普通银行客户则不愿意支付高价。本节的博弈模型将通过引入银行客户对其所购买金融服务产品的满意程度进行的支付来衡量银行客户对高质量金融服务产品的偏好等因素。

5.1.2.2 模型假设

假设 1：政府行为假设。

假设政府规定外资银行在合资银行中所占最高比例为 ω_0，其对合资银行存贷款利率进行管制的收益系数为 r_i。由于外资银行在中间业务上有显著优势而内资银行在存、贷款业务上有优势，因此，使用外资银行在合资银行中所占比例 ω_i 与政府规定的外资银行在合资银行中所占最高比例 ω_0 之间的差额（$\omega_i-\omega_0$）作为权数，来衡量合资银行向市场提供的金融服务产品中，中间业务所占比例；用 β 表示政府针对该金融服务产品中存贷业务的利率进行管制而获益的调整因子，则有 $r_i=\beta(\omega_i-\omega_0)$，其中 i=1，2。进一步讨论可知：当 $\omega_i>\omega_0$ 时，表明合资银行的股权结构违背了政府相关政策规定，从而被政府强制退市，故 $r_i=0$。从实际的金融实践来看，这种情况并不会出现，因此，随后的分析中不再考虑这一假设情况；当 $\omega_i<\omega_0$ 时，$r_i=\beta(\omega_0-\omega_i)$，i=1，2。此外，这种对合资银行存、贷款利率的管制，一方面，维持了银行业的高利润，保证了我国商业银行业在低效率的水平上仍然可以获得极高的利润，从而保证了我国银行业的整体安全性，有利于国家金融安全，因此，$\beta\geqslant0$；另一方面，这种管制极大地限制了商业银行之间的竞争，不利于商业银行自身经营管理效率的提高，损害了商业银行的长期生存能力。因此，$\beta<0$。综合上述分析可知，$\beta\in(-\infty,+\infty)$。

总之，由于政府对合资银行存贷款利率和外资银行所占比例进行管制，因此，其从合资银行每单位金融服务产品上获得的收益为：$p_ir_i=p_i\beta(\omega_0-\omega_i)$，i=1，2。进一步假设政府获得的收益就是社会总福利，等于银行客户剩余、合资银行的收益和政府对金融服务产品管制获得的收益三者之和，用 π_G 表示。

假设 2：合资银行行为假设。

本节的博弈模型里，合资银行中外资银行所占比重用 ω_i 表示。市场中有两家合资银行，合资银行 1 股权结构中的外资银行所占比重表示为 ω_1，合资银行 2 股权结构中的外资银行所占比重表示为 ω_2。假设银行 1 并不注重金融服务水平的改进，其股权结构中外资银行所占比重低，甚至为零（即中资银行）；银行 2 积极采取措施提高金融服务水平，其股权结构中外资银行所占比重高。即有 $0\leqslant\omega_1\leqslant\omega_2\leqslant1$。引入政府规定的对外资银行在合资银行中所占最高比例 ω_0，则有 $0\leqslant\omega_1\leqslant\omega_2\leqslant\omega_0\leqslant1$ 成立。合资银行如果选择提高股权结构中外资银行所占比重来吸收先进管理经验、改善金融服务水平，则需要投入成本 $c_i=c_i(\omega_0, \omega_i)$，$i=1, 2$，且有，$\frac{\partial c}{\partial \omega_0}>0$，$\frac{\partial c}{\partial \omega_i}<0$。投入成本与政府规定的股权结构中外资银行所占比重成正比，与合资银行现有股权结构中外资银行所占比重成反比。合资银行虽然在改善金融服务产品服务水平上付出了一些成本，但是随着股权结构的改善，提高了管理效率，也会降低一些边际成本。合资银行 1 和合资银行 2 因提高管理效率而节约的成本表示为：$\varphi_1(\omega_0-\omega_1)$ 和 $\varphi_2(\omega_0-\omega_2)$，其中 φ_i $(i=1, 2)$ 表示第 i 个银行由于提高管理效率而产生的成本降低率。在实际的生产过程中，合资银行 1 虽然在技术、管理和创新方面不如合资银行 2，但合资银行 1 在节约成本率方面通常会比合资银行 2 更有效率，这主要是因为合资银行 1 采取的降低成本的措施很简单粗糙，主要依靠数量竞争取胜。这样就会形成 $\varphi_1>\varphi_2$，市场中对产品的总需求量定义为 1，合资银行 1 和合资银行 2 的产量分别为 q_1、q_2，并且有：$q_1+q_2=1$。合资银行 1 的边际生产成本表示 mc_1，合资银行 2 的边际生产成本表示 mc_2，合资银行 1 边际生产成本相对低一些，有 $mc_1\leqslant mc_2$ 成立；两家合资银行各自金融服务产品的市场定价分别为 p_1、p_2；合资银行收益分别为 π_1、π_2。

假设 3：银行客户行为假设。

用 δ 表示市场中银行客户对购买金融服务产品的满意程度。银行客户满意度服从均匀分布，即 $\delta\sim[\delta_l, \delta_h]$。$\delta_l$ 表示银行客户对于消费不同服务水平的金融服务产品没有区别，δ_h 表示银行客户十分偏好服务水平高的金融服务产品。用这种满意程度来区分不同银行客户的类型。要使 δ 类型银行客户购买服务水平更高的金融服务产品，则至少要求银行客户对购买两种产品没有差异。对银行客户满意度的支出定义为：每增加一个单位的满意度则需要支出的费用为 λ，这里用 λ 表示银行客户为了购买服务水平更高的金融服务产品而发生的支付系数，表示银行客户为了提高自己的满意程度而愿意支付的费用，金融服务产品提供的满意度水平越高，则 λ 越大。合资银行 1 和合资银行 2 生产出产品的定价 p_1 和 p_2 必须满足：$p_1+\lambda(\delta-\delta_l)+p_1r_1=p_2+p_2r_2$，存在一个临界的服务水平偏好程度 δ^*。可以求解出：

$$\delta^*=\frac{p_2+p_2r_2}{\lambda}-\frac{p_1+p_1r_1}{\lambda}+\delta_l \tag{5-1}$$

银行客户在购买合资银行 1 和合资银行 2 生产的金融服务产品时得到的效用 μ_1、μ_2。银行客户在选择购买合资银行 1 提供的金融服务产品时获得效用为：

$$\mu_1=\int_{\delta_l}^{\delta^*}\frac{\lambda(\delta-\delta_l)}{\delta_h-\delta_l}d\delta-\int_{\delta_l}^{\delta^*}\frac{p_1+p_1r_1}{\delta_h-\delta_l}d\delta \tag{5-2}$$

银行客户在选择购买合资银行 2 生产的产品时获得效用为：

$$\mu_2=\int_{\delta_l}^{\delta^*}\frac{\lambda(\delta-\delta_l)}{\delta_h-\delta_l}d\delta-\int_{\delta_l}^{\delta^*}\frac{p_2+p_2r_2}{\delta_h-\delta_l}d\delta \tag{5-3}$$

假设 4：博弈过程假设。

博弈模型分为三个阶段：第一阶段，政府规定合资银行中外资银行所占最高比例；第二阶段，合资银行的中外股东依据政策和自身条件确定各自股权比例；第三阶段，不同股权结构的合资银行依据收益最大化原则确定产品产量和价格。在这个过程中充分考虑两银行之间的竞争以及银行客户对高质量金融服务偏好等因素，深入研究这些参数变化之间的相互影响。

5.1.3 博弈模型的构建与求解

合资银行 2 所提供金融服务产品的市场需求是 q_2，合资银行 1 所提供金融服务产品的市场需求是 $q_1=1-q_2$，可以得到：

$$q_1=\int_{\delta_l}^{\delta^*}\frac{1}{\delta_h-\delta_l}d\delta=\frac{\delta^*-\delta_l}{\delta_h-\delta_l}=\frac{p_2+p_2r_2}{\lambda(\delta_h-\delta_l)}-\frac{p_1+p_1r_1}{\lambda(\delta_h-\delta_l)} \tag{5-4}$$

$$q_2=\int_{\delta^*}^{\delta_h}\frac{1}{\delta_h-\delta_l}d\delta=1-\frac{\delta^*-\delta_l}{\delta_h-\delta_l}=1-\frac{p_2+p_2r_2}{\lambda(\delta_h-\delta_l)}+\frac{p_1+p_1r_1}{\lambda(\delta_h-\delta_l)} \tag{5-5}$$

合资银行 1 的收益函数是：

$$\pi_1=[p_1-mc_1+\varphi_1(\omega_0-\omega_1)-p_1r_1]q_1-c_1(\omega_0,\ \omega_1) \tag{5-6}$$

合资银行 2 的收益函数是：

$$\pi_2=[p_2-mc_2+\varphi_2(\omega_0-\omega_2)-p_2r_2]q_2-c_2(\omega_0,\ \omega_2) \tag{5-7}$$

政府的收益用社会总福利来表示：

$$\pi_G=\mu_1+\mu_2+\pi_1+\pi_2+p_1r_1q_1+p_2r_2q_2 \tag{5-8}$$

为了求解模型，首先求解两家合资银行最优的产品定价。对 π_1 求 p_1 的一阶导数可得：

$$p_1=\frac{1+r_2}{2(1+r_1)}p_2+\frac{mc_1-\varphi_1(\omega_0-\omega_1)}{2(1-r_1^2)} \tag{5-9}$$

对 π_2 求 p_2 的一阶导数可得：

$$p_2=\frac{1+r_1}{2(1+r_2)}p_1+\frac{mc_2-\varphi_2(\omega_0-\omega_2)}{2(1-r_2^2)}+(1-r_2)\lambda(\delta_h-\delta_l) \tag{5-10}$$

通过式（5-9）可以看到，合资银行 1 如果选择竞争措施来降低成本，会使得成本节约率 φ_1 提高，边际成本 mc_1 也会降低，那么服务水平不同的两个合资银行的产品定价差异就会越大。在实际中，外资银行所占比例低的合资银行会选择提高银行分支密度、增加 ATM 的数量分布等数量型非价格竞争策略，这些策略会使合资银行 1 通过规模效应而提高管理效率，从而导致节约成本率 φ_1 越来越大，而边际成本 mc_1 越来越小。这使得外资银行所占比例不同的两个合资银行之间产品定价的差距被拉大，最终两个合资银行只关心自己所占领的市场，合资银行 1 依靠产品的价格低廉占领低端消费市场，而合资银行 2 则依靠自己产品的质量占领中、高端消费市场。

联立式（5-9）、式（5-10）可得：

$$p_1^*=\frac{mc_2-\varphi_2(\omega_0-\omega_2)}{3(1-r_1)(1+r_2)}+\frac{2(1-r_2^2)\lambda(\delta_h-\delta_l)}{3(1+r_1)}+\frac{2[mc_1-\varphi_1(\omega_0-\omega_1)]}{3(1-r_1^2)} \tag{5-11}$$

$$p_2^*=\frac{mc_1-\varphi_1(\omega_0-\omega_1)}{3(1-r_1)(1+r_2)}+\frac{2[mc_2-\varphi_2(\omega_0-\omega_2)]}{3(1-r_2^2)}+\frac{4\lambda}{3}(1-r_2)(\delta_h-\delta_l) \tag{5-12}$$

从式（5-11）和式（5-12）中可以看到，当银行客户愿意为更高质量的金融服务产品支付更多的价格，即 λ 值增加时，外资银行所占比例不同的两个合资银行的金融服务产品价格同时增加。银行客户如果愿意为更高质量的金融服务产品支付高价，表明公众的服务需求意识在提高，社会公众的服务需求意识提高对两个合资银行来说都会受益。

对式（5-11）和式（5-12）分别求 ω_0 的一阶导数，可以得到：

$$\frac{\partial p_1^*}{\partial\omega_0}=-\frac{\varphi_2}{3(1-r_1)(1+r_2)}-\frac{2\varphi_1}{3(1-r_1^2)}<0 \tag{5-13}$$

$$\frac{\partial p_2^*}{\partial\omega_0}=-\frac{\varphi_1}{3(1-r_1)(1+r_2)}-\frac{2\varphi_2}{3(1-r_2^2)}<0 \tag{5-14}$$

从式（5-13）和式（5-14）可以看出，p_1^* 和 p_2^* 都是相对于 ω_0 的递减函数，即政府规定的外资银行在合资银行中所占最高比例 ω_0 提高时，p_1^* 和 p_2^* 同时减小，可以看到，如果国家政策允许合资银行中外资银行所占比例的上限提高，那么两个合资银行的金融服务产品定价也会相应地降低。通过上述结论可以看出，当市场上其他因素保持不变，政府如果放松了对外资银行进入我国银行业的股权比例限制，可以降低市场上所有金融服务产品的价格，进而有效地促进市场上不同股权结构的合资银行之间进行竞争。

将 p_1^* 和 p_2^* 的值代入式（5–4）和式（5–5）中可以得到：

$$q_1^* = \frac{p_2^* + p_2^* r_2}{\lambda(\delta_h - \delta_l)} - \frac{p_1^* + p_1^* r_1}{\lambda(\delta_h - \delta_l)} = \frac{p_2^*(1 + r_2)}{\lambda(\delta_h - \delta_l)} - \frac{p_1^*(1 + r_1)}{\lambda(\delta_h - \delta_l)} \tag{5–15}$$

$$q_2^* = 1 - \frac{p_2^* + p_2^* r_2}{\lambda(\delta_h - \delta_l)} + \frac{p_1^* + p_1^* r_1}{\lambda(\delta_h - \delta_l)} = 1 - \frac{p_2^*(1 + r_2)}{\lambda(\delta_h - \delta_l)} + \frac{p_1^*(1 + r_1)}{\lambda(\delta_h - \delta_l)} \tag{5–16}$$

分别对式（5–15）和式（5–16）求 ω_0 的一阶导数：

$$\frac{\partial q_1^*}{\partial \omega_0} = \frac{(1 + r_1)}{\lambda(\delta_h - \delta_l)}\left[\frac{\varphi_2}{3(1 - r_1)(1 + r_2)} + \frac{2\varphi_1}{3(1 - r_1^2)}\right] - \frac{(1 + r_2)}{\lambda(\delta_h - \delta_l)} \cdot \left[\frac{\varphi_1}{3(1 - r_1)(1 + r_2)} + \frac{2\varphi_2}{3(1 - r_2^2)}\right] \tag{5–17}$$

$$\frac{\partial q_2^*}{\partial \omega_0} = \frac{(1 + r_2)}{\lambda(\delta_h - \delta_l)}\left[\frac{\varphi_1}{3(1 - r_1)(1 + r_2)} + \frac{2\varphi_2}{3(1 - r_2^2)}\right] - \frac{(1 + r_1)}{\lambda(\delta_h - \delta_l)} \cdot \left[\frac{\varphi_2}{3(1 - r_1)(1 + r_2)} + \frac{2\varphi_1}{3(1 - r_1^2)}\right] \tag{5–18}$$

当 $\frac{\partial q_1^*}{\partial \omega_0} < 0$，$\frac{\partial q_2^*}{\partial \omega_0} > 0$，$\omega_0$ 增大时，外资银行所占比例低的合资银行 1 在市场中占有的份额 q_1^* 会减少，外资银行所占比例高的合资银行 2 在市场中占有的份额 q_2^* 会增加；ω_0 减小，外资银行所占比例低的合资银行 1 在市场中占有的份额 q_1^* 会增加，外资银行所占比例高的合资银行 2 在市场中占有的份额 q_2^* 会减小。

当 $\frac{\partial q_1^*}{\partial \omega_0} > 0$，$\frac{\partial q_2^*}{\partial \omega_0} < 0$，$\omega_0$ 增大时，外资银行所占比例低的合资银行 1 在市场中占有的份额 q_1^* 会增加，外资银行所占比例高的合资银行 2 在市场中占有的份额 q_2^* 会减小；ω_0 减小，外资银行所占比例低的合资银行 1 在市场中占有的份额 q_1^* 会减少，外资银行所占比例高的合资银行 2 在市场中占有的份额 q_2^* 会增加。

当 $\frac{\partial q_1^*}{\partial \omega_0} = 0$，$\frac{\partial q_2^*}{\partial \omega_0} = 0$ 时，ω_0 的变化不会引起两家合资银行占有市场份额的变化。

从以上 q_1^* 和 q_2^* 的分析中可以看到，在不同的外部条件下，政府对合资银行中外资银行所占最高比例的规定如果发生改变，会引起两家股权结构不同的合资银行占有的市场份额比例发生不同变化。

把 p_1^*、p_2^*、q_1^* 和 q_2^* 代入合资银行 1、合资银行 2 和政府的收益函数中，可以得到各自在最优价格和最优产量下的收益值。

$$\pi_1^*=[p_1^*-mc_1+\varphi_1(\omega_0-\omega_1)-p_1^*r_1]q_1^*-c_1(\omega_0,\ \omega_1) \tag{5-19}$$

$$\pi_2^*=[p_2^*-mc_2+\varphi_2(\omega_2-\omega_0)-p_2^*r_2]q_2^*-c_2(\omega_0,\ \omega_2) \tag{5-20}$$

$$\pi_G^*=\mu_1+\mu_2+\pi_1^*+\pi_2^*+p_1^*r_1q_1^*+p_2^*r_2q_2^* \tag{5-21}$$

在分析了理论上政府和两家合资银行各自金融服务产品的最优价格、最优产量以及各自的收益值后，合资银行为了达到自己的最优状态，进而选择各自的外资银行所占比例。合资银行以利润最大化为自己的目标。所以分别对 π_1^* 求 ω_1 的一阶导数，得到：

$$\frac{\partial\pi_1^*}{\partial\omega_1}=[p_1^*-mc_1+\varphi_1(\omega_0-\omega_1)-p_1^*r_1]\frac{\partial q_1^*}{\partial\omega_1}+\left[\frac{\partial p_1^*}{\partial\omega_1}(1-r_1)-\varphi_1\right]q_1^*-\frac{\partial c_1}{\partial\omega_1} \tag{5-22}$$

对 π_2^* 求 ω_2 的一阶导数，得到：

$$\frac{\partial\pi_2^*}{\partial\omega_2}=[p_2^*-mc_2+\varphi_2(\omega_2-\omega_0)-p_2^*r_2]\frac{\partial q_2^*}{\partial\omega_2}+\left[\frac{\partial p_2^*}{\partial\omega_2}(1-r_2)-\varphi_2\right]q_2^*-\frac{\partial c_2}{\partial\omega_2} \tag{5-23}$$

对 π_G^* 求 β 的一阶导数，可得：

$$\frac{\partial\pi_G^*}{\partial\beta}=\frac{\partial\mu_1}{\partial\beta}+\frac{\partial\mu_2}{\partial\beta}+\frac{\partial\pi_1^*}{\partial\beta}+\frac{\partial\pi_2^*}{\partial\beta}+\frac{\partial p_1^*r_1q_1^*}{\partial\beta}+\frac{\partial p_2^*r_2q_2^*}{\partial\beta} \tag{5-24}$$

令 $\frac{\partial\pi_1^*}{\partial\omega_1}=0$，可解得 ω_1^*；令 $\frac{\partial\pi_2^*}{\partial\omega_2}=0$，可解得 ω_2^*；令 $\frac{\partial\pi_G^*}{\partial\beta}=0$，可解得 β^*。

5.1.4 基于数值仿真分析的模型检验

上述博弈模型难以利用解析方法进行求解和分析，所以本节将采用数值仿真技术对上述模型进行求解和分析。本书采用 Matlab7.0 软件作为数值仿真的工具，通过数值仿真分析政府规定的外资银行所占比例 ω_0 的变化、银行客户对金融服务产品的偏好支付系数 λ 对其他变量带来的影响，目的是得到有意义的结论，为政府调控策略和合资银行生产决策提供参考依据。

5.1.4.1　政府规定的外资银行所占最大比例ω_0变化的影响分析

在利用数值仿真技术进行分析之前，首先对模型中所涉及的参变量进行初始赋值。为了确保数值仿真结果的稳健性和可信性。本书利用多组种子值进行模型的初步仿真分析，选取仿真结果收敛且具有稳健性的参数区间，利用这些区间中参数的均值作为模拟分析的参变量的初始赋值。从模拟结果可以看到ω_0的具有稳健性结果的变化区间为$\omega_0 \in [0, 1]$，将在此区间内其他变量的均值作为初始赋值：$\lambda=1.2$，$mc_1=2.5$，$mc_2=3$，$c_1=1.2$，$c_2=1$，$\delta_l=1$，$\delta_h=8$，$\varphi_1=0.7$，$\varphi_2=0.5$。依据前面模型计算公式，通过软件模拟，可以得到图 5.1 和图 5.2。

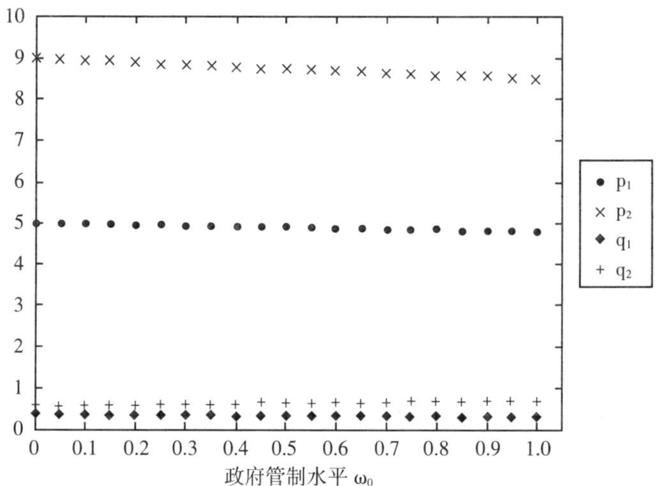

图 5.1　政府放宽限制外资银行进入的政策效应（一）

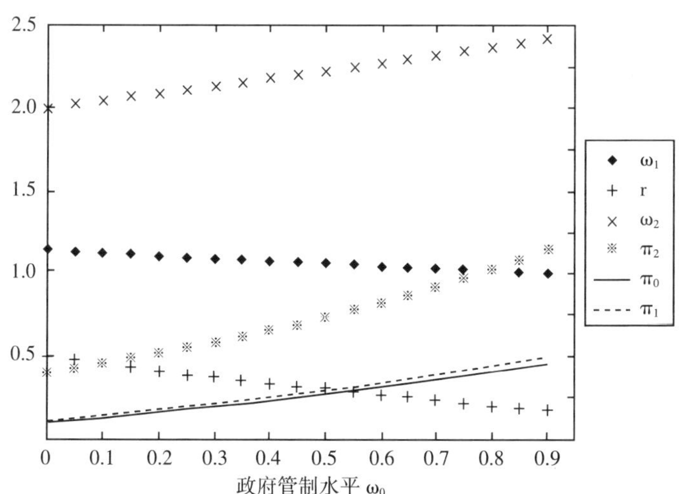

图 5.2　政府放宽限制外资银行进入的政策效应（二）

由图 5.1 可以看出，当政府规定的外资银行所占最大比例 ω_0 逐渐增大时，合资银行 1 和合资银行 2 提供的金融服务产品的市场价格 p_1 和价格 p_2 都出现了下降的趋势。而且外资银行所占比例低的合资银行 1 所占市场份额 q_1 逐渐减小，外资银行所占比例高的合资银行 2 所占市场份额 q_2 逐渐增大。因此，在实际操作中，如果政府放松对外资银行进入的政策管制，外资银行所占比例高的合资银行能够扩大自己占有市场的份额，有利于我国银行业整体竞争能力和学习能力的提高。由图 5.2 可以看出，当政府规定的外资银行所占最大比例 ω_0 逐渐增大时，合资银行 1 中的外资银行所占比例有一定的下降，合资银行 2 中的外资银行所占比例有增大的趋势。合资银行 1 和合资银行 2 的收益 π_1 和收益 π_2 以及社会的总福利水平都呈上升的趋势。

综合以上分析，可以得出结论 1：当政府规定的外资银行所占最大比例 ω_0 逐渐增大时，表明外资银行进入我国国内商业银行业的政策障碍逐渐减弱，整个银行业市场开放度逐渐增强。在这种变化趋势下，市场中的两家合资银行都会受益，因为两家合资银行提供的金融服务产品的收益都得到了提高，但外资银行所占比例高的合资银行所提供的金融服务产品占有更大的市场份额，获得更多的利润，表明其更具有竞争优势。代表政府受益的社会总福利也会增加。外资银行所占比例不同的合资银行，向市场提供的金融服务产品的价格差异有逐渐扩大的趋势，这表明两家合资银行都十分关注自己占领的市场，主要是在各自所占市场上进行竞争。

5.1.4.2 银行客户对金融服务产品的偏好支付系数 λ 的变化对其他参数的影响分析

设置 λ 的取值范围是 $\lambda \in [0,\ 1]$，对其他变量的初始赋值[①]：$mc_1=2.5$，$mc_2=3$，$c_1=1.2$，$c_2=1$，$\delta_l=1$，$\delta_h=8$，$\omega_0=0.2$，$\varphi_1=0.7$，$\varphi_2=0.5$。依据前面模型计算公式，通过软件模拟，可以得到图 5.3 和图 5.4。

① 注：初始赋值的方法如同 5.1.4 所介绍的方法。

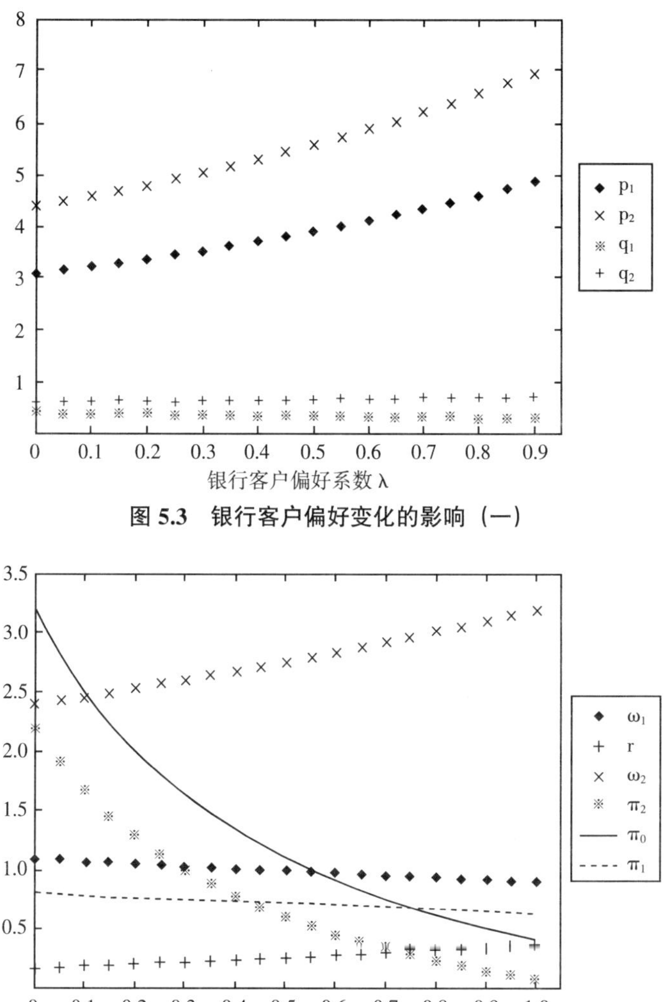

图 5.3 银行客户偏好变化的影响（一）

图 5.4 银行客户偏好变化的影响（二）

由图 5.3 可以看出，当银行客户对高质量金融服务产品的偏好程度逐渐增大，愿意为高质量金融服务产品支付更高的价格时，虽然合资银行 1 和合资银行 2 提供的金融服务产品的市场价格 p_1 和 p_2 都出现了上涨的趋势，但是外资银行所占比例低的合资银行 1 所占市场份额 q_1 逐渐减小，外资银行所占比例高的合资银行 2 所占市场份额 q_2 逐渐增大；由图 5.4 可以看出，当银行客户对高质量金融服务产品的偏好程度继续增大，愿意为高质量金融服务产品支付更高的价格时，合资银行 1 中外资银行所占比例有一定的下降，合资银行 2 中外资银行所占比例有增大的趋势；合资银行 1 的收益 π_1 受到的影响很小，合资银行 2 的收益 π_2 和社会的总福利水平出现了较大幅度的减少。出现这种结果的可能原因在于，政府对存贷款利率的管制行为扭曲了银行客户对高质量金融服务产品的偏好程度逐渐增大的变化特征，使得外资银行所占比例较高的合资银行在与外资银行所占比例较低的合资银行进行市场竞争时处于不利局面，从而导致其利润出现较大跌幅。

综合以上分析，可以得出结论 2：银行客户对金融服务产品的偏好支付系数越大，说明银行客户愿意为高质量金融服务产品支付更高的费用，整个社会的金融服务意识逐渐增强。在这种变化趋势下，市场中两家合资银行提供的金融服务产品的价格得到了提高，但是外资银行所占比例高的合资银行所提供的金融服务产品占有更大的市场份额，获得更多的利润，表明其具有较高的竞争优势。

5.2 外资银行进入产生学习效应的博弈分析

5.2.1 商业银行学习效应内涵界定及度量

学习效应普遍存在于各领域中，而且影响着企业的方方面面。人员的培训，新的生产技术的引进，新产品的开发，管理模式的改革，资本投资方式的转变，企业文化的创新等都是学习效应的内容。在企业中，学习效应是普遍存在的，但是企业的管理者可以主动地采取相应措施加快学习的进程，以期更快地降低企业的平均成本，使企业在竞争中处于有利地位。商业银行的学习效应包括两方面，即个人学习效应和组织学习效应。个人学习效应主要体现在人工成本即工资不变条件下银行产出的增加，或者产出不变条件下人工成本的降低。个人学习效应之外的学习一般都归为组织学习效应。商业银行的组织学习是指商业银行的管理者在长期的管理实践中不断积累经验，或者通过学习和培训学到了先进的管理经验，改进了管理方法，从而使组织的生产与运营效率不断提高。主要体现在技术进步、管理水平提高和改进组织架构三个方面。组织学习的特点是：不同的部门可能有不同的学习率，组织的多样性可能使成本下降得更快。进一步说，外资银行进入对商业银行所产生的学习效应是指由于信息是不完全的和非对称的，银行和监管当局都在不断地收集和利用自己所能掌握的最新信息来修正自己的预期、决策和行动（银行是否进行过度创新、监管当局是否进行监管），即不断地进行学习的行为。商业银行的学习效应促使其与不具有学习效应的商业银行相比，具有对客户的一种所谓的客户甄别能力。在本书后续的博弈模型中将阐述这种商业银行所具有的客户甄别能力，使得其盈利能力、规模效应等都发生变化，产生结构变迁的结果。

5.2.2 外资银行进入产生学习效应的博弈模型

为了进一步度量我国商业银行业发展历程中，外资银行进入所产生的学习效应，本节将构建一个涉及中资银行、外资银行、银行客户三方主体的研究外资银行进入对银行客户甄别能力影响的动态博弈模型。在构建模型前先对本书研究的问题进行描述。

5.2.1.1 问题描述

为了在后续利用博弈论工具揭示外资银行进入对商业银行所产生的学习效应的机理，首先定义学习曲线概念。学习曲线可以由如下的关系式表达：

$$Y_X = B + AX^b \tag{5-25}$$

式中，Y_X 表示第 X 件产品的成本，X 表示第几件产品，A 表示第 1 件产品的成本，B 为学习效应的水平系数，b 为学习系数。式（5–25）是本书在后续的数理模型分析中的学习效应的基本测度公式。在分析中本书将主营业务收入作为银行运营中的主要产出，也是银行实现其功能的必要渠道，因此选取主营业务成本替代产品的劳动时间，而用该银行的累计主营业务收入替代累计产量。得到模型的基本形式为：

$$C_n^a = AX_c^{-b} \tag{5-26}$$

式中，X_c 为商业银行的累计主营业务收入，A 为常数，b>0。由于第 n 单位产品的平均成本很难进行度量，本书采取 C_n^a 即该银行在第 n 年的平均主营业务成本作为主要衡量指标，具体可以表示为：

$$C_n^a = \frac{C_n}{D_n} \tag{5-27}$$

式中，C_n 表示商业银行在第 n 年的主营业务成本总额，C_n 表示第 n 年的主营业务收入总额。将式（5-27）代入式（5-26），可以得到：

$$\frac{C_n}{D_n} = AX_c^{-b} \tag{5-28}$$

然后将式（5-28）进行对数化处理，可以得到：

$$\ln C_n = \ln A + \ln D_n - b\ln X_c \tag{5-29}$$

这样我们就得到了度量学习曲线效应的一般线性化方程。但不可否认，由于银行累计主营业务收入的增加往往伴随着银行规模的增长，很难判断银行单位成本的下降是由银行规模经济引起的还是受学习曲线影响造成的。因此，需要在博弈模型中引入刻度规模经济的变量。因此，在此我们假设，银行第 n 年的主营业务收入总额与银行第 n 年总资产之间有如下关系：

$$D_n = A^* Y_n^d \tag{5-30}$$

式中，Y_n 表示商业银行在第 n 年的总资产，A^* 为比例系数，$d > 0$。将式（5-30）代入式（5-28），可以得到：

$$C_n = AA^* Y_n^d X_c^{-b} \tag{5-31}$$

将式（5-31）取对数可得：

$$\ln C_n = \ln A + \ln A^* + d\ln Y_n - b\ln X_c \tag{5-32}$$

通过对式（5-32）求得：

$$\frac{\partial \ln C_n}{\partial \ln Y_n} = \frac{dC_n/C_n}{dY_n/Y_n} = d \tag{5-33}$$

即 d 为刻度银行规模经济效应水平的变量，其表示的是银行主营业务成本随着总资产额上升而上升的一个参数。同理，对式（5-32）求导可得：

$$\frac{\partial \ln C_n}{\partial \ln X_n} = \frac{dC_n/C_n}{dX_n/X_n} = -b \tag{5-34}$$

即-b 为刻度银行学习曲线效应水平的变量，其表示的是银行主营业务成本随累计主营业务收入上升而下降的一个参数。通过上述证明，可以知道 A 和 A^* 均为常数，且与度量银行的学习效应与规模效应无关。

5.2.2.2 模型的基本行为假设

假设 1：外资银行进入行为假设。

本书考虑到外资银行选择并购中资商业银行或者是以少数股权参股中资商业银行是受政策影响的，当前我国只允许外资银行占有中资银行的“少数股权”，在未来时刻 T 可能出台政策允许其完全并购中资商业银行。因此，可以用一个随机序列 X(t)表示政策的状态，设当前的政策状态是 X_l，当 X(t)第一次超过上界 X_h 时，国家允许并购的政策出台。为了简化分析过程，本书假设时刻 T 国家政策出台时外资银行就要选择是否并购中资银行，不再考虑外资银行的等待。假设 X(t)服从如下的 Wiener 过程：

$$dX = \alpha Xdt + \sigma Xdz \tag{5-35}$$

式中，α 是漂移率，σ 是波动率，dz 是标准布朗运动。在后续的博弈分析中，本书建立一个动态博弈模型，分析外资银行进入背景下商业银行学习和不学习策略下的经济选择。从博弈的时间维度区分，本文将时刻 0 到时刻 T 称为第 1 阶段，时刻 T 之后称为第 2 阶段。在这两个时间段内，外资银行存在两个策略选择。第一个策略选择就是在第 1 阶段选择接受“少数股权”，在第 2 阶段选择并购中资银行。第二个策略就是两个阶段中都采用直接并购中资银行。

假设 2：银行客户行为假设。

同时为了建立相关的博弈模型，还需要明确博弈主体的行为环境。为了简化市场结构，假设每个时刻 t 都有 λ 的新客户进入市场，其中优质客户（θ=h）的份额为 q，劣质客户（θ=l）的份额是 1－q，每个新客户都需要数额为 1 的贷款来进行下一步的投资，且贷款之前银行与客户都不知道客户的实际类型。假设优质客户的成功率是 1，成功后能获得的回报是 R，且 R>1；劣质客户的成功率是 0，只能获得 0 产出，同时假设 qR>1，即银行值得给不知类型的客户发放贷款。为了区别客户类型，本书用 new 表示新客户，能够得到贷款的优质新客户将留在市场中成为在位银行的潜在老客户，用 old 表示。老客户以指数衰减率 v 退出市场，留在市场上比例为 k 的老客户也需要数额为 1 的贷款。设在时刻 0，每家中资银行分别拥有数量为 1 的老客户。

5.2.3 博弈模型的构建与求解

假设时刻 0 已经有相同的两家中资银行 A 和 B 分别处于市场中，一家外资银行 C 进入市场与银行 A 寻求合作，称合作后的引资银行为 AC。假设银行对客户发放贷款的博弈过程如下：首先，每个新客户都向银行 AC 和 B 提出贷款申请；其次，银行 AC 对客户提出贷款利率；再次，新客户选择给出最低贷款利率的银行进行贷款；再次，两家银行各自对申请贷款老客户按照对手能给新客户的最低利率发放贷款；最后，客户对各自的项目进行投资，优质客户项目成功、及时还款并留在市场上成为银行的潜在老客户，劣质客户因项目投资失败而离开市场。

对客户类型 θ 的甄别可以得到信号 η，以信号揭示的正确率 φ 表示银行对新客户的甄别能力，如下式表示：

$$P(\eta=h|\theta=h)=\phi=P(\eta=l|\theta=l) \tag{5-36}$$

$$P(\eta=l|\theta=h)=1-\phi=P(\eta=h|\theta=l) \tag{5-37}$$

首先，银行的客户甄别能力 φ 与银行的技术水平 u 有关，技术水平越高，银行的客户甄别能力越高。本书假设两家中资银行的技术水平都为 $u=0$，外资银行 C 则有一个固定的技术水平 $u=u_0(0<u_0<1)$。外资银行付出 $s(0\leqslant s\leqslant 1)$ 的努力即可以使引资银行 AC 的客户甄别技术达到 su_0。

其次，银行的客户甄别能力还与拥有老客户的数量 N 有关，老客户数量 N 越多，银行的甄别能力越强。考虑到甄别能力 φ 一定大于 1/2，可以将相对甄别能力表示为：

$$\phi(s,a)=\frac{1+su_0}{2}+\frac{a}{2}x,\ x\in\left[0,\ \frac{su_0}{a}\right] \tag{5-38}$$

式中，a 是一个刻画商业银行由于学习效应，而对市场具有的熟悉程度的参数。如果外资银行选择策略 1，在第 1 阶段由于中资银行是大股东，所以银行 AC 的甄别能力是 $\phi_1(s,0)$。到了第二阶段，当时刻 T 时，外资银行选择收购中资银行后，外资银行的学习效应增加了对中国市场的了解，此时：

$$a=1+e^{g\omega sT} \tag{5-39}$$

式（5-39）表明，第二阶段引资银行 AC 对中国市场的熟悉程度随外资银行本身对中国市场的熟悉程度的上升而上升，随着第一阶段的参与努力程度 s 的上升而上升，随着占有中资银行股份 ω 的上升而上升，随着第一阶段合作时间 T 的变长而上升。其中参数 g 表示商业银行的学习能力，g 越大表明商业银行的学习能力越强。因为外资银行并购后将转让全部客户甄别技术，从而第二阶段银行 AC 的客户甄别能力是 $\varphi_2(s, a)$。

拥有客户甄别能力 $\varphi(s, a)$ 的合资银行 AC 与未引资银行 B 在信贷市场上竞争，时刻 t 能够获得的利润包括从新客户处获得的利润 $\pi_{AC,new}(s, a)$。根据前述模型假设，在距离银行 AC 为 $x \geqslant \frac{su_0}{a}$ 的区域，两家银行都不能对新客户的类型进行甄别，形成标准 Bertrand 竞争均衡，两家银行的利润都是 0；在距离银行 AC 为 $x < \frac{su_0}{a}$ 的区域，银行 AC 能够对客户信息进行甄别，从而形成两家银行间关于客户信息的不对称。银行 AC 通过甄别信号将新客户分成 $\eta = h$ 的高质量客户群 H 和 $\eta = l$ 的低质量客户群 L，并且能够依据不同的贷款利率分别给这两个客户群发放贷款，而没有甄别技术的银行 B 只能按混同利率给全部客户发放贷款。在时刻 t，对距离银行 AC 为 x 客户的信贷竞争不存在纯策略均衡，只能达到混合策略均衡，均衡时的合资银行 AC 能获得正的期望利润 $[E(\pi_{AC,new}(s, a, x)] = (2\phi(s, a) - 1)(1 - q)$，未引资银行 B 获得的期望利润则为 0。

这表明，商业银行能在新客户处获得的利润随着新客户数量、外资银行的技术水平和努力程度的增加而增加，随着对客户的了解程度的增加（a 增加）而增加。同时，当合资银行能发挥两家银行的所有优点，可以表示银行 AC 能在新客户市场获得的潜在利润，所以期望利润越大，外资银行进入中国市场的激励越大。

采用逆向求解思想，先研究外资银行选择第一种策略时第二阶段的情况。因为外资银行时刻 0 接受“少数股权”可以在国家政策允许时增加入股比例直至并购，所以如果外资银行选择策略 1，在时刻 T 入股后就拥有一个扩张期权 F（X）。根据实物期权的方法，F（X）满足方程：

$$\frac{1}{2}\sigma^2 X^2 F'' + aXF' - iF = 0 \tag{5-40}$$

式中，i 为无风险利率。

因为时刻 0 中资银行出让股权比例是 ω，外资银行接受了这些股权后确定努力水平 s，使银行 AC 的甄别技术达到 su_0。时刻 T，如果外资银行继续持有 ω 的股权与中资银行合作，则引资银行 AC 在时刻 T 的价值是 V_{AC}^T（s，1）；如果外资银行收购中资银行剩下的 1－ω 的股权，引资银行 AC 在时刻 T 的价值就成了 V_{AC}^T（1，b）。考虑到收购时要付出的股权转让成本 I_2 和技术转让成本 C_2，时刻 T 外资银行扩张期权的价值是：

$$F(X_h)=V_{AC}^T(1,\ b)-\omega V_{AC}^T(s,\ 1)-I_2-C_2 \tag{5-41}$$

根据式（5-41）可以求得：

$$W=\bar{V}_{AC,new}+\bar{V}_{AC,old} \tag{5-42}$$

式（5-42）表明，当合资银行 AC 拥有中外资银行共同的优点时比原来中资银行 A 多获得的价值，这表明，多获得的价值 W 越大，外资银行入股后的扩张期权就越大，外资银行就越倾向于选择策略 1 并购中资银行。$(X/X_h)^{\beta_1}$ 是随机折现率，表明当前政策状态 X 离临界状态 X_h 越远，期权的价值越小，即表明当外资银行预期到中国允许收购的政策出台遥遥无期的时候，很自然地就不再关心未来收购时的好处，扩张期权自然也就失去价值。参数 b 则表示外资银行第一阶段的“学习效应”，b 越小说明第一阶段对中国市场的学习程度越深，可以使外资银行在时刻 T 的扩张期权增大，这表明外资银行第一阶段进入的“学习效应”能提高扩张期权，使第二阶段并购后的银行价值更大。博弈结果证明了由于外资银行的进入使得商业银行通过学习效应提高了客户信息的甄别能力，使得其盈利能力、规模经济效应都发生变化，产生结构变迁的结果。

5.2.4 基于数值仿真分析的模型检验

5.2.4.1 银行技术水平参数 u 的变化区间设定

本节将采用数值仿真技术对上述学习模型进行求解和分析。本书采用 Matlab7.0 软件作为数值仿真的工具。由于本书假设外资银行的技术水平较高，所以随着外资银行进入的程度逐步加大，合资银行通过学习效应而获得的技术水平越来越高。因此，我们主要讨论银行技术水平变化对银行学习曲线的影响即可。

首先根据上述理论模型的假设，分析数值仿真过程中银行技术水平参数 u 的变化区间。从图 5.5 可知，模型有 4 个局部均衡点，分别是 O、A、B、F 点，其初始位置（u_1^0，u_2^0）决定了模型各个可能运行曲线趋于那一个均衡点，C、D、G、

H 点为鞍点均衡点，E 点非均衡点。根据模型的均衡点分析，可以确定模型模拟参数的变化分为是下临界范围 L_1 和上临界范围 L_2 的曲线变化范围。即需要分别分析银行的技术水平参数 u 在（0，L_1）、(L_1，L_2)、(L_2，+∞）三个区间上变化时，我国商业银行学习曲线的模拟路径。

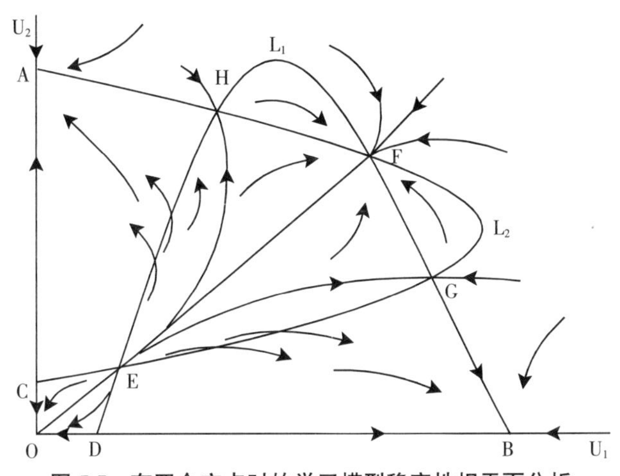

图 5.5 有四个交点时的学习模型稳定性相平面分析

5.2.4.2 银行技术水平参数 u 不同变化区间的影响分析

为了更好地理解外资银行进入对中国商业银行所产生的学习效应，本书选取数值来模拟其动态演化过程。

若是外资银行进入的水平低于最小临界点，即 $0<u\leqslant L_1$，那么对中国商业银行所产生的学习效应将比较低，而且呈现出逐步降低的趋势。模拟所得到的学习效应曲线如图 5.6 所示。当外资银行进入处于较低水平时，由于商业银行市场垄断程度比较高，各内资商业银行可以在我国金融市场利率尚未完全放开的前提下，依靠相对固定的利率政策，基本保证了商业银行的中介利差水平，即可获得稳定收益。这意味着，银行只要能够获准进入市场，即能拥有行业垄断利润。而垄断的最直接后果就是金融产品与服务的供给不足、客户满意度低，并明显地表现为银行数量众多，但同质性极强。一方面在对大客户、优质客户的竞争上表现为过度竞争甚至是恶性竞争；另一方面对中小企业的融资需求又显得兴趣不足或是顾虑重重。缺乏学习的对象与动力，使得国内商业银行缺乏动力进行学习，导致学习曲线开始就处于较低水平，且一直在缓慢下降。

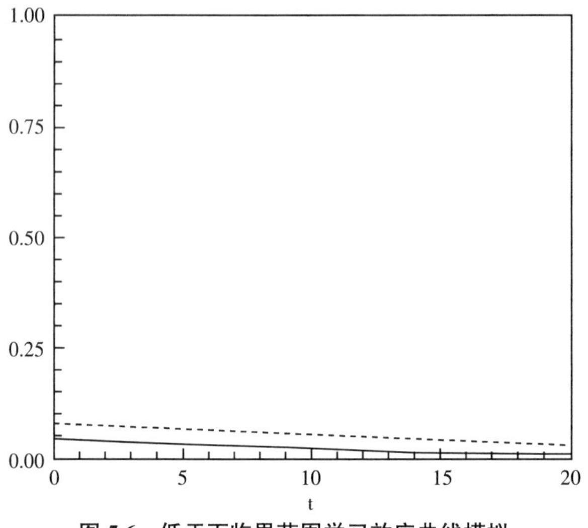

图 5.6　低于下临界范围学习效应曲线模拟

当外资银行进入处于下临界范围 L_1 和上临界范围 L_2 之间时，对中国商业银行所产生的学习效应将呈现出快速提高到一个较高水平后保持平稳的特征。模拟所得到的学习效应曲线如图 5.7 所示。随着外资银行进入程度的不断提高，银行业的产权结构和市场结构都得到了显著的改善。产权结构的改善主要体现在外资银行通过参股方式进入国内银行，实现了国内商业银行产权结构由国有独资向产权多元化的过渡。而国内商业银行通过与外资银行合作经营，可以较为方便地引

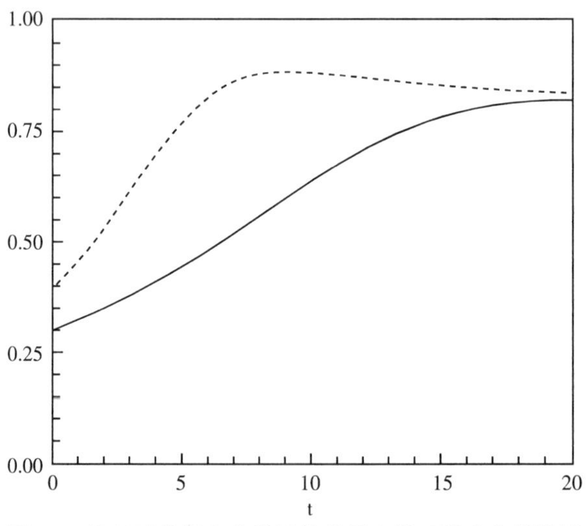

图 5.7　处于下临界和上临界值范围内学习效应曲线模拟

入外资银行先进的管理制度，通过学习较为快速地掌握外资银行的客户信息甄别技术、流动风险管理能力等管理经验。而市场结构的调整主要体现在外资银行在国内经营机构数量不断增多，实现了国内商业银行市场结构从高度垄断向垄断竞争的过渡。随着外资银行在国内经营机构的增加，商业银行市场的高质量参与者比例持续提高，改善了市场竞争环境，增加了国内商业银行的外部竞争压力，迫使国内商业银行加快学习速度、提高学习能力以适应新的市场环境。从而使得国内商业银行所产生的学习效应呈现出快速提高到一个较高水平后保持平稳的特征。

当外资银行进入处于上临界范围 I_2 之外时，对中国银行所产生的学习效应将呈现出一个显著的不断降低的趋势。而且这一状态将不是一个有效的均衡状态。模拟所得到的学习效应曲线如图 5.8 所示。随着外资银行进入的程度逐渐超过适度水平，特别是当各商业银行经过一段时间的市场学习，通过向作为合资银行内部的战略合作伙伴和商业银行外部的市场竞争对手、具有先进管理制度与管理经验的外资银行学习，实现了自身经营管理水平的提升。随着外资银行与国内商业银行在经验管理技术水平上的趋同，学习曲线开始逐渐下滑，表明国内商业银行由于外资银行进入而产生的学习效应开始呈现出显著的不断减小的趋势。

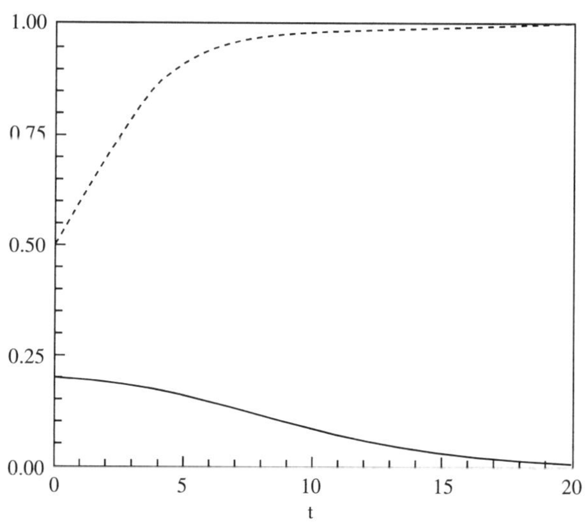

图 5.8　超于上临界值范围学习效应曲线模拟

总之，我们的数值仿真模型分析结果表明，外资银行的进入使得商业银行通过学习效应提高了客户甄别能力，使得其盈利能力、规模效应都发生变化，产生结构变迁的效应。

5.3 本章小结

本章研究外资银行进入对我国商业银行业产生的竞争效应和学习效应问题时，考虑了政府对外资银行进入的政策管制、合资银行中外资银行所占比例、合资银行之间竞争关系以及银行客户对高质量金融服务产品的偏好等因素，在政府与合资银行之间建立了完全信息静态模型，通过对模型的求解分析和数值仿真，对我国商业银行对外开放过程中起到关键作用的政府和合资银行分别得出以下结论。

从实际情况看，伴随着我国加入世贸组织，全面开放金融业承诺的逐步兑现，外资银行进入我国银行业所受到的股权限制逐渐减弱。与此同时，随着我国经济长期稳定增长，人们的生活水平得到极大改善，所拥有的金融资产越来越多，使得普通消费者对高质量金融服务产品的需求越来越大。金融服务产品市场需求的这种变化，提高了高质量金融服务产品的市场价格，进而促进了银行业以及整个社会的福利水平。在这一过程中，一方面，外资银行所占比例高的合资银行所占市场份额逐渐增大，表明外资银行所具有的先进技术、管理经验等优势正逐渐通过溢出效应、学习效应被我国商业银行业所掌握；另一方面，外资银行所占比例高的合资银行中合资比例在上升而外资银行所占比例低的合资银行中合资比例在下降，表明竞争效应使得我国各商业银行的国际化路径被锁定。

从本章学习效应数理模型的分析可以看到，外资银行第一阶段进入的“学习效应”能提高扩张期权，使第二阶段的并购后银行价值更大。博弈结果证明了由于外资银行的进入使得商业银行通过学习效应提高了客户甄别能力，使得其盈利能力、规模效应都发生变化，产生结构变迁的结果。

另外，上述博弈模型还存在一些不足。模型中并没有深入地研究外资银行引入后，对国内现有商业银行产生的学习效应，也没有将商业银行实现学习效应的内在机制模型化到该博弈模型中来。另外，本书所建立的模型是完全信息静态模型，如何在不完全信息情况下开展动态博弈过程的研究将是值得进一步深入研究的方向。

6 外资银行进入对我国商业银行全要素生产率影响分析

通过第5章博弈模型理论与数值仿真技术模拟的分析，我们从理论和经验上已经证实，外资银行进入通过“竞争效应”“学习效应”会对我国商业银行的效率产生明显的影响，这与郭研（2005）关于外资银行进入带来“竞争效应”“学习效应”的研究结论相一致。然而，外资银行进入的行为效应究竟对我国商业银行效率产生什么影响，是单纯的正面效应、负面效应还是正负效应同时并存？国内众多学者叶欣（2006）、陈伟光（2007）、李伟和韩立岩（2008）、毛泽盛（2010）、张金清和吴有红（2010）等的研究表明，随着“竞争效应”和“学习效应”逐渐起作用，对我国银行业效率的影响可能会在某一水平值发生方向性的改变，使得这种影响从反面作用转化成正面作用或者从正面作用转变为反面作用，而该水平值就是所谓的“门限”。因此，我们在关注制度环境、宏观经济发展水平等外部因素以外，还需要更加注意外资银行进入行为对我国银行业效率产生影响的内部因素，防止因其进入不足或进入过度而产生“不良影响”。同时，现有的研究已发现，外资银行的进入与我国银行业效率之间不一定存在明显的线性关系，更可能是非线性关系，因此选用传统的线性面板回归模型来考察外资银行进入与上述变量之间的关系，可能与我国金融市场的实际情况产生很大偏离，既不准确，也缺乏经济上的含义。因此，我们选择面板门限模型（Panel Threshold Model）来进行实证分析外资银行进入对我国商业银行全要素生产率的影响。

外资银行主要通过两种方式进入我国银行业市场，其中参资入股内资银行是主要的方式之一。理论分析表明，通过参股方式进入改变了我国商业银行的产权结构，准确地说是合资银行的股权结构，优化了合资银行的治理结构，带来了先进的管理经验和技术，有利于商业银行效率的提高。然而，现实中外资银行进入对我国各合资商业银行的微观效率究竟产生怎样的影响，由于各商业银行中外资入股比例不同、股权结构不同，这种影响会不会有所区别以及是否由此会产生方向性的改变？对上述问题的详细解答就是本章研究所要解决的主要问题。本章首先测度和评价了当前我国商业银行的全要素生产率水平；其次在此基础上，构建面板门限模型，以各商业银行的外资参股比例作为门限变量，实证考察外资银行进入对我国商业银行全要素生产率的影响。

6.1 我国商业银行全要素生产率测度与评价

6.1.1 效率测度方法比较

理论上讲，技术效率与全要素生产率在研究本质上是一致的，都是为了分析被研究对象使用最小的投入获得最大产出的能力，相比较而言，经济学家更关注全要素生产率，因为其源于 Solow（1957）提出的生产函数理念，主要研究是否存在技术进步的问题，反映了经济活动的改善情况。Rolf Fare 等（1994）建立了 Malmquist 指数，并应用 Shephard 距离函数将全要素生产率的增长变动分解为技术进步变动和技术效率变动的乘积，才将全要素生产率的研究体系与技术效率的研究体系汇聚到一点上。

6.1.1.1 经典的效率测度方法

生产效率的测度方法主要有四种：生产函数法、指数法、随机前沿分析法（SFA）以及数据包络分析法（DEA）。其中，生产函数法和随机前沿分析法（SFA）为参数方法、指数法和数据包络分析法（DEA）为非参数方法。由于生产函数法无法考虑无效率的存在，指数法需要价格信息，随机前沿分析方法（SFA）需要提前设定函数形式，可能存在因函数形式设定不当影响结论准确性的问题，而数据包络分析法（DEA）由于具有不需要对参数进行估计、不需要对生产函数结构做先验假定、允许无效率行为存在、能对 TFP 变动进行分解等优点，在当前研究中受到了越来越广泛的关注与应用。

经典的 DEA 模型是在规模报酬不变条件下的效率模型，如果加入约束$\sum\lambda=1$，则称作在规模报酬可变条件下的效率模型。但经典的 DEA 模型的假设是投入产出率可以为 100%，即投入可以无限制地缩减而产出可以无限制地扩大，满足以最小的投入获得最大产出。但在人类经济发展和进步的过程中，并不能达到其基本假设，企业的产出附有副产品，其中很多是企业并不期望生产的产品，称为“非期望产出”或“坏产出”，例如工业企业生产产品的过程中造成大量的废气、废水等污染物的产出，商业银行发放的贷款中出现的无法回收的不良贷款，这些“非期望产出”或“坏产出”只有最大限度地减少才能实现最高的技术效率，而传统的 DEA 模型却只能使之增加，违背了效率评价的初衷，从而可能会提出错误的政策建议（Hailu and Veeman，2000）。

6.1.1.2 考虑非期望产出条件下的效率测度方法

为了将非期望产出纳入 DEA 效率研究框架，学者们进行了大量的研究，主要有以下几种处理方法：

（1）曲线产出效率度量。Fare 等（1989）最早运用曲线产出效率方法，其基本思想是投入和产出的弱可处置性，要想减少不良贷款、降低污染等坏的产出，则必须降低好的产出。他提出一个双曲线形式的非线性规划办法处理非期望产出，即在规模报酬可变（VRS）假定下，双曲线的非线性规划可分别基于强可处置性条件和弱可处置性条件，由于非线性规划求解困难，应用上存在困难，而且双曲线模型假定了 VRS 条件，放松这一条件即变为规模报酬不变，仍然能够得到最优效率解。

（2）投入法和投入倒数法。Hailu 和 Veeman（2001）把非期望产出变量作为投入进行处理，其基本思想是尽可能地在减少非期望产出的前提下不影响期望产出的提高，在传统的 DEA 模型中就能够实现。Scheel（2001）、Zhu（2003）把非期望产出作倒数变换处理，与作为投入变量处理不同之处在于其仍然是产出量。以上两种方法处理非期望产出存在较为明显的缺陷，即它们没有考虑实际的生产过程，违背了生产的实际原理，不能反映生产的实质，其效率的计算是有偏差的或不准确的。

（3）非期望产出的线性变换。Seiford 和 Zhu（2002）提出线性变换方法，基本思想是首先对非期望产出乘以-1，其次寻找一个合适的转换向量使所有负的非期望产出变成正值（转换向量法），最后在此基础上构造了一个 VRS 条件下处理非期望产出的 DEA 模型。该方法较好地解决了非期望产出存在的效率评价问题，但也因为加入了一个很强的凸性约束，使其只能在规模报酬可变条件下求解效率，取消这一凸性约束条件极易造成线性规划无解。

（4）方向性距离函数法。Fare 等（2004）提出了一个产出角度的方向性距离函数，他首先定义了一个产出集合，记为：

$$p(x):p(x)=\{(y^g,\ y^b):x\text{ 能够生产出}(y^g,\ y^b)\} \tag{6-1}$$

上述生产集合满足：

定理一：非期望产出的弱随意处置性。

定理二：期望产出的随意处置性。

定理三：非期望产出与期望产出零点的关联性。

定理一说明在既定的投入技术水平下减少坏产出的有效办法是同时减少好产出的数量；定理二说明好产出是可以任意处置的；定理三说明如果生产，坏产出就一定会出现，两者仅仅在零点关联。根据上述性质，Fare 等（2004）同时也定义了方向性的距离函数为：

$$\vec{D}_0^t(x^t,\ y^t,\ b^t;\ g_y,\ -g_b)=\sup\{\beta:(y^t+\beta g_y,\ y^t-\beta g_b)\in p^t(x^t)\} \tag{6-2}$$

式中，$g=(g_y,\ -g_b)$表示产出增加的方向向量；β 表示在一定的投入水平情况下，“合意性”产出 y 增长和“非合意性”产出 b 降低的最大可能数量，因此按照传统技术效率的定义方法，基于方向性距离函数的技术效率定义为“合意性”产品的实际产出量 y_k^t 与最优前沿产出量$(1+\beta)\times y_k^t$的比值，具体形式如下：

$$ETE\ (x_{k'}^t,\ y_{k'}^t,\ b_{k'}^t;\ y_{k'}^t,\ -b_{k'}^t)=\frac{1}{1+\vec{D}_0^T(x_{k'}^t,\ y_{k'}^t,\ b_{k'}^t;\ y_{k'}^t,\ -b_{k'}^t)} \tag{6-3}$$

图 6.1 描述了 Shephard 传统性产出距离函数与方向性距离函数的差异，前者表示为射线 OAC，即从观测样本点 A 到前沿产出点 C，表示“合意性”产出 y 和“非合意性”产出 b 同比例增长到前沿产出点，而方向性距离函数则由射线 AB 表示，即在给定“合意性”和“非合意性”产出水平（y，b）和方向向量 $g=(g_y,\ -g_b)$ 的条件下，意味着产出 y 增加的同时产出 b 减少，观测点 B 为与样本观测点 C 对应的前沿目标点，B 点的产出向量为（$y^t+\beta^*g_y,\ y^t-\beta^*g_b$），其中 $\beta^*=$

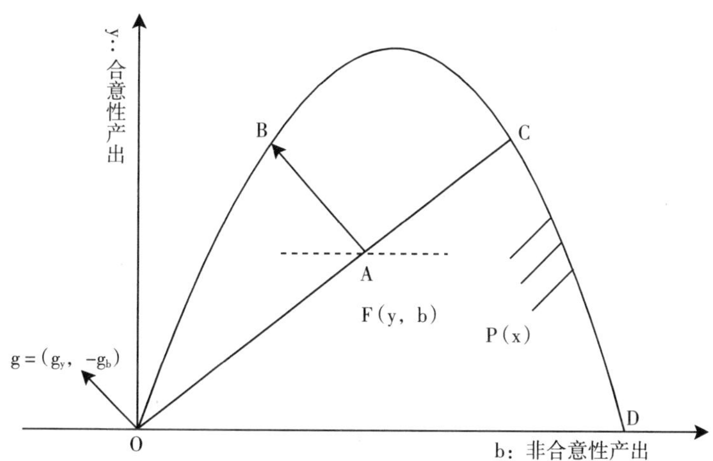

图 6.1 方向性距离函数示意图

$\vec{D}_0^t$ (x^t, y^t, b^t; g_y, $-g_b$)。如果 $\beta=0$ 则表示观测点恰好位于前沿面上，如果 $\beta>0$ 则表示存在增加“合意性”产出和降低“非合意性”产出的能力。当方向向量 $g=(1, 0)$ 时，方向性距离函数就变为 Shephard 传统性产出距离函数；当方向向量 $g^t=(y^t, -b^t)$ 时，可借助 Chung 等（1997）定义的 Malmquist-Luenberger 指数，通过求解线性规划问题计算方向性距离函数，则公式为：

$$
\begin{aligned}
&\vec{D}_0^t(x^{t,k'}, y^{t,k'}, b^{t,k'})=\max\beta \\
&\text{s.t.}\sum_{k=1}^{K} z_k y_{k',m}^t \geqslant (1+\beta)y_{k',m}^t,\quad m=1, \cdots, M \\
&\sum_{k=1}^{K} z_k b_{k,j}^t=(1-\beta)b_{k',j}^t,\quad j=1, \cdots, J \\
&\sum_{k=1}^{K} z_k x_{k,n}^t \leqslant (1-\beta)x_{k',n}^t,\quad n=1, \cdots, N \\
&z_k\geqslant 0,\quad k=1, \cdots, K
\end{aligned}
\tag{6-4}
$$

由于方向性距离函数较好地解决了非期望产出的效率评价问题，所以在实证检验过程中得到了较为广泛应用。可以看出，在技术效率的分析研究中，“非合意”产出的处理是影响分析结果的重要因素。对“非合意”产出的处理方法主要有投入法和投入倒数法、曲线产出效率度量法、非期望产出的线性变换法、方向性距离函数法，但上述方法本质上仍然属于 DEA 模型中的径向（Radial）及产出角度（Output-Oriented）的度量方法，不能充分考虑到投入产出的松弛性问题，度量的效率值也因此可能是有偏的。从目标函数的表达式看，将冗余占投入的比例作分子，亏空占产出的比例作分母，这样将以上非线性规划转换成线性规划，就可以使投入尽可能减少的同时，产出尽可能地扩大。与传统的 BCC 和 CCR 模型相比，SBM 模型把松弛变量直接引入到目标函数中，既解决了投入/产出的松弛问题，也解决了考虑非期望产出的效率评价问题。同时，SBM 模型属于 DEA 模型中非径向和非角度评价方法的一种，能有效避免径向和产出角度选择差异带来的偏差，因此能更加客观、全面地评价效率，通过该模型能够测度商业银行作为评价的决策单元在实现最大产出、最小不良贷款条件下的效率情况。

6.1.2 模型构建与说明

6.1.2.1 SBM 方向性距离函数

本书采用非径向、非角度的 SBM 方向性距离函数计算商业银行技术效率，

$$\rho^{*}=\min\frac{1-\left|\frac{1}{n}\right|\sum_{i=1}^{n}s_i^{-}/x_{i,o}}{1+\frac{1}{s_1+s_2}\left|\sum_{r=1}^{s_1}s_r^{g}/y_{m,0}^{g}+\sum_{r=1}^{s_2}s_r^{b}/y_{m,0}^{b}\right|}$$

$$\text{s.t.}\quad x_0=X\lambda+s^{-}$$

$$y_0^{g}=Y^{g}\lambda-s^{g}$$

$$y_0^{b}=Y^{b}\lambda+s^{b}$$

$$y_0^{b}=Y^{b}\lambda+s^{b}$$

$$\lambda,\ s^{-},\ s^{g},\ s^{b}\geqslant 0 \tag{6-5}$$

式中，s^g、s^b 分别表示期望产出和非期望产出，目标函数是关于 s^-、s^g、s^b 严格递减的，并且 $0\leqslant\rho^*\leqslant1$，对于特定的评价单元，当且仅当 $\rho^*=1$，$s^-=0$，$s^g=0$，$s^b=0$ 时是有效率的，若 $\rho^*<1$，说明评价单元为无效率，存在着投入产出改进的必要性。

根据前面对 SBM 方向性距离函数的介绍可知，SBM 方向性距离函数的另一个优点是可以将无效率的来源进行分解，按照 Cooper 等（2007）我们得到以下结果：

投入无效率：

$$IE_x = \frac{1}{2N} \sum_{n=1}^{N} s_n^x / g_n^x \tag{6-6}$$

好产出无效率：

$$IE_y = \frac{1}{2(M+I)} \sum_{m=1}^{M} s_m^y / g_m^y \tag{6-7}$$

坏产出无效率：

$$IE_b = \frac{1}{2(M+I)} \sum_{i=1}^{I} s_i^b / g_i^b \tag{6-8}$$

式中，N、M、I 是投入、好产出、坏产出的数量，(g^x，g^y，g^b) 是表示好产出扩张、坏产出和投入压缩的取值为正的方向向量，(s_n^x，s_m^y，s_i^b) 是表示投入和好坏产出松弛的向量。

无效率结果表示每一个银行无效率的水平，结果值越大表示银行效率水平越低。当结果为零时，表示该银行在生产边界上，并且不存在投入使用过多、不良贷款过量和好产出生产不足。根据 SBM 模型，本书计算规模报酬不变（CRS）和规模报酬可变（VRS）两种假设下的银行无效率，并对银行无效率的来源也进行了分解。

6.1.2.2 Luenberger 生产率模型

技术效率与全要素生产率的差异主要体现在前者属于静态分析，而后者属于动态分析。全要素生产率的理论与生产效率在研究本质上是一致的，都是为了分析被研究对象使用最小的投入获得最大产出的能力，相比较而言，经济学家更关注全要素生产率，因为其源自于 Solow（1957）提出的生产函数理念，主要研究是否存在技术进步的问题，反映了经济活动的改善情况。1994 年，Rolf Fare、Grosskopr、Norris 和 Zhang 建立了 Malmquist 指数，并应用 Shephard 距离函数将全要素生产率的增变动分解为技术进步变动和技术效率变动的乘积，才将全要素生产率的研究体系与生产效率的研究体系汇聚到一点上。

很多学者运用 DEA 方法中的 Malmquist 指数来进行生产率研究，但 Malmquist 指数构建于传统的、径向的和角度的距离函数，即无法同时考虑投入的减少和产出的增加，并且各变量必须等比例变动。Chambers 等（1996）发展了一种新的生产率测度方法——Luenberger 生产率，这个指标弥补了 Malmquist 指数的不足，可以同时考虑投入的减少和产出的增加且各变量无须等比例变动。

本书将采用 Luenberger 生产率指标对中国商业银行全要素生产率进行分解，并找到主要驱动因素，以期为商业银行效率改进提供支持。

根据 Chambers 等（1996），t 时期和 t+1 时期之间的 Luenberger 生产率为：

$$LTFP_{t+1}^{t}=\frac{1}{2}[\overrightarrow{s_c^t}(x^t, y^t; g)-\overrightarrow{s_c^t}(x^{t+1}, y^{t+1}; g)]+[\overrightarrow{s_c^{t+1}}(x^t, y^t; g)-\overrightarrow{s_c^{t+1}}(x^{t+1}, y^{t+1}; g)] \tag{6-9}$$

类似 Malmquist 生产率指标可以分解为技术进步、纯效率变化和规模效率变化，Luenberger 生产率指标也可以进一步进行分解（Grosskopf，2003；王兵、朱宁，2011），我们把 Luenberger 生产率指标分解为纯效率变化（LPEC）、纯技术进步（LPTP）、规模效率变化（LSEC）和技术规模变化（LTPSC）。

$$LTFP=LPTC+LPEP+LSEC+LEPSC \tag{6-10}$$

$$LPEC_1^{t+1}=\overrightarrow{s_v^t}(x^t, y^t; g)-\overrightarrow{s_v^{t+1}}(x^{t+1}, y^{t+1}; g) \tag{6-11}$$

$$LPTP_t^{t+1}=\frac{1}{2}\{[\overrightarrow{s_v^{t+1}}(x^t, y^t; g)-\overrightarrow{s_v^t}(x^t, y^t; g)]+[\overrightarrow{s_v^{t+1}}(x^{t+1}, y^{t+1}; g)-\overrightarrow{s_v^t}(x^{t+1}, y^{t+1}; g)]\} \tag{6-12}$$

$$LSEC_t^{t+1}=\{[\overrightarrow{s_c^t}(x^t, y^t; g)-\overrightarrow{s_v^t}(x^t, y^t; g)]+[\overrightarrow{s_c^{t+1}}(x^{t+1}, y^{t+1}; g)-\overrightarrow{s_v^t}(x^{t+1}, y^{t+1}; g)]\} \tag{6-13}$$

$$LTPSC_t^{t+1}=\frac{1}{2}\{[(\overrightarrow{s_c^{t+1}}(x^t, y^t; g)-\overrightarrow{s_v^{t+1}}(x^t, y^t; g))-(\overrightarrow{s_c^t}(x^t, y^t; g)-\overrightarrow{s_v^t}(x^t, y^t; g))]+[(\overrightarrow{s_c^{t+1}}(x^{t+1}, y^{t+1}; g)-\overrightarrow{s_v^{t+1}}(x^{t+1}, y^{t+1}; g))-(\overrightarrow{s_c^t}(x^{t+1}, y^{t+1}; g)-\overrightarrow{s_v^t}(x^t, y^t; g))]\} \tag{6-14}$$

每一时期的 Luenberger 生产率指标的计算，需要在 CRS 和 VRS 两种假设下分别计算出四个线性规划，从而得出八个 SBM 方向性距离函数，$\overrightarrow{s_c^t}(x^t, y^t; g)$、$\overrightarrow{s_c^{t+1}}(x^{t+1}, y^{t+1}; g^{t+1})$、$\overrightarrow{s_c^t}(x^{t+1}, y^{t+1}; g^{t+1})$、$\overrightarrow{s_c^{t+1}}(x^t, y^t; g)$ 分别是 CRS 假设下的四个 SBM 方向性距离函数。其中，$\overrightarrow{s_c^t}(x^t, y^t; g)$、$\overrightarrow{s_c^{t+1}}(x^{t+1}, y^{t+1}; g^{t+1})$ 是同期方向性距离函数，即基于当期的技术和当期的投入产出值计算的方向性距离函数，

另外两个则是跨期方向性距离函数；$\overrightarrow{s_c^t}(x^{t+1}, y^{t+1}; g^{t+1})$、$\overrightarrow{s_c^{t+1}}(x^t, y^t; g)$ 则分别基于 t 时期和 t+1 时期的技术水平，运用 t+1 时期和 t 时期的投入产出值计算的结果。

6.1.3 研究样本、投入与产出指标选取

本书选取中国 58 家商业银行作为研究样本，其中大型商业银行 5 家，股份制商业银行 9 家，城市商业银行 30 家，外资银行 14 家，具体样本银行详见表 6.1。44 家国内银行的研究跨度为 1998~2011 年，包括外资银行在内的 58 家银行的研究跨度为 2007~2011 年。选择 58 家商业银行的具体原因：一是 58 家样本商业银行是我国商业银行业的主体，截至 2011 年底，我国商业银行资产总额为 884037 亿元，而 58 家样本银行的资产总额之和为 792555.9 亿元，约占 89.65%，因此对它们的研究足以揭示整个中国商业银行业的效率状况及其发展趋势。据中国银监会划分，我国商业银行主要包括上述四大类商业银行，本书选取的各类样本银行资产总额均占据了各自类型银行的绝大部分或全部比例，其中，国有大型商业银行资产占比 100%、股份制商业银行资产占比 94.51%、城市商业银行资产占比 48.42%、外资银行资产占比 24.21%，因此对它们的分类研究也能够比较全面、真实地反映不同类型银行的效率水平及其差异情况。二是国内为数众多的城市商业银行数据公开有限，无法全部采集，且众多商业银行的成立时间不一、地域差异明显，因此本书在选取 30 家样本城市商业银行时既考虑了样本银行的地域差异代表性问题，也考虑了样本银行成立时间跨度一致性特征（1998~2011 年）以及各样本银行占据城市商业资产总额比例问题，因此对其研究足以反映我国城市商业银行的整体效率状况以及各地区城市商业银行的效率差异情况。

银行投入、产出指标是生产效率测度不可缺少的数据，但目前学术界对于银行的投入、产出指标的选取尚未有统一的认识。科学、合理地选择投入、产出指标对于使用 SBM 模型测度银行生产效率而言至关重要。现有研究关于银行投入、产出指标的选择可分为以下三种：

第一，生产法（Clarke and Jeffery，1996），将银行作为金融产品的生产者和销售者，产出指标选取存款账户的数目和贷款笔数作为产出，投入指标选取资本和人工成本等经营费用类指标。

第二，中介法（Mertens and Urga，2001；Kasman，2002），将银行视为用户存款和投资的转化机构，产出指标选取银行贷款和其他利润性资产，投入指标一般选取为存款数额、劳动力和资本投入等。

第三，对偶法（Hunter and Timme，1991；Berger and Humphrey，1997；Kraft and Tirtiroglu，1998），介于生产法和中介法之间，是将存款余额同时作为产出和投入。

Berger 等（1997）认为，在评价金融机构的分支机构效率时使用生产法比较好，而在评价银行总体生产效率时中介法更适合。但二者都未能全面体现银行的真正角色。本书以中介法为基础，汲取生产法的优点，根据研究内容和意义选取以下研究指标进行分析。

表 6.1　58 家样本银行构成明细

大型商业银行（5 家）	股份制商业银行（9 家）	城市商业银行（30 家）		外资银行（14 家）
中国银行（1912）	华夏银行（1992）	北京银行（1996）	福建海峡银行（1996）	汇丰中国 HSBC Bank（China）Co Ltd（2007）
中国农业银行（1951）	中国民生银行（1996）	上海银行（1995）	攀枝花市商业银行（1997）	渣打中国 Standard Chartered Bank（China）Ltd（2007）
中国工商银行（1984）	广发银行（1984）	南京银行（1996）	河北银行（1996）	花旗中国 Citibank（China）Co Ltd（1983）
中国建设银行（1954）	深圳发展银行（1987）	重庆银行（1996）	厦门银行（1996）	三菱东京日联银行 Bank of Tokyo Mitsubishi UFJ（China）Ltd（2007）
交通银行（1908）	中信银行（1987）	大连银行（1998）	富滇银行（1996）	星展银行（中国）公司 DBS BANK（China）Limited（2007）
	兴业银行（1988）	杭州银行（1996）	温州银行（1998）	瑞穗银行 Mizuho Corporate Bank（China）（2002）
	中国光大银行（1992）	宁波银行（1997）	绍兴银行（1997）	恒生银行（中国）Hang Seng Bank（China）Limited（2007）
	招商银行（1987）	天津银行（1996）	齐商银行（1997）	华一银行 First Sino（1997）
	浦发银行（1992）	成都银行（1996）	宁夏银行（1998）	苏格兰皇家银行（中国）有限公司 Royal Bank of Scotland（China）Co Ltd（2007）
		哈尔滨银行（1997）	烟台银行（1997）	大华银行（中国）有限公司 United Overseas Bank（China）Limited（2007）

续表

大型商业银行（5家）	股份制商业银行（9家）	城市商业银行（30家）		外资银行（14家）
		汉口银行（1997）	南昌银行（1997）	友利银行（中国）Woori Bank（China）Ltd（1995）
		东莞银行（1999）	贵阳银行（1997）	永亨银行（香港）中国公司 Wing Hang Bank（China）Ltd（2004）
		长沙银行（1997）	青岛银行（1996）	韩亚银行 Hana Bank（China）Company Ltd（1996）
		临商银行（1998）	西安银行（1997）	新韩银行 Shinhan Bank（China）Limited（2006）
		东营银行（1995）	齐鲁银行（1996）	

注：国内银行括号内的年份为成立时间，外资银行括号内的年份为在华设立代表处（成立）时间。

6.1.3.1 投入指标

本书选取存款余款（input1_ckye）、非利息支出（input2_flxzc）、资本存量（input3_zbcl）为投入指标。银行及基本运营原理主要是通过吸收各项储户的存款，将其转为各项贷款，从而取得盈利，所以存款余额可视为各银行为了取得经营成果而投入的资金，故本书借鉴的研究方法选取银行存款作为投入指标（袁晓玲、张宝山，2009）。非利息支出是银行为了获得贷款利息之外的其他中间业务收入而投入的成本，非利息支出的增加对企业经营效益有直接的影响。资本存量是各银行为生产经营活动提供的房屋、车辆、设备等必要的投入和各类资本的总和。由于资本存量缺乏相关的官方统计数据，本书采用永续盘存法来进行估算，计算公式为：

$$K_{it}=K_{i(t-1)}(1-\delta)+I_t$$

式中，K_{it} 为 i 银行 t 年的资本存量，$K_{i(t-1)}$为 i 银行 t-1 年的资本存量，I_t、δ 分别为本年度固定资产投资额和折旧率。按照徐现祥等（2007）的做法，本书将基年（1998）各银行的资本存量通过下式求得：

$$K_{1998}=I_{1998}/(0.03+g_y)$$

式中，g_y 为 1998~2011 年的银行业产值年均增长率。现有文献对折旧率 δ 的选取缺乏一致，按照多数人的选择，本书采用 5%这一数值。

6.1.3.2 好产出指标（合意产出或期望产出指标）

本书选取中间业务收入（out1_zjsr）、净利润（out2_jlr）为好产出指标。中间业务收入是银行利息收入之外的经营收入，同时也是各银行在传统的存、贷款业务之外，创新经营模式而取得的经营成果，不仅扩大了各银行的经营项目和范围，而且驱动了多元化发展，成为各银行经营利润新的增长点。净利润是银行取得的各项经营收入扣除成本费用、各项税费后的余额，可以全面反映银行利用各项投入带来的经营结果，是银行经营产出的综合评价。

6.1.3.3 坏产出指标（非合意产出或非期望产出指标）

本书选取不良贷款余额（out3_fhy）为坏产出指标。正常贷款可视为中国银行业的经营产出，而不良贷款则是银行业不能回避的问题。不良贷款是银行在经营活动过程中由于市场的不确定性、风险性和内部管理能力等因素形成的经营结果，是贷款活动中随时可能发生的结果，不良贷款对于银行而言，犹如环境污染对于经济发展的作用和效果，从某种程度上是不以人的意志为转移的。不良贷款对于企业经营结果有重要影响，一是不良贷款的直接核销将减少企业当期利润，二是为了应对不良贷款产生的影响而计提的坏账准备金会增加当期经营费用，减少经营利润，故选取不良贷款作为坏产出指标，不仅可以全面衡量银行的经营结果，而且可以弥补忽略贷款质量而可能导致的银行生产效率测度偏失（王兵、吴延瑞、闫鹏飞，2010）。

本书选取的投入指标、好产出指标、坏产出指标的数据来源于 BvD 系列数据库中的 BankScope（全球银行与金融机构分析库）、《中国人民银行统计公报》、《中国金融年鉴》以及各银行年报。对于少数缺失值，采用插入法进行补充。各指标描述性统计分析如表 6.2 所示。

表 6.2 各项指标的描述性统计

类别	指标	样本数量	均值	标准差	最小值	最大值
投入	存款余额（input1_ckye）	616	1173199	2269610	1964.64	1.39e+07
	非利息支出（input2_flxzc）	616	13543.24	25741.33	27.67	159442
	资本存量（input3_zbcl）	616	63122.8	139833.2	19.85	567230

续表

类别	指标	样本数量	均值	标准差	最小值	最大值
好产出	中间业务收入（out1_zjsr）	616	5419.556	14805.95	0.01	106523
	净利润（out2_jlr）	616	10353.18	26949.16	0.01	208445
坏产出	不良贷款余额（out3_fhy）	616	57164.24	163029.5	91.8	1021478

6.1.4 实证结果及其分析

6.1.4.1 我国商业银行技术效率测度及其分析

根据前述 SBM 模型的原理，我们对 1998~2011 年 44 家样本银行的技术效率进行了计算，受篇幅所限，本书只列出了不同类型商业银行的技术效率值，如表 6.3 和图 6.2 所示。

表 6.3 1998~2011 年我国商业银行业技术效率

年份	我国商业银行	大型商业银行	股份制商业银行	城市商业银行
1998	0.2876	0.2958	0.2499	0.4006
1999	0.2977	0.3049	0.2323	0.4265
2000	0.3006	0.3065	0.2418	0.4174
2001	0.5323	0.5135	0.5390	0.5859
2002	0.3592	0.3608	0.3490	0.4401
2003	0.4315	0.4087	0.3546	0.4463
2004	0.5376	0.5191	0.4173	0.6038
2005	0.5273	0.5274	0.4003	0.5907
2006	0.5707	0.5535	0.4812	0.6616
2007	0.5574	0.5574	0.5776	0.5714
2008	0.5919	0.5944	0.5300	0.6963
2009	0.5232	0.5252	0.6145	0.4871
2010	0.7049	0.7062	0.7713	0.6329
2011	0.5963	0.5958	0.6816	0.5106
平均值	0.4870	0.4835	0.4600	0.5337

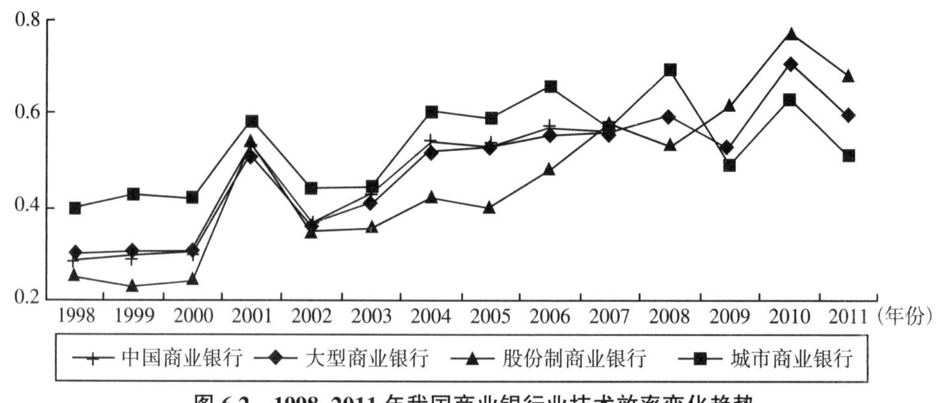

图 6.2 1998~2011 年我国商业银行业技术效率变化趋势

从表 6.3 和图 6.2 可知，我国商业银行业技术效率总体呈上升趋势，可以大致分为三个阶段：第一阶段为 1998~2002 年，第二阶段为 2002~2009 年，第三阶段为 2009~2011 年。

第一阶段，我国商业银行业技术效率虽然呈增长趋势但仍保持相对较低水平。究其原因，主要归根于内资银行还尚未成为真正意义上的商业银行，政企不分，党政不分，风险控制能力低，商业银行的不良资产比率高，不少地区的银行与大量非法金融机构内外勾结进入股票、期货市场从事违法违规行为，再加上 1997 年受亚洲金融危机的影响，国内经济受到较大影响，企业大范围亏损和倒闭，导致银行呆坏账大范围出现，影响了技术效率提高。从银行业机构类型看，不同类型商业银行在第一阶段技术效率增长的整体趋势基本相似，均表现为缓慢增长，但具体的技术效率水平仍存在一定差异。其中，城市商业银行的技术效率最高，股份制商业银行最低，大型商业银行技术效率处于中间水平。这主要是由于研究样本的城市商业银行大部分成立于 1995~1998 年，成立时间短，优质资产占比高、不良资产占比小，企业经营包袱小。此外，城市商业银行普遍具有较高的政治联系，与当地政府建立良好的关系，容易得到政府的倾斜性支持，对当地客户资信状况和管理经营的效果也容易有更为准确的把握。这些优势促使其技术效率明显高于其他类型的商业银行，大型商业银行虽然在这一阶段进行了不良资产剥离工作，但长期以来承担了大量的金融体制改革成本，产权不清晰、法人治理结构不完善，导致技术效率低于城市商业银行。而股份制银行由于此阶段主要业务区域在沿海开放城市，在亚洲金融危机中遭受较大冲击，而其他区域的业务仍处于规模拓展阶段，并未带来明显的收益，使其技术效率最低。

第二阶段，我国商业银行技术效率保持持续增长，且各类型商业银行之间的技术效率差距在逐步缩小、呈收敛趋势。从银行业机构类型看，城市商业银行的技术效率仍然最高，大型商业银行、股份制商业银行排列其后，但不同之处在于各类商业银行之间的技术效率差距逐步缩小，呈收敛趋势，其中股份制商业银行的技术效率从 2005 年开始大幅度提高，这主要得益于股份制商业银行经历了较长时间的改革，制度较为完善，前期大量区域性网点拓展的付出逐渐获得回报，具有一定的竞争力。2008 年全球金融危机对世界经济格局产生较大影响，中国银行业也备受牵连，商业银行效益普遍受到影响，2009 年的技术效率大幅度下降。自 2008 年起，中国政府为了应对世界金融危机的影响，推出了 4 万亿元的经济刺激一揽子拯救方案，各地区也纷纷出台经济刺激计划。在这其中，商业银行充当了主力推手，国家通过扩大商业银行贷款规模，推动各项经济拯救计划的落实，促使商业银行的效益大幅度提升。此外，各地方政府通过各银行进行了大规模的地方债务融资，用于经济刺激计划，这些举措都扩大了中国银行业的贷款规模，推动商业银行效益大幅度上升，技术效率迅速提高，但受其负面影响，2011 年技术效率呈下降趋势。

第三阶段，各银行技术效率的表现与前两个阶段有明显不同，股份制商业银行技术效率大幅度提升，超过大型商业银行和城市商业银行。究其原因，首先，可能是由于股份制商业银行成立时间没有大型商业银行长，分支机构数量相对较少、实力也相对较弱，而与城市商业银行相比与地方经济的联系程度又较弱，这促使其必须不断加强业务创新，实施差异化的竞争战略，提高中间业务收入占比，这为它们带来了丰厚的经济效益。其次，由于绝大部分股份制商业银行都引入了境外战略投资者，战略投资者的先进管理经验、信息技术、产品创新能力以及风险管理能力，在一定程度上推动了股份制商业银行技术效率的提升。最后，大型商业银行和城市商业银行在中国政府要求银行大举放贷支持经济的行政干预下，放松了风险管控，最终导致其不良贷款的持续增长，影响其技术效率提升。

为进一步分析外资银行对中国银行业技术效率的学习效应，我们又计算了包括外资银行在内的 2007~2011 年各类银行技术效率变化趋势，如表 6.4 和图 6.3 所示。

表 6.4　2007~2011 年我国商业银行技术效率（含外资银行）

年份	我国商业银行	大型商业银行	股份制商业银行	城市商业银行	外资银行
2007	0.3103	0.2549	0.2097	0.1579	0.5146
2008	0.3102	0.2383	0.1865	0.2308	0.4779
2009	0.3603	0.3773	0.2842	0.3125	0.4406
2010	0.5638	0.7247	0.6069	0.5784	0.4671
2011	0.5018	0.5992	0.5170	0.4486	0.4989
平均值	0.4093	0.4389	0.3609	0.3456	0.4798

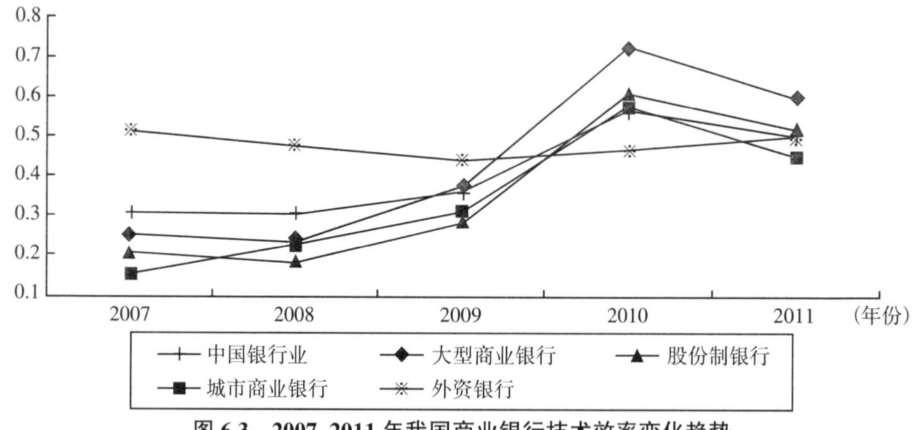

图 6.3　2007~2011 年我国商业银行技术效率变化趋势

从表 6.4 和图 6.3 中可以看出，2007~2009 年，外资银行刚开始在我国进行实质性经营的前三年，外资银行的效率明显高于国内银行，2007 年外资银行的效率值分别是大型商业银行、股份制银行和城市商业银行的 201.88%、245.40%和 325.94%，在学习效应的带动下，国内商业银行充分学习外资银行的管理经验和业务创新模式，与外资银行的技术效率在不断缩小，2008 年外资银行的效率值分别是大型商业银行、股份制商业银行和城市商业银行的 200.53%、256.26%、207.06%，差距幅度明显低于 2007 年；到 2009 年外资银行的效率已经非常接近内资银行，分别是大型商业银行、股份制商业银行和城市商业银行的 116.78%、155.00%和 140.98%。从 2010 年起，外资银行的技术效率已经被国内银行所超越，只有大型商业银行、股份制银行和城市商业银行的 64.46%、76.96%和 80.76%，2011 年基本保持该趋势。

6.1.4.2 我国商业银行无效率分解及其说明

计算SBM方向性距离函数时需要选择合适的方向性向量以便于将投入和产出的松弛变量标准化后得到效率的值，我们选择将每一个研究样本各投入产出变量的实际值作为方向向量。按照前述技术无效率计算方法，我们对1998~2011年所有研究样本的无效率进行了分解，如表6.5所示。无效率值越大，表示研究样本的技术效率水平越低，只有当结果为零时，表示该银行在生产前沿边界上，不存在投入使用过多、好产出不足和非合意产出过多的现象。王兵（2010）在研究区域环境无效率值时，分别计算了规模报酬不变（CRS）和规模报酬可变（VRS）两种假设条件下的环境无效率，结果发现CRS和VRS下的值有较大差异，他建议应当运用VRS下得到的结果。因此，本书借鉴王兵（2010）的研究方法，基于规模报酬可变的前提条件而计算1998~2011年我国商业银行的无效率值，结果如表6.5所示。从表6.5可以看出，在VSR假设条件下，从银行业整体来看，无效率值为38.99%，其中投入无效率值为20.13%，占51.6%；产出无效率为18.86%，占48.4%。换而言之，我国银行业的效率提升可以通过改善投入和产出实现，减少20.13%的投入，提高18.86%的产出即可达到生产前沿面。再进一步深入分解，投入无效率中固定资产无效率最高，为8.82%，占投入无效率的43.8%，其次为非利息支出无效率和存款余额无效率。在产出无效率值中，中间业务收入和不良贷款最高，分别占总无效率值的18.6%和18%，分别占产出无效

表6.5 1998~2011年我国商业银行无效率分解

		大型商业银行	股份制商业银行	城市商业银行	全国平均
投入无效率	存款余额无效率	0.0636	0.059	0.045	0.0559
	非利息支出无效率	0.0628	0.0612	0.0477	0.0572
	固定资产无效率	0.1204	0.0934	0.0508	0.0882
	小计	0.2468	0.2136	0.1435	0.2013
产出无效率	中间业务收入无效率	0.0587	0.0541	0.1045	0.0724
	净利润无效率	0.0357	0.0434	0.0595	0.0462
	非合意产出无效率	0.0922	0.0635	0.0542	0.0699
	小计	0.1865	0.1609	0.2183	0.1886
无效率值合计		0.4333	0.3746	0.3618	0.3899

率的38%和37%，净利润无效率值相对较低。综上所述，我国银行业的无效率可以通过减少14.34%的存款余额，降低14.67%的非利息支出，出售22.63%的固定资产，同时增加18.58%的中间业务收入，提高11.84%的净利润，降低17.94%的不良贷款来实现改善。这也说明：第一，我国银行业盈利能力较强，已经不是提高竞争能力的重点；第二，我国银行业提高技术效率和减少无效率的重点不在于盖多少高楼、装修多么豪华，而在于提高创新能力，增强存、贷款之外的收入能力，同时加强内部风险管控，降低不良贷款余额。

从机构类型看，城市商业银行无效率值最低，股份制商业银行次之，大型商业银行最高，这与表6.3中我们计算的各类商业银行的技术效率排序相同。

（1）大型商业银行无效率值为43.33%，其中投入无效率值为24.68%，占57%；产出无效率为18.65%，占43%。对大型商业银行而言，主要是投入无效率驱动的，其中固定资产是主要因素，这说明大型商业银行这几年重点跑马圈地、大兴土木的运营方式对效率提升形成比较明显的负面作用。在产出无效率中，不良贷款是主要因素，说明大型商业银行虽然在剥离不良贷款、降低风险方面做了大量工作，但是在改善资产质量方面仍有较大空间，必须学习外资银行控制内部风险的经验和做法。

（2）股份制商业银行无效率值为37.46%，投入无效率值为21.36%，占57%；产出无效率为16.09%，占43%。对股份制商业银行而言，无效率主要也是投入无效率驱动，其中固定资产是主要因素，这说明股份制商业银行需要重视因盲目扩张办公、营业场所形成的固定资产比重不断上升的问题，避免过于关注基础设施等硬件建设。在产出无效率中，不良贷款最高，但中间业务收入和净利润的产出无效率也应该引起高度重视。

（3）城市商业银行无效率值为36.18%，投入无效率值为14.35%，占40%；产出无效率为21.83%，占60%。对城市商业银行而言，其无效率是产出无效率驱动的。在产出无效率中，中间业务收入和净利润应该引起高度重视，在学习外资银行经营管理时，重点加强创新能力建设，减少对传统存贷款业务的依赖，创新产品，拓展其他服务项目和领域，改善非利息业务收入占比过低的现状。

6.1.4.3 我国商业银行全要素生产率变动分解及其说明

与生产效率的静态指标相比，全要素生产率属于动态指标，用来分析生产率的变动情况。按照前面对 Luenberger 指数的介绍，我们把 Luenberger 指数分解为纯效率变化（LPEC）、纯技术进步（LPTP）、规模效率变化（LSEC）和技术规模变化（LTPSC）。LTFP 反映研究样本与上一年度相比，全要素生产率的变化情况，其中如果上述指标大于 0，则说明技术效率改善、技术进步、规模效率提高和技术偏离规模报酬不变（CRS）；如果小于 0，则说明技术效率下降，技术退步、规模效率降低和技术向规模报酬不变移动。各项指标数值经计算、整理后如表 6.6 所示。

表 6.6 我国商业银行全要素生产率变动分解

单位：%

年份	全要素生产率变化（LTFP）	纯效率变化（LPEC）	纯技术进步变化（LPTP）	规模效率变化（LSEC）	技术规模变化（LTPSC）
1998~1999	-1.42	-7.14	12.36	-0.32	-6.31
1999~2000	1.60	0.61	9.84	0.01	-8.86
2000~2001	-3.68	-5.23	11.36	1.50	-11.31
2001~2002	0.14	1.53	8.85	-4.69	-5.54
2002~2003	-2.96	1.73	37.76	-5.18	-37.27
2003~2004	-3.90	-0.39	12.74	-3.04	-13.21
2004~2005	1.17	8.24	11.07	-6.56	-11.58
2005~2006	6.75	3.17	18.21	4.15	-18.77
2006~2007	12.05	1.78	30.91	8.61	-29.25
2007~2008	9.20	1.99	19.89	-0.91	-11.77
2008~2009	-1.70	-4.53	5.90	1.98	-5.05
2009~2010	3.42	1.18	9.79	2.67	-10.23
2010~2011	10.35	1.01	21.71	6.58	-18.96
平均	2.39	0.30	16.18	0.37	-14.47

（1）我国商业银行全要素生产率变动分解分析。从表 6.6 中可以看出，我国商业银行业全要素生产率在 1998~2011 年不断提升，年均提高 2.39%，说明商业银行业全要素生产率总体是向好的方向演变，这与表 6.3 的研究结果相一致。商业银行市场从过渡期到全面开放期以来，银行业除了不断学习外资银行的管理、经营和商业模式外，还不断地将学习效果应用于实践，不断地提高自己的生产效率，增强综合实力和市场竞争能力，为参与国际竞争打下了良好的基础。

利用 Luenberger 指数进一步对全要素生产率的变动情况进行分解，我们发现，1998~2011 年，纯效率、纯技术进步、规模效率变化、技术规模年均变化分别为 0.30%、16.18%、0.37%和−14.47%，除技术规模变化下降外，其他三项指标对银行业全要素生产率变动都起到了正向作用。由此可知，我国商业银行 TFP 的提升主要是由于技术进步驱动（16.18%），明显高于规模效率的贡献，这充分说明银行业在不断开放的过程中，外资银行的技术溢出效应明显，内资银行通过向外资银行学习，实现技术扩散、技术转移、技术创新，使中国银行业生产前沿的边界移动，带动经营效率的提高。而纯技术效率平均每年只提升 0.30%，说明银行业在生产经营过程中的管理水平还相对较低；规模效率平均每年提升 0.37%，也说明依靠大规模地扩大经营网点、增加营业机构的粗放式经营对 TFP 的提高有限，这也与上一节我们计算的无效率结果正好吻合。

传统经济理论认为，一般而言企业的生产规模报酬随企业不同生命周期呈现如下的变化规律：当企业从无到有，进入引入和成长期，企业生产规模快速增长，这时企业生产曲线处在规模报酬递增阶段，即企业生产规模较小的变动将带来较大的回报，报酬成倍数的增长；随着企业进入成熟期，企业的生产规模逐渐扩大，而此时企业的回报也逐渐进入规模不变的阶段，即产量与各种投入的生产要素同比例变动；当企业进入衰退期，市场份额保持较高水平，如果这个时候继续扩大企业生产规模，就有可能出现进入规模报酬递减现象，即收益的回报增加幅度明显低于生产投入增加幅度。我们还发现，我国银行业技术规模平均每年下降 14.47%，说明生产曲线越发接近规模报酬不变，这是由于随着经济社会的发展，银行业在经历自我保护式发展、过渡期、全面开放竞争三个阶段后，逐渐进入成熟期，银行业的生产曲线向规模报酬不变靠近，降低了全要素生产率的提高。

表 6.7 大型商业银行业全要素生产率变动分解

单位：%

年份	全要素生产率变动（LTFP）	纯效率变化（LPEC）	纯技术进步变化（LPTP）	规模效率变化（LSEC）	技术规模变化（LTPSC）
1998~1999	6.75	17.07	9.90	−10.73	−9.49
1999~2000	2.73	0.84	26.65	1.07	−25.83
2000~2001	7.03	−8.47	32.77	15.22	−32.49
2001~2002	−3.43	−1.37	18.76	−7.28	−13.54

续表

年份	全要素生产率变动(LTFP)	纯效率变化(LPEC)	纯技术进步变化(LPTP)	规模效率变化(LSEC)	技术规模变化(LTPSC)
2002~2003	-4.44	0.31	103.86	-5.39	-103.23
2003~2004	-3.89	-0.65	21.98	-3.24	-21.98
2004~2005	-5.10	13.40	14.15	-18.50	-14.15
2005~2006	2.53	-2.16	27.84	4.69	-27.84
2006~2007	7.00	4.82	40.15	2.18	-40.15
2007~2008	2.88	-7.23	35.97	10.11	-35.97
2008~2009	7.46	0.91	13.54	4.20	-11.19
2009~2010	4.50	0.03	16.39	4.47	-16.39
2010~2011	6.55	1.28	26.78	5.27	-26.78
平均	2.35	1.44	29.90	0.16	-29.16

表 6.8 股份制商业银行全要素生产率变动分解

单位：%

年份	全要素生产率变动(LTFP)	纯效率变化(LPEC)	纯技术进步变化(LPTP)	规模效率变化(LSEC)	技术规模变化(LTPSC)
1998~1999	-4.43	-24.15	21.17	7.35	-8.81
1999~2000	-4.29	-0.32	0.53	-4.13	-0.36
2000~2001	-4.89	3.90	1.32	-8.78	-1.32
2001~2002	-0.94	7.01	3.20	-8.31	-2.84
2002~2003	-0.68	6.19	7.82	-6.88	-7.81
2003~2004	2.05	7.15	13.22	-3.78	-14.54
2004~2005	-0.25	3.65	16.20	-2.15	-17.94
2005~2006	8.59	1.13	24.15	7.74	-24.43
2006~2007	16.93	-2.05	39.64	18.20	-38.86
2007~2008	1.87	5.77	7.27	-13.51	2.34
2008~2009	1.79	0.54	3.48	1.28	-3.51
2009~2010	8.11	4.47	12.27	4.4	-13.07
2010~2011	18.05	-1.31	32.07	12.64	-25.35
平均	3.22	0.92	14.02	0.32	-12.04

表 6.9　城市商业银行全要素生产率变动分解

单位：%

年份	全要素生产率变动（LTFP）	纯效率变化（LPEC）	纯技术进步变化（LPTP）	规模效率变化（LSEC）	技术规模变化（LTPSC）
1998~1999	-6.58	-14.36	5.99	2.43	-0.64
1999~2000	6.36	1.33	2.34	3.08	-0.40
2000~2001	-13.19	-11.13	0.00	-1.95	-0.12
2001~2002	4.80	-1.06	4.60	1.51	-0.24
2002~2003	-3.75	-1.31	1.59	-3.26	-0.77
2003~2004	-9.87	-7.68	3.04	-2.12	-3.11
2004~2005	8.85	7.68	2.86	0.97	-2.65
2005~2006	9.14	10.55	2.63	0.02	-4.05
2006~2007	12.22	2.58	12.93	5.45	-8.74
2007~2008	22.85	7.42	16.42	0.67	-1.66
2008~2009	-14.34	-15.05	0.69	0.46	-0.44
2009~2010	-2.35	-0.95	0.72	-0.90	-1.22
2010~2011	6.44	3.06	6.30	1.84	-4.75
平均	1.58	-1.46	4.62	0.63	-2.21

（2）不同机构类型商业银行全要素生产率变动及其分解分析。由表 6.7 至表 6.9 可知，从不同类型的商业银行看，股份制商业银行全要素生产率年均增长最高，为 3.22%，大型商业银行次之，为 2.35%，城市商业银行最低，为 1.58%。大型商业银行全要素生产率变动主要驱动因素为纯技术进步、纯效率、规模效率，分别年均提升 29.90%、1.44%和 0.16%。反映大型商业银行通过股份制改造、引进战略投资者等改革，加快了学习外资银行的步伐，学习效应带来的技术进步效应较其他两类银行明显大，一方面是在金融市场开放前，由于大型商业银行垄断了主要国内金融市场，造成技术水平较低，从而使其技术进步增长幅度具有较大空间；另一方面说明大型商业银行的硬件设置、管理基础较好，如果辅之以外资银行的先进管理技术，则技术进步效益具有明显增长。纯技术效率提升较低，主要还是由于银行的管理体制较为僵化，激励机制不明显从而影响了生产效率提升。而规模效率平均每年提升只有 0.16%，这与表 6.4 中大型商业银行的固定资产投入无效率最大相一致，说明应加快转变发展方式，避免简单依靠规模制

胜。技术规模平均每年下降 29.16%，与其他两类相比，生产曲线接近规模报酬不变的程度更近，经过长时间的经营发展，进入成熟期的现象更明显。

股份制商业银行全要素生产率平均每年提升 3.22%，其主要驱动因素为纯技术进步，年均提升 14.02%，纯效率年均提升 0.92%，规模效率年均提升 0.32%。技术进步影响力较大型商业银行相比较低，反映出股份制商业银行较早地通过股权结构多元化，法人治理结构较好，更有利于学习掌握先进技术，再加上由于成立时间较大型商业银行晚，技术进步基础较好。纯技术效率平均每年提升 0.92%，在三类机构类型中最高，与前述研究相符，反映出股份制商业银行通过灵活的创新机制带动了内部生产效率提升。而规模效率平均每年提升只有 0.32%，说明股份制商业银行的规模效率并不明显，也应加快转变发展方式，避免简单依靠要素投入拉动发展。技术规模平均每年下降 12.04%，明显低于大型商业银行，说明其生产曲线距离规模报酬不变的距离远于大型商业银行，这也反映出与前者相比，股份制商业银行要晚进入成熟期。

城市商业银行全要素生产率平均每年提升 1.58%，其主要驱动因素为纯技术进步年均提升 4.62%，纯效率年均下降 1.46%，规模效率年均提升 0.63%。技术进步影响较大型商业银行、股份制商业银行低，反映出技术转化、技术扩散、技术创新现象在城市商业银行并不明显：一是城市商业银行成立时间最短，成立之时较为容易采用先进的生产技术；二是城市商业银行主要属于地方管理银行，开放程度较其他两类银行低，吸收国外科技进步的能力也较弱。这种现象在技术效率提升方面同样存在，由于受地方政府的区域性保护，城市商业银行竞争能力较弱，随着银行业的整体开放，竞争加快，而其竞争能力不足带来纯技术效率逐年下降。规模效率平均每年提升只有 0.63%，高于其他两类银行，说明城市商业银行在扩大经营网点、增加营业机构的效果还是比其他两类银行明显，还有一定的拓展空间。技术规模年均下降 2.21%，明显低于大型商业银行和股份制银行，说明其生产曲线距离规模报酬不变的距离较远，仍处于规模报酬递增的阶段，适当地扩大生产要素投入，扩大经营规模是不错的选择。

6.2 实证模型选取：面板门限模型

6.2.1 基本概念

门限模型是典型的非线性模型，当模型所研究的问题中涉及结构突变带来的不同状态时，被解释变量与解释变量之间的结构关系会在不同状态之间产生类似电子跃迁形式的变化，而门限模型通常首先设定门限变量，其次通过观察该变量在某一特定临界值（即门限值）左右的表现，来捕捉各变量之间结构关系的跃迁转换特征。门限回归模型可以在统计理论上被看成是分组检验的扩展。传统上，分组检验需要解决的一个关键问题是如何有效地确立分组标准，这一标准的确立常常更多地依赖于研究者主观偏好，从而导致模型产生随机性偏差，而面板门限回归模型最大的优点在于无须设定分组标准。Chan 在 1993 年的研究中指出，回归中的门限变量越接近门限值水平，估计模型的残差平方和越小。因此，面板门限模型通过采用格点搜寻法寻找能够使估计方程的残差平方和最小的门限值，可以有效克服分组检验中分组标准主观判断的缺点。

6.2.2 基本模型

Hansen 在 1999 年提出了面板门限模型（PTR）的原始模型——非动态面板门限回归模型。他认为结构变化内生于经济系统当中，因此，要在模型中通过内生方式引入一个关于门限变量的示性函数来考察面板数据模型截面上的异质性。当模型中的门限变量超越门限值时，模型就会发生结构性突变，即模型将按照取不同值的门限变量而将不同的截面个体分割在不同的区制内，每一个区间内使用不同的回归方程，并对各区制中自变量和因变量之间的关系分别进行估计。通过这样的模型设定可以帮助我们更好地捕捉各变量之间更为准确的非线性关系。Hansen（2004）在其自己提出的非动态面板门限回归模型基础上，构建了一个包含外生性门限变量的动态面板门限模型，使得面板门限模型的理论体系更加完整。而 Kremer（2013）进一步指出，面板门限模型中的个体效应可以通过使用 Arellano 和 Bover（1995）向正交离差法来消除，可以避免门限变量发生门限值转换后模型残差项存在序列相关的问题，从而保证了在动态面板门限模型中应用静态面板门限模型的分布理论。在此理论基础上，Kremer 改进了 Hansen 在 2004 年提出的动态面板门限模型方法，提出了比较完整的估计和检验动态面板门限回归模型的理论方法。该方法一经出现就在理论界得到广泛应用，如 Shen 和 Wang（2005）、程建和连玉君（2006）、唐志军和周泳宏（2009）、Galimberti（2009）等。

6.2.2.1 单一面板门限模型

Hansen（1999）的非动态面板门限是回归模型中最简单的情形，是仅包含一个被解释变量、一个解释变量和一个门限变量的平衡面板模型，假设该平衡面板数据的截面单元数为 i，时间长度为 t，则有：

$$y_{it}=\mu_i+\beta_1 x_{it} I(q_{it}\leqslant\gamma)+\beta_2 x_{it} I(q_{it}>\gamma)+e_{it} \tag{6-15}$$

式中，I(·)为（0，1）虚拟变量，使用分段函数的形式，式（6-15）也可以表示为：

$$y_{it}=\begin{cases}\mu_i+\beta_1 x_{it} & \text{if} \quad q_{it}\leqslant\gamma \\ \mu_i+\beta_2 x_{it} & \text{if} \quad q_{it}>\gamma\end{cases} \tag{6-16}$$

若设 $\beta=(\beta_1, \beta_2)$，则有：

$$y_{it}=\mu_i+\beta^T x_{it}(\gamma)+e_{it} \tag{6-17}$$

若给定 γ，则可以使用普通最小二乘法（OLS 方法）对 β 进行估计：

$$\hat{\beta}(\gamma)=(X^*(\gamma)^T X^*(\gamma))^{-1} X^*(\gamma)^T Y^* \tag{6-18}$$

回归模型的残差可以表示为：

$$\hat{e}^*(\gamma)=Y^*-X^*(\gamma)\hat{\beta}(\gamma) \tag{6-19}$$

方程的残差平方和则为：

$$S_1(\gamma)=\hat{e}^*(\gamma)^T\hat{e}^*(\gamma) \tag{6-20}$$

故能够使得方程残差平方和最小的 γ 值，就是模型门限值的估计值：

$$\hat{\gamma}=\arg\min S_1(\gamma) \tag{6-21}$$

一旦得到$\hat{\gamma}$，则方程斜率系数的估计值和残差向量分别为：

$$\hat{\beta}=\hat{\beta}(\hat{\gamma});\ \hat{e}^*=\hat{e}^*(\hat{\gamma}) \tag{6-22}$$

残差平方具体为：

$$\hat{\sigma}^2=\frac{S_1(\hat{\gamma})}{n(T-1)} \tag{6-23}$$

6.2.2.2 多重面板门限模型

以上理论内容假设仅存在一个门限，即所谓的单一门限模型，除此之外模型还可以扩展。Hansen（1999）特别指出，在面板门限模型中可以加入不同研究目标所需的各种状态控制变量，这一做法仅仅会影响到解释变量的回归估计系数，对其产生调整作用，但并不会影响解释变量系数估计量的抽样分布。因此，根据Hansen 的理论，从计量角度看，单一门限模型还可以扩展为多重门限模型。下面以双重门限模型为例简要说明，多重门限模型可以基于此方便地进行扩展，模型设定为：

$$y_{it}=\mu_i+\beta_1 x_{it} I(q_{it}\leqslant\gamma_1)+\beta_2 x_{it} I(\gamma_1<q_{it}<\gamma_2)+\beta_3 x_{it} I(q_{it}\geqslant\gamma_2)+e_{it} \tag{6-24}$$

式中，$\gamma_1<\gamma_2$。

该模型的估计方法是在单一门限模型基础上提出来的。具体的估计方法是：我们首先假设单一门限模型的门限值是已知的，其次采用传统方法对第二个门限值进行估计。而这种估计方法还存在缺陷，Bai 在 1997 年就指出这种估计方法得出的第二个门限阈值估计量虽然具有渐进有效性，但模型中的第一个门限值估计量却不具有此性质。为了解决这一缺陷，就需要重新固定第二个门限值，再对模型中的第一个门限值进行估计。在得到第二个门限值之后，就可以估计回归模型此时的残差平方和 S_2^y（γ_2）：

$$S_2^y(\gamma_2)=\begin{cases}S(\hat{\gamma}_1,\ \gamma_2),\ \hat{\gamma}_1<\gamma_2\\ S(\gamma_1,\ \hat{\gamma}_2),\ \gamma_2<\hat{\gamma}_1\end{cases} \tag{6-25}$$

第二个门限估计使得式（5-25）门限值最小，即

$$\hat{\gamma}_2^y=\arg\min S_2^y(\gamma_2) \tag{6-26}$$

6.2.3 面板门限模型的检验方法

6.2.3.1 单一面板门限模型的检验方法

在得到了式（6-21）中相关参数估计量的估计值之后，还需要进行两类假设

检验：一是检验门限效应是否显著；二是检验门限值的估计值是否等于其真实值。

第一类：有关门限值是否显著的假设检验。

原假设：$H_0: \beta_1=\beta_2$

备择假设：$H_1: \beta_1\neq\beta_2$

检验统计量为：

$$F_1=\frac{S_0-S_1(\hat{\gamma})}{\hat{\sigma}^2} \tag{6-27}$$

式中，S_0 是在原假设 H_0 成立条件下回归模型的残差平方和。

第二类：有关门限估计值是否为真实值的假设检验。

原假设：$H_0: \hat{\gamma}=\gamma_0$

备择假设：$H_1: \hat{\gamma}\neq\gamma_0$

检验统计量为：

$$LR(\gamma)=\frac{S_1(\gamma)-S_1(\hat{\gamma})}{\hat{\sigma}^2} \tag{6-28}$$

式中，γ_0 是门限变量值的真实取值。

6.2.3.2 多重面板门限模型的检验方法

多重门限模型和单一门限模型相比在估计和检验方法上差别不大，关键的问题在于如何确定多重门限模型的门限数量。Hansen 为这一问题提供了解决方法，他通过构造如下的检验统计量：

$$F_2=\frac{S_1(\hat{\gamma})-S_2^{\gamma}(\hat{\gamma}_2)}{\hat{\sigma}^2} \tag{6-29}$$

利用式（6-29）检验估计出来的两个门限（或多重门限）的残差平方和是否存在显著差异。该检验统计量的渐进分布使用 Hansen 所提出的 Bootstrap 方法获得，进而可以计算出其 P 值。如果统计量 F_2 通过了显著性检验，则表明第二个门限估计量在统计上是显著的，然后可以继续进行第三个门限的搜索与检验，并以此类推直至检验的门限估计量不再显著为止。

6.3 外资银行进入对我国商业银行全要素生产率的影响分析

6.3.1 基本假设及模型设定

前文已经论述过，关于外资银行进入对东道国商业银行效率的影响，目前主要有两种不同的观点，即“鲶鱼效应”假说和“选摘樱桃效应”假说。对于前者，很多国家的学者和政策执行者都认为外资银行的进入，会给东道国商业银行带来强大的竞争压力，产生“鲶鱼效应”，迫使东道国商业银行改进管理水平和技术，从而提高商业银行效率。同时，外资银行在金融创新上具有丰富的经验，可以促使东道国商业银行快速地吸收掌握外资银行先进的管理经验、提高金融服务水平和金融产品开发能力。尽管“鲶鱼效应”假说得到众多学者的支持，也成为很多发展中国家实施金融改革的政策依据，但也有不少文献表明，外资银行进入带来的却是“选摘樱桃效应”，即外资银行将凭借自身的优势挑选盈利状况好的优质客户，这种高端客户竞争常常导致东道国商业银行难以扩充资本、经营成本上升、利润空间缩小。为了控制风险持续生存下去，东道国国内商业银行不得不紧缩信贷，以缓解资本压力，甚至可能会无力应对这种竞争压力，从而被迫承担较高风险，这将损害商业银行效率的提高。

总结现有文献关于外资银行进入对东道国商业银行效率影响的分歧来看，它们在学术范围内的研究并未达成共识，许多经验证据还存在着各种矛盾。值得注意的是，现有文献普遍采用线性模型来考察外资银行进入对东道国商业银行效率的影响，假设不论外资银行进入的程度如何，“鲶鱼效应”和“选摘樱桃效应”中某一方面均占绝对优势，采用线性模型是比较合适的。但现有文献已表明，上述两种效应在实证中都获得了支持，即外资银行的进入会对东道国商业银行效率同时产生正面影响和负面影响，此时仍采用单一的线性模型将难以符合事实特征。

近些年的研究已经表明，影响商业银行效率的因素可归纳为宏观经济、行业和银行本身三个层面。但除此之外，外资银行的进入也是不容忽视的重要因素，尤其是中国金融市场完全对外开放以后，这种影响变得更加举足轻重。故本书认为，在其他条件不变的情况下，“鲶鱼效应”与“选摘樱桃效应”这两种效应可能同时存在于外资银行进入的过程中，并且与外资银行进入的程度密切相关。当外资银行进入的程度较低时，适度的竞争压力和先进的管理水平会给我国商业银行带来积极的示范作用，会促进商业银行效率的提升，此时“鲶鱼效应”起到主导作用。当外资银行进入程度超过一定的适度水平时，会对我国商业银行造成冲击，影响效率的提升，此时“选摘樱桃效应”发挥主导作用。基于此，本书提出假设：在外资银行进入程度逐渐提高的过程中，外资银行进入对我国商业银行效率的影响会在某一水平处发生方向性变化，即存在“门限效应”。故本章在 Claessens（2001）基本计量模型的基础上，构建有关外资银行进入对我国商业银行效率影响的门限模型，具体如下：

$$LTFP_{it} = \alpha + \beta_1 D_{it} F_{it} + \beta_2 (1 - D_{it}) F_{it} + \beta_3 GDPG_t + \beta_4 Inv_t + \beta_5 HHI_t + \beta_6 GB_t + \beta_7 Stock_t + \beta_8 Ins_t + \beta_9 N_{it} \tag{6-30}$$

式中，$LTFP_{it}$ 为商业银行效率，本书用全要素生产率来表示；F_{it} 为外资银行进入的程度，D_{it} 为虚拟变量，取值为 0 和 1，具体如下式：

$$D_{it} = \begin{cases} 0 & F_{it} \leqslant \tau \\ 1 & F_{it} > \tau \end{cases} \tag{6-31}$$

式中，F_{it} 为门限变量，τ 为门限值，剩余变量为影响银行业效率的其他控制变量，包括宏观经济、行业和银行本身三个层面。

6.3.2 指标选取与样本说明

本节中商业银行效率指标采用我国商业银行的全要素生产率，它能全面反映银行业技术效率、技术进步和规模效应等情况，具体数值采用本章第一节中估算得到的样本商业银行 TFP 数值。其他影响商业银行效率的指标具体说明如下：

外资银行进入程度。早在 1996 年，就有一部分境外战略投资者通过注资内资商业银行的方式，进入国内金融市场，其后外资银行不断扩大在华投资份额，对我国商业银行效率影响较大。因此，本节用外资银行参股国内商业银行的比例来反映外资银行进入程度。

我们从宏观经济、行业和银行三个层面选择对商业银行效率产生影响的控制变量，分别如下：

(1) 宏观经济层面因素，选用 GDP 增长率和全社会固定资产投资增长率等指标，用于反映银行业外部宏观环境。一般来说，地区经济越发达，金融发展水平越高。

(2) 行业层面因素，选用赫芬达尔指数（HHI）衡量银行业的市场结构，反映银行业垄断竞争情况；选用国有股权比重来衡量产权结构，这里参考 Rafael（2002）的计算方法，公式如下：

$$GB_t = \frac{\sum_{i=1}^{22} GB_{it}\alpha_{it}}{\sum_{i=1}^{22} \alpha_{it}} \tag{6-32}$$

式中，i 表示有外资银行参股的第几家银行，i=1，2，…，22，即这里选用本章第一节中有外资银行参股的 22 家内资商业银行；GB_t 为按股份计算总的国有股权比重；$\sum_{i=1}^{22}\alpha_{it}$ 表示 22 家内资商业银行的资产总额；GB_{it} 表示第 i 家银行的国有股权比重；$\sum_{i=1}^{22}GB_{it}\alpha_{it}$ 表示 22 家内资商业银行中国有股权的资产总额。

另外，本书还借鉴 Yildirim 和 Philippatos（2007）的研究，采用衡量股票市场和保险市场发展程度的指标，前者用股票总市值与 GDP 之比，后者用保费收入与 GDP 之比，来考察我国直接融资的发展壮大对商业银行效率的影响。

(3) 银行层面，采用各银行中间业务收入与主营业务收入占比来衡量各商业银行的创新能力和业务增长潜力。上述研究变量的具体说明，如表 6.10 所示。

表 6.10　各研究变量的含义

变量类别	符号	含义
商业银行效率	$LTFP_{it}$	第 2 节中估算的各银行全要素生产率
外资银行进入程度（%）	F_{it}	外资银行参股比例（%）
宏观经济层面	$GDPG_t$	GDP 增长率
	Inv_t	全社会固定资产投资增长率

续表

变量类别	符号	含义
行业层面	HHI_t	银行业市场结构
	GB_t	银行业产权结构
	$Stock_t$	股票总市值与 GDP 之比
	Ins_t	保险业保费收入与 GDP 之比
银行层面	N_{it}	中间业务收入与主营业务收入之比

本节选用 2005~2011 年我国 22 家商业银行的数据，包括 4 家大型商业银行，9 家股份制商业银行，9 家城市商业银行，具体样本银行如表 6.11 所示。样本银行选取的依据为：首先，这 22 家样本银行资产总额较大，是我国商业银行的主体；其次，这 22 家商业银行全部都有外资银行参股且外资银行进入时间较早，具有代表性；最后，这些银行绝大多数为上市银行，数据具有连续性且比较容易获得。因此，对它们的研究足以揭示外资银行进入对整个我国商业银行效率影响的状况。数据来源于 BvD 系列数据库中的 BankScope（全球银行与金融机构分析库）、《中国银行业监督管理委员会年报》《中国人民银行统计公报》《中国统计年鉴》《中国金融年鉴》以及各银行年报。对于少数缺失值，采用插入法进行补充。各变量的描述性统计如表 6.12 所示。

表 6.11 外资银行参股的 22 家内资商业银行

序号	银行名称	序号	银行名称	序号	银行名称
1	中国银行	9	中信银行	17	重庆银行
2	工商银行	10	兴业银行	18	大连银行
3	建设银行	11	光大银行	19	杭州银行
4	交通银行	12	招商银行	20	宁波银行
5	华夏银行	13	浦发银行	21	天津银行
6	民生银行	14	北京银行	22	西安银行
7	广发银行	15	上海银行		
8	平安银行	16	南京银行		

表 6.12 各研究变量的描述性统计

变量	均值	标准差	最小值	最大值
$LTFP_{it}$	1.00018	0.25079	0.22709	1.87336
F_{it}	0.01938	0.00233	0.01500	0.23800
$GDPG_t$	0.09560	0.00994	0.07800	0.11400
Inv_t	0.25030	0.23881	0.20300	0.30100
HHI_t	0.14667	0.01384	0.12354	0.16577
GB_t	0.60642	0.23268	0.47231	0.74264
$Stock_t$	0.50131	0.29143	0.17536	1.23073
Ins_t	0.02949	0.00308	0.02607	0.03618
N_{it}	0.11431	0.07904	-0.03799	0.43335

6.3.3 实证结果及其分析

我们首先要解决的问题是确定门限值是否存在，以及存在的门限个数和门限值。我们根据 Hansen（1999）的方法，分别在不存在门限、一个门限和两个门限的情况下对模型（6-30）进行估计，得到全部样本银行和分类样本银行的 F 统计量和采用自抽样法得出的 P 值，如表 6.13 所示。

表 6.13 全样本银行门限效果检验

	外资银行参股比例				
	F 值	P 值	1%	5%	10%
单一门限检验	5.193**	0.023	7.853	4.083	2.955
双重门限检验	1.055	0.283	7.953	3.461	2.424

注：①P 值和临界值均为采用“自抽样法”（Bootstrap）反复抽样 10000 次得到的结果；②** 表示在 5%的显著水平上通过检验。

由表 6.13 可见，当外资银行参股比例作为门限变量时，存在单门限模型，F 统计量在 5%的水平上显著，再根据回归模型中的门限值，构建门限值的置信区间，该门限值的估计值和相应的 95%的置信区间如表 6.14 所示。

表 6.14 门限模型估计结果

	估计值	95%置信区间
门限值 τ	0.215	[0.205，0.228]

为了可以更加清晰地理解门限值的估计和置信区间的构造过程，我们绘制了似然比函数图，门限参数的估计值是指当似然比检验统计量 LR（Likelihood Ratio）等于零时，所对应的门限变量大小，全样本银行的门限值和置信区间如图 6.4 所示。

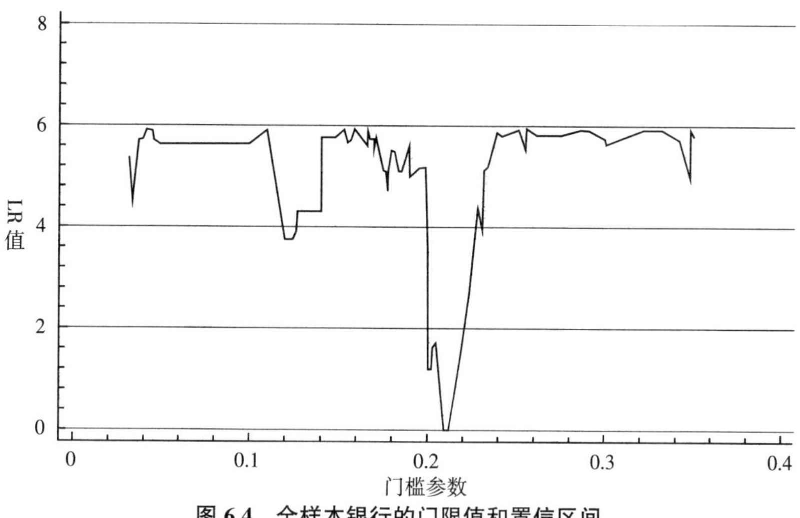

图 6.4　全样本银行的门限值和置信区间

模型的参数估计结果如表 6.15 所示，下面将重点分析各参数对商业银行效率的具体影响情况：

表 6.15　全样本银行的模型参数估计

变量	系数估计值	t 值
$(1-D_{it})F_{it}$	0.546**	2.161
F_{it}	−0.133**	−2.272
$GDPG_t$	1.988**	2.326
Inv_t	3.676***	4.424
HHI_t	−2.553*	−1.832
GB_t	−1.012***	−2.789
$Stock_t$	3.475	0.341
Ins_t	0.335	2.725
N_{it}	0.525*	1.921

注：①P 值和临界值均为采用“自抽样法”（Bootstrap）反复抽样 10000 次得到的结果；②***、**、*分别表示在 1%、5%、10%的显著水平上通过检验。

6.3.3.1 门限效应的检验结果分析

在控制其他变量的影响之后，外资银行进入的程度对我国商业银行效率分别产生正向和负向的影响，并且都在5%的统计水平上显著。也就是说，当外资银行参股比例在21.5%以下时，外资银行对商业银行效率的影响系数为0.546，显然，此时外资银行的进入促进了国内商业银行效率的提升，这符合“鲶鱼效应”的假说。尤其是在2006年，国内商业银行尤其是大型商业银行，相继引入境外战略投资者，并积极完成股份制改造，通过与外资银行的合作，不断推动我国银行业改革。合作初期，外资银行在与中资银行竞争中所展示的技术、理念对中资银行起到了示范作用，先进经营理念和管理技术的引入，促进了中资银行治理结构的改善。外资银行在消费产品创新、高端客户理财、信息技术、资金和资产负债管理、人力资源管理以及风险管理等方面都与内资银行分享经验，促进其不断改进效率。但是，当外资银行参股比例超过21.5%时，外资银行对商业银行的影响系数为-0.133，此时，外资银行的进入反而降低了国内商业银行的效率，这也与“选摘樱桃效应”的假说一致。虽然在早期，银监会规定单一境外投资者在中国一家银行中的持股比例不得超过20%，但这并不适用于所有银行，尤其对于中小城市商业银行来说，本身股权比较分散，与境外战略投资者相比实力过于悬殊。在核算外资银行参股比例中，我们发现，一些股份制商业银行和城市商业银行中，外资银行已经成为第一大股东。更为重要的是，在我国银行业不断开放的政策趋势下，对于银行外资股权比例的限制会进一步放宽，这样在后续的合作当中，内外资双方难免会产生摩擦，甚至会出现意图不一致的情形。尤其是在商业银行上市以后，外资股权比例被稀释，可能会出现前文博弈分析的竞争效应的结果，即商业银行国际化路径被锁定的尴尬局面，进而促使其缺乏足够的激励参与银行的长期战略规划和经营管理，这样势必会影响内资商业银行效率的持续提升。另外，外资银行最初进入中国金融市场障碍最小、成本最低的方式是直接参股中资银行，这样可以迅速克服文化和地域差异，快速达到占领中国市场的目的。但随着中国银行市场的全面放开，对外资银行进入的限制和障碍逐步减小，外资银行学习效应的提高，外资银行更加容易地在我国设立分支机构，那么就不可避免地出现外资银行为了自身利益而损害中方合作者的利益，尤其是在发达地区（如上海），外资银行机构、人员数和资产份额都已经占据了很大比例，外资银行与国内银行的直接竞争已经达到了“短兵相接”的地步。外资银行对于优质客户的争夺必然会间接损害中资银行的利益，因此会在一定程度上影响国内商业银行的效率。但目前来看，这一影响程度并不大，主要原因是当前利率市场化还未全面推行，外资银行的主要优势还没有完全发挥，另外可能是外资银行进入的程度还不够深、辐射范围还较小。

6.3.3.2 其他影响因素对商业银行效率的影响

关于宏观层面的因素 GDP 增长率和全社会固定资产投资增长率对商业银行效率产生正面作用，影响系数为 1.988 和 3.676，分别在 5%和 1%的水平上显著。这主要是因为我国经济增长在很大程度上是依靠固定资产投资的，而固定资产投资中的资金来源主要是银行信贷。因此近些年来，大规模固定资产投资和经济快速增长，必然会促进银行效率的提升。行业层面的 HHI 指数也与商业银行效率成负相关，系数为-2.553，表明市场集中度越高，商业银行效率越低。这说明虽然目前我国依然是寡头垄断的市场结构，但积极推进银行改革、发展中小型银行有助于提升商业银行效率。以国有股权比重表示的产权结构与效率成反比，说明国有股权比重越大的产权结构会对效率产生负面影响。股票市场和保险市场虽然对银行效率的作用是正向的，但影响并不显著，这主要是因为我国依然是以间接融资为主要融资方式的国家，银行业占据的市场份额较大，以至于直接融资市场的发展难以影响到间接融资市场。同样，中间业务收入对商业银行效率起到正向作用，尤其是在利率市场逐渐放开的前提下，银行金融产品的创新，中间业务收入的扩大，对银行效率提升有着举足轻重的作用。

为了进一步分析外资银行进入与不同机构类型商业银行效率之间将呈现何种非线性关系以及不同银行类型特征，本节将样本银行划分为大型商业银行、股份制商业银行以及城市商业银行三个类型，再分别进行检验。门限效应检验如表 6.16 所示。

由表 6.16 可见，当外资银行参股比例作为门限变量时，大型商业银行、股份制商业银行、城市商业银行均存在单门限效应，其中，三类商业银行的 F 统计量分别在 5%、10%、5%的水平上显著，再根据不同类型商业银行回归模型中的门限值，构建门限值的置信区间，门限值的估计值和相应的 95%的置信区间如表 6.17 所示。

表 6.16 不同类型银行门限效应检验

		外资银行参股比例				
		F 值	P 值	1%	5%	10%
大型商业银行	单一门限检验	6.143**	0.027	7.293	5.492	4.530
	双重门限检验	1.884	0.253	9.906	8.362	6.055
股份制商业银行	单一门限检验	4.572***	0.006	4.323	3.083	2.192
	双重门限检验	3.788	0.210	7.447	6.504	5.259
城市商业银行	单一门限检验	6.337**	0.032	11.249	5.183	3.298
	双重门限检验	1.098	0.453	7.107	5.358	4.432

注：①P 值和临界值均为采用“自抽样法”（Bootstrap）反复抽样 10000 次得到的结果；②***、** 分别表示在 1%、5%的显著水平上通过检验。

表 6.17 不同类型银行门限模型估计结果

	估计值	95%置信区间
大型商业银行门限值 τ_1	0.240	[0.235，0.243]
股份制商业银行门限值 τ_2	0.186	[0.180，0.189]
城市商业银行门限值 τ_3	0.220	[0.215，0.225]

为了可以更加清晰地理解门限值的估计和置信区间的构造过程，我们绘制了似然比函数图，不同类型商业银行的门限值和置信区间分别如图 6.5、图 6.6 和图 6.7 所示。

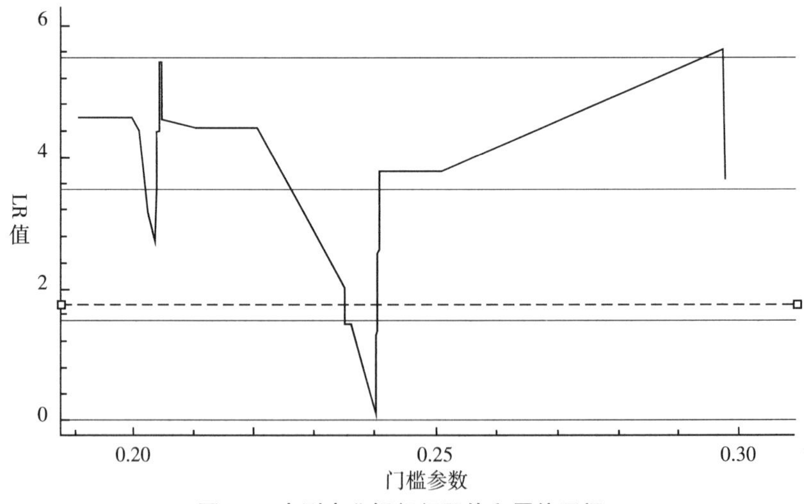

图 6.5 大型商业银行门限值和置信区间

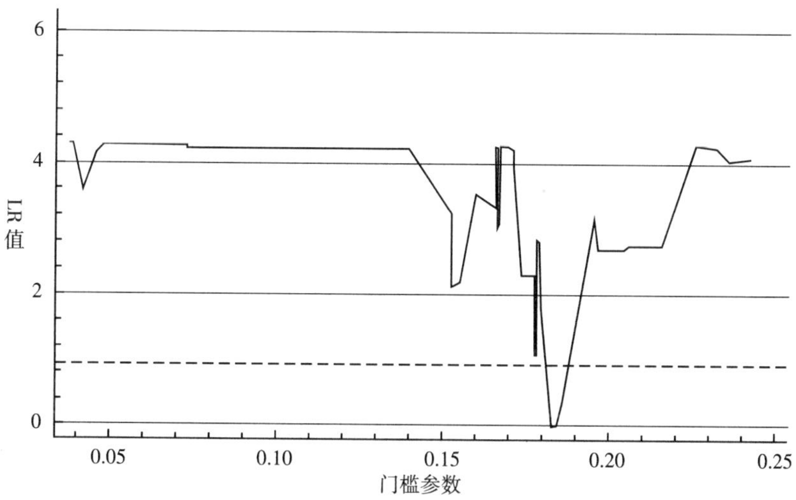

图 6.6 股份制商业银行门限值和置信区间

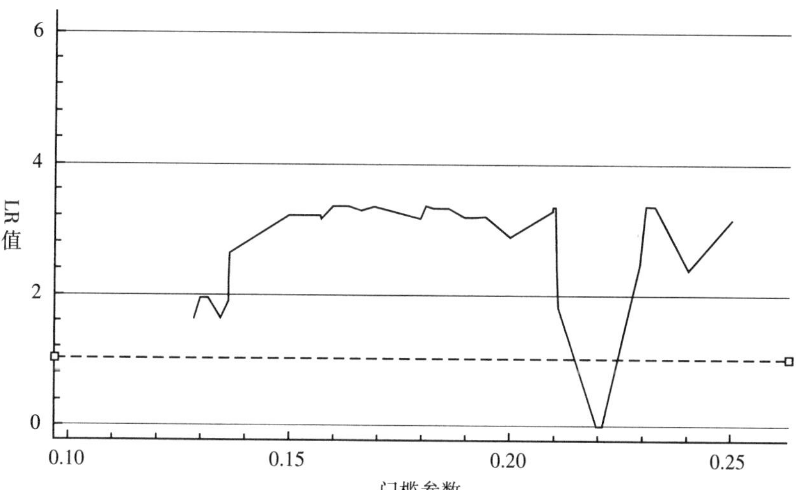

图 6.7 城市商业银行门限值和置信区间

表 6.18 不同类型商业银行的模型参数估计

	变量	系数估计值	t 值
大型商业银行	$(1-D_{it})F_{it}$	1.632**	2.181
	F_{it}	0.393*	1.825
	$GDPG_t$	0.267*	1.933
	Inv_t	2.335***	3.264
	HHI_t	5.231**	2.352

续表

	变量	系数估计值	t 值
大型商业银行	GB_t	2.012*	1.729
	$Stock_t$	0.249	0.910
	Ins_t	0.207	0.456
	N_{it}	0.758*	1.867
股份制商业银行	$(1-D_{it})F_{it}$	0.627***	3.079
	F_{it}	-0.112*	-1.682
	$GDPG_t$	6.826**	5.321
	Inv_t	0.736*	1.713
	HHI_t	-5.678**	-2.241
	GB_t	-0.981	-0.034
	$Stock_t$	1.212*	1.687
	Ins_t	0.116	1.029
	N_{it}	0.089*	1.903
城市商业银行	$(1-D_{it})F_{it}$	0.808**	2.678
	F_{it}	-0.207*	-1.752
	$GDPG_t$	2.215*	1.696
	Inv_t	1.006*	1.897
	HHI_t	-0.826**	-2.481
	GB_t	-1.253*	-1.703
	$Stock_t$	0.329*	1.842
	Ins_t	0.435	0.451
	N_{it}	0.602*	1.790

注：①P 值和临界值均为采用“自抽样法”（Bootstrap）反复抽样 10000 次得到的结果；②***、**、* 分别表示在 1%、5%、10%的显著水平上通过检验。

模型的参数估计如表 6.18 所示，下面将着重分析外资进入对不同类型商业银行效率的影响情况。

（1）门限效应的检验结果分析。

在控制其他变量的影响之后，我们发现，外资银行进入的程度对我国不同类型商业银行的效率影响结果也分别不同。

1）对于大型商业银行来说，外资银行进入产生的都是正面作用，即促进了我国商业银行效率的提升。但是在不同阶段，由于外资银行进入程度不同，其所产生的作用程度也不同。当外资银行参股比例小于 24%时，影响系数为 1.632，在 5%的水平上显著，当这一比例超过 24%时，影响系数快速下降到 0.393，在 10%的水平上显著。显然，外资银行进入初期，在促进我国大型商业银行实现投资主体多元化、加快公司结构治理完善、实现科学化和现代化管理等方面，都起到了积极作用，大型商业银行通过引进战略投资，企业治理水平、风险控制能力提高，基本达到金融改革之初的预期目的。但是，随着合作的进一步加深，具有丰富国际管理知识和经验的外资顾问并不能解决中国本地的问题，很多外资银行并不了解中国现实国情，况且境外投资者们本质上是抱着挣钱的目的入股中资银行的，获取利益最大化才是他们的第一目标，有时甚至会出现与中方截然相反的目标和意图，相应地，对商业银行效率的正向影响逐渐减弱。虽然目前大型商业银行都引进了大量的外资股份，但依然是国有资本控股，占据主导地位，所以目前还没有形成负面影响，这也是与其他类型商业银行的区别所在。

2）对于股份制商业银行来说，外资银行进入对其效率分别产生正、负两方面的影响。当外资银行参股比例小于 18.6%时，影响系数为 0.627，并且在 1%的水平上显著，外资银行进入促进了股份制商业银行效率的提升。这主要是因为，股份制商业银行成立时间较晚，不良贷款率低，是经济体制改革的产物，打破了计划经济时代国家专营银行的垄断局面。2003 年以后，随着中国经济的快速增长，股份制商业银行的壮大不仅表现在规模、市场占比和数量的提高，更主要的是竞争力的形成和境外战略投资者的引进。股份制商业银行引进外资时间较早，如光大银行早在 1996 年就引入了境外战略投资者，而渤海银行更是在发起设立阶段就引进战略投资。外资银行的引进发挥了良好的效果，使得股份制商业银行补充资本、优化股权结构、提升市场美誉度和股权价值，增加了核心竞争力，而积极引入境外投资者来充足资本、提高公司治理水平，一直是股份制商业银行发展中引人注目的举措，尤其是在 2005 年，引资步伐进一步加快，但同时我们发现，当外资银行参股比例大于 18.6%时，外资银行进入对股份制商业银行效率产生负面作用，影响系数为-0.112，表现出“选摘樱桃效应”假说。可能原因是，有些股份制商业银行中外资已经成为第一大股东，当外资对其掌握实际的经营管理权时，就有可能会凭借注入先进管理经验的名义，高价兜售他们的某些专利、产品以及管理系统等，甚至会将股份制商业银行演变为外资金融机构在国内的一个分支，按照其全球战略来设计合资商业银行的业务发展规划，这样就在无形中损害了股份制商业银行的利益。但同时，我们也看到，目前这种负面影响还很小，并且不显著。

3）对于城市商业银行来说，外资银行进入对其效率同样产生正、负两方面的影响，当外资银行参股比例小于22%时，影响系数为0.808，并且在5%的水平上显著。由于历史原因，我国城市商业银行普遍存在公司治理结构不完善、内控制度不健全问题。因此，城商行很早就积极引进外资，借助境外战略投资者带来先进的服务理念、管理经验和产品开发技术，改善公司治理结构，提高金融产品创新能力，提升核心竞争力，并根据自身特点、找准市场定位和发展战略。外资银行的引进大力促进了效率的提升。当外资银行参股超过22%，同样对城市商业银行效率产生了负面作用，影响系数为-0.207，在10%的水平上显著。可能原因是，城市商业银行大多是由各地方的银行资源整合而成，主要业务范围集中在当地城市，与地方政府关系密切，很多城商行的第一大股东都是各地方财政机构，因此成为了很多地方政府融资平台和固定资产投资的资金来源，大量的信贷业务都脱离不了地方政府的行政干预，而这恰好与外资银行追求利润的目标和管理方式背道而驰。另外我国城市商业银行由于规模、人才等因素的制约，自主创新能力不足，在引入外资银行后，业务创新在较大程度上都是简单的技术模仿，存在过分依赖外资而放弃自身具有的某些优秀业务开发，从而影响了其长期自主创新的动力和能力，这些都必然会影响城市商业银行效率的提升。

（2）其他影响因素对不同类型商业银行效率的影响。

1）宏观层面的因素。GDP增长率和全社会固定资产投资增长率，对大型商业银行效率产生正面影响，系数为0.267和2.335，这也反映出近些年我国经济增长主要是依靠投资拉动的，尤其大型商业银行充当了资金来源的主力军；GDP增长率和全社会固定资产投资增长率对股份制商业银行也产生正面作用，影响系数分别为6.823和0.836；同样宏观层面因素对城市商业银行也产生正面影响，系数为2.215和1.006。可见，近些年中国良好的宏观经济环境和高速发展的经济水平，为商业银行效率的提升提供了强有力的保障。

2）行业层面的HHI指数、国有股权比重、股票总市值占GDP之比、保费收入占GDP之比对大型商业银行的影响也都是正向的，这也反映了银行业市场的寡头垄断特征和更加单一的产权结构保证了大型商业银行效率的提升；间接融资市场的发展影响效果并不显著，主要原因还是相对直接融资市场来说，规模较小，难以形成足够的竞争力。对股份制商业银行来说，HHI 指数、国有股权比重影响是负作用的，说明寡头垄断的市场结构和单一的国有产权结构阻碍了股份制商业银行的全国性扩展，影响其效率提升；多元化的股权结构是股份制商业银行的特征，能为经营管理和规避风险提供足够的保障；股票和保险市场的发展对其效率有促进作用，尤其是股份制商业银行大多都已经上市，与间接融资市场联系密切；对城市商业银行来说，业务主要集中于地方，寡头垄断的市场结构和单一的国有产权结构进一步加剧其地域限制，故 HHI 指数、国有股权比重与其效率成反比，股票市场的发展对其效率有促进作用，主要是城商行大多都未上市，一旦上市成功就会迈上新的台阶。

3）中间业务收入的增加对不同类型商业银行都具有正面促进作用，这也是利率市场化之后，各家银行将要重点发展的领域，是利息收入之外的新的增长点。

6.4 本章小结

本章运用 1998~2011 年我国 58 家商业银行面板数据，采用基于不良贷款约束下的 Malmquist-Luenberger 生产率指数，选取存款余额、非利息支出、资本存量作为投入要素，中间业务收入、净利润为好的产出、不良贷款余额为坏的产出，测算了我国商业银行全要素生产率变动情况。在此基础上，以外资参股比例作为门限变量，构建面板门限模型，测算外资银行进入在微观层面对我国商业银行效率的影响效果。得到如下主要结论：

第一，我国商业银行业技术效率总体呈上升趋势。可以大致分为三个阶段：第一阶段为 1998~2002 年，技术效率虽然呈增长趋势但仍保持相对较低水平；第二阶段为 2002~2009 年，技术效率保持持续增长，且各类型商业银行之间的技术效率差距在逐步缩小，呈收敛趋势；第三阶段为 2009~2011 年，各银行技术效率的表现与前两个阶段有明显不同，股份制商业银行技术效率大幅度提升，超过大型商业银行和城市商业银行。通过进一步对包含外资银行在内的商业银行技术效率的计算发现，在2007~2009年，外资银行刚开始在中国进行实质性经营的前三年，外资银行的效率明显高于国内商业银行，但效率值与国内银行之间的差距逐年减小，以至于从2010年起被国内商业银行全面超越。从无效率分解看，大型商业银行的投入无效率值最大，股份制商业银行次之，城市商业银行最低。1998~2011年，我国商业银行全要素生产率呈现不断上升的趋势，平均每年提高2.39%，说明我国银行业的生产率总体是向好的方向演变。从不同类型的银行来看，股份制商业银行全要素生产率平均每年增长最高，为3.22%，大型商业银行次之，为2.35%，城市商业银行最低，为1.58%。

第二，通过考察外资银行以参股内资商业银行的方式对我国商业银行全要素生产率的影响，发现：①选取外资银行参股比例作为门限变量时，存在单门限效应，且该门限值的估计值为0.215，在控制其他变量的影响之后，外资银行进入的程度对我国商业银行的全要素生产率的影响呈倒“U”形。即当外资银行参股比例小于21.5%时，外资银行对商业银行效率的影响系数为0.546，表明外资银行的进入促进了国内商业银行效率的提升，验证了“鲶鱼效应”假说；当外资银行参股比例超过21.5%时，影响系数为-0.133，此时，外资银行的进入反而降低了国内商业银行的效率，印证了“选摘樱桃效应”假说。②按照机构类型分类，仍选取外资银行参股比例作为门限变量，结果发现大型商业银行、股份制商业银行、城市商业银行均存在单门限效应。对大型商业银行来说，外资银行参股进入产生的都是正面促进作用，只是在不同阶段，进入程度不同，产生的作用程度也不同：当外资银行参股比例小于24%时，影响系数为1.632，促进了大型商业银行TFP的提升；当参股比例超过24%时，影响系数下降到0.393，影响能力快速减弱。对股份制商业银行来说，外资银行进入对其TFP产生倒“U”形影响。即当外资银行参股比例小于18.6%时，影响系数为0.327，促进了股份制商业银行TFP的提升；当参股比例大于18.6%时，影响系数为-0.112，对股份制商业银行TFP产生负面作用，验证了“选摘樱桃效应”假设。对城市商业银行来说，外资银行进入对其TFP同样产生倒“U”形影响。即当外资银行参股比例小于22%时，影响系数为0.808，此时为正面影响；当参股比例超过22%，影响系数为-0.207，外资银行进入对其TFP产生了负面作用。

7 外资银行进入对我国商业银行信贷资本配置效率影响分析

前文提到，外资银行主要以两种方式进入我国银行市场，分别是设立分支金融机构和直接参股国内商业银行。外资银行很早就以第一种方式进入我国沿海省份，只是由于政策限制，发展比较缓慢，但是2006年银行业全面开放之后，外资银行的足迹逐渐遍布全国各地。目前，除了青海、宁夏等之外的大多省份，外资银行都已进入并设立分支金融机构开展业务，开始与国内商业银行兵戎相见。外资银行通过各种竞争，改变了我国银行业市场结构，逐步打破我国银行业低效率的状态，通过与中资银行的竞争与合作，融入到我国银行业体系中，这将逐渐优化我国银行业市场结构（谢雨白，2004），有利于我国金融改革的进一步深化（陈泽慧，2008），外资银行进入带来的竞争效应将有利于促进银行业效率的提升（叶欣，2006）。彭欢和雷震（2010）的研究也证实了这一点，我国放松管制政策以及外资银行的进入，提高了银行业市场竞争程度，这种竞争关系提升了银行业绩效水平。

外资银行的进入，不仅会提高商业银行甄别客户能力，还会提高信贷市场的竞争程度，从而使得银行部门作为融资中介的功能会变得更加有效，东道国信贷供给水平将上升，而且资本充足的外资银行可以向东道国企业提供更大规模的信贷。那么，外资银行进入对我国各地区商业银行的信贷资本配置效率产生怎样的影响？由于我国各地区发展水平不一，这种影响会不会有所区别？本章首先选取弹性系数法构造了信贷资本配置效率模型，测度和评价了当前我国商业银行的信贷资本配置效率水平；其次通过构造面板门限模型，以外资银行机构数量份额、资产份额为门限变量，分别实证考察外资银行进入对我国地区信贷资本配置效率的冲击，以此检验外资银行进入是否有助于我国商业银行区域信贷资本配置效率的改进，为各地区制定差异化的商业银行引资政策和监管政策提供科学依据。

7.1 我国商业银行信贷资金投放现状分析

7.1.1 信贷资金在全国投放现状

一是固定资产投资与贷款增速较快，均高于同期经济发展与物价增长水平。如图 7.1 所示，2000~2011 年，全社会固定资产投资年均增速为 22.73%，金融机构年均贷款增速为 17.29%，除 2000 年外都始终保持两位数的增长率，明显高于同期 9.73%的经济增速和 2.28%的物价涨幅。主要包括以下两大原因：一方面，近十年中国经济快速增长，其中依靠固定资产投资拉动经济增长取得了良好的效果，尤其是房地产等资金密集型行业迅速发展，对信贷资金需求旺盛，再加上 2008 年金融危机以后，为落实“4 万亿”投资，以铁路、公路、机场等基础设施建设的贷款大幅攀升，拉动了固定资产投资大幅增长；另一方面，消费贷款的快

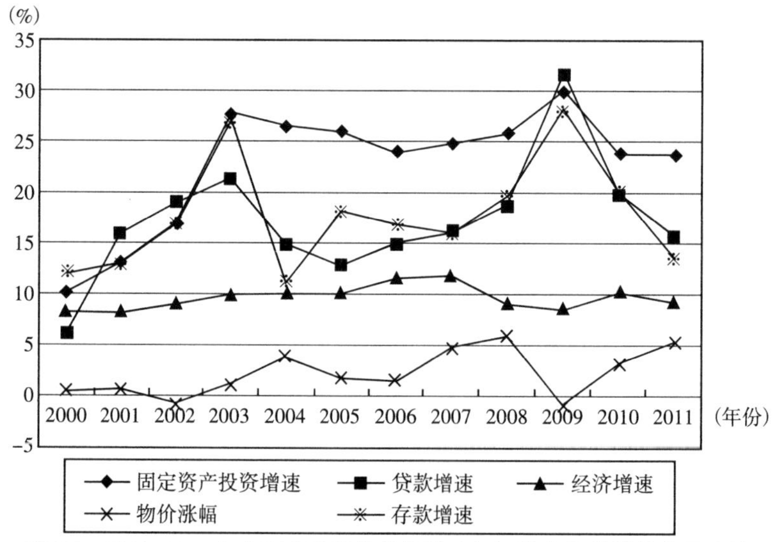

图 7.1 2000~2011 年中国金融机构贷款增速与经济和物价增长水平比较

资料来源：根据历年《中国人民银行年报》、《银监会年报》、《中国统计年鉴》计算整理所得。

速增长也是信贷投放快速增长的重要原因。2000 年全国信贷消费余额为 4235 亿元，而 2011 年这一数字竟高达 88717 亿元，11 年间增长超过了 20 倍。信贷资金有力地支持了消费的增长，从而成为促使经济稳定增长的重要因素。

二是贷款增速总体保持稳定水平。由图 7.1 可见，除了 2005 年和 2009 年两个特殊的年份之外，其余年份增长水平都在 15%~20%波动，这也反映了作为承担资金配置功能的金融部门，既要保证经济增长的合理资金要求，充分发挥国家货币政策赋予的宏观调控职能，也要防止信贷增长过快造成通货膨胀等问题。

7.1.2 信贷资金分产业、分行业投放现状

长期以来，我国信贷资金一直向第二产业和第三产业倾斜，第一产业贷款所占比重不足，甚至出现“抽水效应”，即资金从农村向城市等发达地区流动，主要表现为存易贷难、金融机构对农业贷款所占比重低、以高利贷为代表的民间资本盛行。造成“抽水效应”的原因大致可以归结为市场规律、经营风险及宏观政策三个方面。在我国，农业一直都属于弱势产业，由于自身的局限性和生产的低水平，农业具有经营分散、成本高、风险大、收益低的特点。受利益驱使，农村的金融机构不愿将资金投入到农业相关的生产经营中，而是通过其他渠道将资金投入到回报率高、风险低的行业和发达地区，从而加剧了农村信贷资金的匮乏。近些年来这一现象得到一些改善。从表 7.1 可以看出，2005~2011 年，第一产业贷款比重由 2005 年的 1.82%下降到 2008 年的 0.66%，此后一路上升到 2011 年的 1.97%。可以看出，长期以来，农村金融体系不发达，第一产业的信贷规模很小，农村融资存在困难，为了解决这些问题，国家出台了一系列促进农村金融发展的措施和政策，尤其是在 2008 年之后，虽然第一产业的生产总值占比逐年下降，但信贷投入还是上升了 0.15 个百分点。第二产业贷款占比从 2005 年的 46.46%下降到 2011 年的 30.29%，下降了 16.17 个百分点，下降趋势明显；与此同时，第三产业贷款占比由 51.72%上升到 67.75%，同样增长迅速。这反映了近些年来我国产业结构调整的方向，信贷资金投放由第二产业流向第三产业，这符合国家“十一五”规划中提出加快发展服务业的要求。

表 7.1　2005~2011 年中国三次产业贡献率、增加值及贷款占比情况

单位：%

年份	第一产业			第二产业			第三产业		
	增加值占比	产业贡献率	贷款占比	增加值占比	产业贡献率	贷款占比	增加值占比	产业贡献率	贷款占比
2005	12.6	5.6	1.82	47.5	51.1	46.46	39.9	43.3	51.72
2006	11.1	4.8	1.48	47.9	50.0	46.41	40.9	45.2	52.11
2007	10.8	3.0	1.29	47.3	50.7	47.95	41.9	46.3	50.76
2008	10.7	5.7	0.66	47.4	49.3	48.07	41.8	45.0	51.27
2009	10.3	4.5	0.74	46.3	51.9	42.48	43.4	43.6	56.78
2010	10.1	3.9	1.21	46.7	56.8	41.92	43.2	39.3	56.86
2011	10.1	4.7	1.97	46.8	51.6	30.29	43.1	43.7	67.75

注：三次产业贡献率指各产业增加值增量与 GDP 增量之比；本表按当年价格计算；2011 年为初步核实数据。

资料来源：《中国统计年鉴》（2012）；《中国金融年鉴》（2011）。

从具体的行业分类看，传统的优势产业、国有资本占主导地位的产业贷款投入增速明显，如表 7-2 所示。从 2005~2011 年的行业贷款分布情况看，采矿业，建筑业，批发和零售业，交通运输、仓储和邮政业，房地产业，租赁和商务服务业，水利、环境和公共设施管理业等行业贷款增速明显，可以看出这些行业都与基础建设或者基本生活息息相关，也反映了我国政府长期以来依靠投资和消费信贷拉动经济增长的政策导向，在银行信贷普遍存在政府干预的环境下，这些行业贷款快速增长也在情理之中。制造业，信息传输、计算机服务和软件业，居民服务和其他服务业，教育，公共管理和社会组织等行业贷款占比都有较大程度的下降，一方面，某些行业融资渠道比较广，不仅仅局限于银行贷款，可以大量利用外资、风险投资，以及自有资金，如信息传输、计算机服务和软件业，尽管贷款占比由 2005 年的 2.59%，下降到 2011 年的 0.74%，但近十年来却取得了快速增长，这主要得益于风险投资和境外投资以及民间资本，国内外大批投行和基金公司的进入，为成长快速的信息产业提供了大量的资金支持；另一方面，随着近些年我国财政收入快速增长，财政支出也随之水涨船高，尤其是在公共服务等行业，财政资金投入大幅度增加，贷款急剧减少，相应所占比重减少，比如教育等行业。还有就是某些行业生产、销售资金需求大、生产周期长，近几年利润率也相对低于房地产业、批发和零售等行业，因此信贷资金自然流出，如制造业。

表 7.2 2005 年和 2011 年我国主要行业贷款比重变化情况

单位：%

	2005 年末贷款余额占比	2011 年末贷款余额占比
全部贷款	100	100
A. 农、林、牧、渔业	1.82	1.97
B. 采矿业	2.42	4.15
C. 制造业	30.21	10.61
D. 电力、燃气及水的生产和供应业	10.15	9.57
E. 建筑业	3.68	5.96
F. 交通运输、仓储和邮政业	10.33	14.39
G. 信息传输、计算机服务和软件业	2.59	0.74
H. 批发和零售业	10.01	17.50
I. 住宿和餐饮业	0.93	1.26
J. 房地产业	9.35	13.10
K. 租赁和商务服务业	4.52	7.71
L. 科学研究、技术服务和地质勘查业	0.37	0.30
M. 水利、环境和公共设施管理业	4.11	7.86
N. 居民服务和其他服务业	3.19	1.14
O. 教育	2.13	1.06
P. 卫生、社会保障和社会福利业	0.60	0.64
Q. 文化、体育和娱乐业	0.49	0.44
R. 公共管理和社会组织	1.74	0.98

资料来源：《中国银行业监督管理委员会年报》（2006、2011）。

7.1.3 信贷资金分地区投放现状

长期以来，我国都存在地区发展不均衡现象，东、中、西部地区各项经济社会发展指标存在明显差距，特别是改革开放以来这一差距呈现扩大的态势，在信贷资金投入上表现也较为明显。在贫困地区，企业的信贷吸引力普遍缺失的情况下，随着存款大幅度的增长，信贷市场出现萎缩趋势，资金开始外流，并逐渐从小城镇、农村向大中城市转移，从贫困地区向发达地区转移，这样就出现金融资源从欠发达地区虹吸到发达地区的现象，导致区域资本配置进一步失衡（刘芳，2002）。

由表 7.3 可以看出：一是无论地区生产总值还是信贷投资规模，2005~2011 年，东部地区占比都远远高于中西部地区，这与长期以来东部地区发达的金融体系密切相关，经济较发达的东部地区集中了大多数的金融资源，而广大的中西部地区金融资源较为稀缺，尤其改革开放之后，这种差异进一步扩大，区域经济发展不平衡进一步加剧了信贷资源配置的不均衡。二是东部地区的生产总值占比不断下降，从 2005 年的 59.63%下降到 2011 年的 56.30%，而中西部地区生产总值占比却不断上升，尤其是西部地区从 2005 年的 16.93%上升到 2011 年的 19.22%，上升了 2.29 个百分点，这主要得益于国家西部大开发战略的实施和西部近几年能源、装备制造、信息等优势产业的快速崛起。与此同时，东部地区信贷资金投入占比也在逐年下降，由 2005 年的 69.30%下降到 2011 年的 67.04%，而中部地区有小幅上升，西部地区上升较为明显，由 2005 年的 15.33%上升到 2011 年的 17.25%，上升了 1.92 个百分点。贷款投放增幅呈现“西高东低”的现象，经济落后地区与发达地区间的信贷资源分配失衡情况得到改善。

表 7.3　2005~2011 年中国三大区域金融机构贷款余额占比与经济增长情况

单位：%

年份	贷款余额占比			地区 GDP 占全国比重			经济增速		
	东部	中部	西部	东部	中部	西部	东部	中部	西部
2005	69.30	15.37	15.33	59.63	23.44	16.93	12.85	12.33	12.68
2006	68.96	15.67	15.37	59.68	23.19	17.14	13.82	12.98	12.93
2007	68.30	15.74	15.96	59.05	23.36	17.58	14.79	14.45	14.35
2008	68.76	14.98	16.26	58.23	23.64	18.14	11.57	12.70	12.64
2009	68.02	15.27	16.72	58.00	23.66	18.33	11.38	11.81	12.51
2010	67.65	15.40	16.95	57.31	24.06	18.63	13.05	13.86	13.72
2011	67.04	15.71	17.25	56.30	24.48	19.22	11.04	12.95	13.62

资料来源：历年《中国银行监督管理委员会年报》《中国统计年鉴》。东部地区包括北京、天津、河北、辽宁、上海、江苏、浙江、福建、山东、广东、广西、海南 12 个省份；中部地区包括山西、吉林、黑龙江、内蒙古、安徽、江西、河南、湖北、湖南 9 个省份；西部地区包括重庆、四川、贵州、云南、西藏、陕西、甘肃、青海、宁夏、新疆 10 个省份。

7.2 我国商业银行信贷资本配置效率评价

7.2.1 评价方法选取

金融发展理论认为，发达的金融体系可以协调直接融资和间接融资的发展，强化金融体系的融资能力，从资源配置角度促进资本、技术密集型产业的快速发展。因此，金融市场的基本职能是资本的优化配置，资本配置效率是衡量金融机制运作的一个重要指标。目前，衡量资本配置效率主要有两种方法：一是指资金在不同效率的行业之间互相流动，使得各行业的资本边际社会生产率趋于相等，可用资本边际社会生产率的差别程度来衡量，即边际产出均衡法；二是金融体系资本配置效率的提高意味着在高资本回报率的行业内继续追加投资，在低资本回报率的行业内撤出资本，可用资本对于行业盈利能力的敏感性来判断，即弹性系数法。

边际产出均衡法认为资本的最优配置可以定义为各行业资本边际产出相等的均衡状态，投资者会根据收益最大化原理不断调整自己的投资方向，使得资本在不同行业和地区间流动，最终实现资本配置达到最优状态。Fraumeni 和 Jorgenson（1980）通过计算 1948~1976 年美国 46 个制造业行业的资本边际产出率，发现美国不同的行业间资本边际产出率存在巨大差异，最高的行业可以达到 0.245，最低的则为-0.152。Desai 和 Martin（1983）计算了苏联 8 个工业行业的资本边际产出率，并估算出了由资本边际产出率差异造成的效率损失，结果发现这一效率损失在 1955 年为 3%，而 1975 年则上升到 10%，由此认为苏联的资本配置效率存在不断下降的趋势。Cho（1988）通过测算资本边际产出率的方差分析了韩国的资本配置效率，研究结果表明，金融自由化导致了借款成本的减少，从而提高资本配置效率，反之会降低。Schiantarelli 和 Weiss（2007）对 12 个发展中国家的相关数据进行了实证研究，发现金融自由化对资本配置效率有正向且显著的影响。Arturo、Fabio 和 Andrew（2007）根据 12 个发展中国家的面板数据，分别采用两种形式的资本边际预期收益来衡量资本配置效率，即资本产出比和单位投资获得的营业利润。国内很多学者也使用这种方法研究资本配置效率。Abdul、Nienke 和 Kenichi（2008）通过对 5 个新兴市场国家的研究，发现金融自由化提高了资本配置效率。刘赣州（2003）利用边际产出均衡法研究发现，我国各产业基本建设投资边际产出比与理想状态下的比值相差很大，说明资本配置效率较低，必须创新和完善制度安排，使资本配置由“政府主导型”向“市场主导型”转变。龚六堂、谢丹阳（2004）估算了我国资本存量的边际产出率，研究结果表明，我国 1970~1984 年省际间资本存量的边际产出率差异水平先逐渐降低，再趋于稳定，说明我国资本配置有效性先呈上升趋势，之后处于稳定状态。沈能和刘凤朝（2005）采用资本边际产出率的变异系数衡量我国东、中、西部的资本配置效率差距，结果表明，我国东、中、西部的资本配置效率依次递减，且没有收敛趋势。范学俊（2008）运用了综合的金融自由化指标以及上市公司层面的数据，检验了 1992~2005 年中国金融自由化的过程对以托宾 Q 作为衡量指标的资本配置效率的影响，研究结果表明，金融自由化政策对提高资本配置效率有积极影响，但整体仍有限；相对于银行部门，股票市场能更好地发挥优化资源配置的功能。

弹性系数法是由 Jeffrey Wurgler（2000）提出来的一种测量资本配置效率更为直接有效的方法。他认为资本配置效率的提高意味着及时向高资本回报率行业（地区或企业）追加投资，同时从低资本回报率的行业（地区或企业）撤出资本。因此，可以利用资本对于行业增加值（盈利能力）的敏感度系数（弹性系数）作为资本配置效率的指标，从而考察社会资本配置效率。用公式来表示为：

$$\ln\frac{I_{i,t}}{I_{i,t-1}}=\alpha+\eta\ln\frac{V_{i,t}}{V_{i,t-1}}+\varepsilon_{i,t} \tag{7-1}$$

式中，I 为固定资产投资，V 为产出增加值。Jeffrey Wurgler（2000）运用这一模型，根据 1963~1995 年 65 个国家 28 个制造业细分行业的相关数据，测算了各国的资本配置效率，结果发现，发达国家的资本配置效率普遍高于发展中国家，因此他认为各国金融市场发展程度不同，是导致各国资本配置效率差异较大的重要原因。Almeida 和 Wolfenzon（2005）利用上述模型实证研究了外部融资需求对资本配置效率的影响，结果表明，通过资本在不同项目间的重新配置，外部融资需求提高了整个社会的资本配置效率。在国内，韩立岩、蔡红艳和郄冬（2002）使用我国39个工业行业的数据度量了20世纪90年代资本配置效率，发现从1991年到1999年我国资本配置效率属于很低的水平；自发投资增长指数的大小与国家产业政策的倾斜、高新技术发展方针、产业调整与转移方向的态势以及市场供求情况基本一致；经济增长仍然是投资主导型的，属于外延扩张的阶段，金融市场应有的资本高效优化配置的机制没有建立起来。潘文卿和张伟（2003）采用面板数据模型，运用中国1978~2001年28个省份的数据，对资本配置效率及其与中国金融发展的相关性进行了时间序列分析与横截面数据分析，研究发现，随着改革的深入，资本配置效率总体上呈现上升趋势，但波动性很大，资本配置效率呈东、中、西梯度递减特征；中国的金融发展与资本配置效率总体呈弱相关关系，国有银行的信贷行为抑制了资本配置效率的提高，而非国有银行金融机构的信贷与投资行为对资本配置效率提升有较大的促进作用。韩平、姜再勇和盛朝晖等（2005）对2000年以来北京市金融机构信贷资金在26个主要行业的配置效率进行了实证分析，研究发现，信贷资金配置效率与北京城市特点、当前产业结构调整状况、行业利润率以及价值创造能力总体上呈较高相关性，但也存在对一些行业投入过度集中或对其发展趋势不够敏感等问题。曾五一和赵楠（2007）通过2003年5月至2005年3月中国工业行业月度数据，运用动态面板数据模型测算了中国各区域的资本配置效率，结果发现，从短期看，中国各地区的资本形成更加依赖于金融机构信贷的支持，且不同省份间金融要素对固定资本形成的影响存在较大差异。许可、郭炜和曹梅艳（2011）考察资本要素在我国中部地区近十年来的配置效率及波动，从宏观角度分析中部各省份资本流动的效率及其差异，研究结果显示，中部各省份资本配置效率受产业结构的调整影响；各省份的动态资本配置效率的波动幅度在2004年以后趋于平缓，表明外部因素对各省份经济效率的影响逐渐减小，而市场调控的作用逐渐得到发挥；各省份的行业投资及发展差异是导致各省份动态资本配置效率差异显著的主要原因之一。

本书基于JeffreyWurgler的思想，将信贷资本配置效率定义如下：所谓信贷资本配置效率，是指信贷资本从低回报率行业（地区或企业）流向高回报率行业（地区或企业）的程度。

7.2.2 模型构建与数据说明

7.2.2.1 模型构建

本书主要参考 Jeffrey Wurgler（2000）的研究思路，认为在投资效率最优的情况下，信贷资本能够及时从衰退的行业流向成长性较好的行业，从而利用资本对行业盈利能力的敏感性，作为衡量资本配置效率的主要指标，构造基本模型如下：

$$\ln\frac{I_{i,t}}{I_{i,t-1}}=\alpha+\eta\ln\frac{V_{i,t}}{V_{i,t-1}}+\varepsilon_{i,t} \tag{7-2}$$

式中，I 为各行业的贷款投入量，V 为各行业年度增加值，下标 i 为行业编号，下标 t 为年份，η 为信贷资本配置效率，即表示贷款对各行业增加值变化的敏感程度，η 值越大，表示该行业资金投入对产值变化反应度高，资金投向的回报率也高，资本配置效率也越高。

依据式（7-2）可以计算出我国整体的信贷资本配置效率。它表示的是 2000~2011 年的静态水平。但近十年来，金融改革步伐加快，尤其是银行业全面对外开放以后，外资银行加速进入我国银行市场，我国银行体系发生了巨大变化，然而这对我国银行业的资本配置效率究竟产生多大程度的影响，需要建立一个动态描述资本配置效率的模型，来描述我国银行业信贷资本配置的发展情况。因此，我们将时间变量引入 Jeffrey Wurgler 的模型，来刻画我国每年的信贷配置效率，具体公示如下：

$$\ln\frac{I_{i,t}}{I_{i,t-1}}=\alpha_t+\eta_t\ln\frac{V_{i,t}}{V_{i,t-1}}+\varepsilon_{i,t} \tag{7-3}$$

式中，I 为各行业的贷款投入量，V 为各行业年度增加值，下标 i 为行业编号，下标 t 为年份，η_t 为各年度信贷资本配置效率，表明第 t 年内，各行业的信贷资金追加（或撤出）对行业成长性变化的弹性水平。

由于我国各个行业发展水平差异程度较大，不同行业对信贷资金的需求和使用效率情况各不相同，尤其是在国有企业占主导地位的行业和对民间资本完全开放的行业之间，对于银行信贷资金的使用效率差异更为明显。为了进一步分析我国各行业信贷资本配置效率的差异，我们引入了信贷资本配置效率的行业面板数据模型，来考察各个行业个体影响。模型如下：

$$\ln\frac{I_{i,t}}{I_{i,t-1}}=\alpha_i+\eta\ln\frac{V_{i,t}}{V_{i,t-1}}+\varepsilon_{i,t}\quad i=1,\ \cdots,\ N;\ t=1,\ \cdots,\ T \tag{7-4}$$

这是面板数据模型中最为常见的固定效应回归模型。I 为各行业的贷款投入量，V 为各行业年度增加值，下标 i 为行业编号，下标 t 为年份，η 是不随时间和行业变化的常数，表示总体信贷资本配置效率。α_1（i=1，…，N）表示各个行业的个体影响，随行业的变化而变化。

7.2.2.2 数据说明

根据研究需要，本节主要涉及两个变量，为各地区的行业年度贷款余额和增加值，数据来源于历年《中国统计年鉴》、历年各省份统计年鉴、《中国银行业监督管理委员会年报》、中国资讯行情数据库及中宏数据库等，数据的时间跨度为 2004~2011 年，由于西藏数据缺乏，本书涉及的地区为除去西藏和港澳台地区之外的 30 个省份。

按照国民经济行业分类与代码（GB/T4754-2002），本节共选取 18 个一级门类行业，分别为：农林牧渔业，采矿业，制造业，电力、燃气及水的生产和供应业，建筑业，交通运输、仓储和邮政业，信息传输、计算机服务和软件业，批发和零售业，住宿和餐饮业，房地产业，租赁和商务服务业，科学研究、技术服务和地质勘查业，水利、环境和公共设施管理业，居民服务和其他服务业，教育，卫生、社会保障和社会福利业，文化、体育和娱乐业，公共管理和社会组织。

7.2.3 计算结果及其分析

7.2.3.1 时变系数面板模型回归结果及其分析

将我国 2004~2011 年各行业的年度贷款余额和年均增加值代入式（7-3），建立时变系数面板数据模型。为了避免因数据不稳定性造成的虚假回归或伪回归等问题，需要对面板数据进行单位根检验。检验一般分为两类：一类是假定各截面有相同的单位根，如 LLC 检验、Hadri 检验；另一类是假定各截面有不同的单位根，如 IPS 检验、Fisher-ADF 和 Fisher-PP 检验。本章采用 LLC 检验、IPS 检验、Fisher-ADF 检验和 Fisher-PP 检验来判断面板数据是否平稳，结果如表 7-4 所示。

表 7.4 单位根检验结果

	LLC 检验	IPS 检验	Fisher-ADF 检验	Fisher-PP 检验
$\ln(I_{i,t}/I_{i,t-1})$	-10.9886 (0.0000)	-1.73483 (0.0114)	53.2822 (0.0088)	65.4923 (0.0009)
$\ln(V_{i,t}/V_{i,t-1})$	-11.1404 (0.0000)	-2.93849 (0.0016)	67.9086 (0.0005)	81.8729 (0.0000)

由表 7.4 可见，各面板数据都是平稳的，应用最小二乘法进行回归分析，结果如表 7.5 所示。

表 7.5 时变系数面板模型回归结果

年份	η_t	t 值	P 值
2005	0.259	2.286	0.023
2006	0.293	2.663	0.009
2007	0.108	1.742	0.085
2008	0.577	4.232	0.003
2009	1.088	7.810	0.000
2010	0.494	3.893	0.005
2011	-0.383	-3.279	0.007

从表 7.5 可以看出，2005~2011 年，我国信贷资本配置效率波动异常剧烈，从 2005 年的 0.259，下降到 2007 年的 0.108，再突然上升到 2009 年的最高值 1.088，然后继续回落到 2011 年的-0.383，呈现出波浪形波动状态，这反映出我国并非完全的市场化国家，资本市场对宏观经济政策的反应十分敏感，一旦国家货币政策出现调整，信贷资本市场就会随之改变。始于 2003 年的国有银行股份制改革，通过股份制改造，将以国有独资商业银行为主体的金融体系转变为以国有控股商业银行为主体的现代金融体系。通过引进境外战略投资者，改善我国商业银行业的股权结构，实现了管理体制上的根本突破，促进国有银行经营理念、公司治理、风险管理、产品创新等各方面的变化，进而提高我国商业银行的经营管理效率，提升我国金融体系对实体经济信贷资源的配置能力。从逐步放开市场到 2006 年银行业全面对外开放，外资银行进入后带来的竞争效应和学习效应开始显现，我国商业银行信贷资本配置效率提高到了新的水平。随后，2007~2008

年的金融危机不仅对全球的经济产生影响，也对我国造成了巨大影响，尤其是外贸出口等行业大面积萎缩，大批企业面临经营困难、资金短缺甚至倒闭，失业人数剧增，房地产业呈现泡沫，国内股市市场疲软，金融市场出现震荡的局面，信贷资本配置效率下降到低点。2008 年底，我国出台扩大内需促进经济增长的十项措施，确定“4 万亿元”投资政策，实施了积极的财政政策和宽松的货币政策，取消对商业银行的信贷规模限制，这一政策取得了良好的效果，信贷资金迅速流向基础建设、民生工程等成长性高的行业，信贷资金配置效率在 2009 年达到最高值。2011 年，新一轮的欧债危机爆发，与 2008 年金融危机的中心在美国不同的是，这次危机的根源是 17 个成员国构成的欧元区，其造成的影响同样不亚于次贷危机，它涉及的问题资产更为庞大，影响也更为深远。欧美经济的减速或衰退对中国主要造成三个方面的影响：一是导致中国贸易出口额的下降，据统计，欧美经济增长每下跌 1 个百分点，中国出口增长就要下跌 6 个百分点。二是大宗商品价格的下跌，直接冲击了我国能源和原材料企业的利润、生产和投资。三是全球股市和大宗商品价格的下跌，增加了经济下行的预期，打击国内投资者信心。从以上几个方面看，欧债危机成为导致 2011 年我国信贷资本配置效率急剧下降的重要原因之一。由此可见，我国信贷资本配置效率波动幅度较为明显，这不仅与国内政策调整息息相关，也与国际金融市场密不可分，受国内外环境影响较大。

7.2.3.2 我国信贷资本配置效率的行业差异分析

上文通过时变系数面板数据模型分析了 2005~2011 年我国商业银行年度的信贷资本配置效率，可以看出近几年来我国商业银行信贷资本配置效率的变动轨迹，随着国内外经济环境的变化不断起伏震荡。下面将利用变截距的面板数据，进一步分析各个行业的信贷资本配置效率。在经济学意义上，各个行业不同的截距代表了不随行业增加值变化的自发信贷投资水平，表示与行业增加值增长无关的其他因素对于贷款的贡献，也显示了产业结构布局和调整情况。自发投资表示那些不随利润变化而发生变化的投资。自发投资水平可以较好地反映某一区域信贷投资的热点行业，自发信贷投资水平越高，表明该行业对资金的需求越旺盛，信贷资金投入量也就越大。本节利用变截距面板数据模型，测算得到 2005~2011 年我国 18 个行业的自发信贷投资水平，并进行排序，如表 7.6 所示。

表 7.6　变截距面板模型回归结果

变量	系数	标准差	t 值	P 值	排序
α_1	0.152	0.053	4.758	0.000	14
α_2	0.269	0.055	4.927	0.000	4
α_3	0.191	0.056	3.416	0.001	9
α_4	0.157	0.051	3.066	0.003	13
α_5	0.276	0.060	4.621	0.000	3
α_6	0.214	0.052	4.337	0.000	8
α_7	0.289	0.060	4.811	0.000	1
α_8	0.226	0.053	4.247	0.000	7
α_9	0.253	0.064	3.921	0.000	6
α_{10}	0.262	0.060	4.197	0.000	5
α_{11}	0.283	0.059	4.779	0.000	2
α_{12}	0.188	0.060	3.112	0.003	11
α_{13}	0.093	0.055	5.526	0.000	17
α_{14}	0.130	0.054	2.413	0.018	16
α_{15}	0.086	0.055	1.749	0.084	18
α_{16}	0.190	0.055	3.486	0.001	10
α_{17}	0.160	0.054	2.941	0.004	12
α_{18}	0.139	0.056	2.491	0.015	15

根据以上 18 个行业自发投资水平的取值范围，现将各个行业的信贷资本配置效率归结为以下 4 个类型：

（1）自发投资水平高的行业。自发信贷投资水平高的行业由截距大于 0.25 的 6 个行业构成，分别是住宿和餐饮业，租赁和商务服务业，建筑业，采矿业，房地产业，信息传输、计算机服务和软件业。可以看出，这些行业主要是以服务业为主的第三产业和高新技术产业，其中与民众基本生活息息相关的行业占了绝大部分。近些年，一方面，随着人们生活水平的提高和生活节奏的加快，旅行、日常生活中外出就餐和假日旅行已经成为大多数人的一种生活方式及习惯，每年火爆的黄金周市场充分说明了这一点，从而拉动住宿和餐饮业的快速发展。另一方面，随着竞争的加剧、管理的规范化和人们认识水平的提高，住宿和餐饮企业盲目投资和低水平扩张的行为逐渐减少，大型连锁发展尤其直营连锁发展势头强劲，企业自主创新能力不断加强，企业尤其直营连锁企业的营业收入大幅增长。因此，吸引了大量银行信贷资金的投入。随着经济全球化趋势的加快，全球经济结构发生了深刻的变化，租赁和商务服务业已经成为提供就业机会、产业结构调整和经济增长的重要行业，由于它在我国的发展还处于起步阶段，具有很广阔的发展前景，因此吸引银行资金的进入。近些年，我国全社会固定资产投资增速持续在15%以上的高位运行，这导致了与社会固定资产投资密切相关的建筑业保持在高位增长，尤其是2008年金融危机之后，“4万亿”投资基本投向了公路交通等基础建设领域，而其中以银行信贷资金为主。房地产业一直是全国和普通民众高度关注的热点问题，也是近些年发展最为迅速的行业，与我国宏观经济的发展具有正相关性，而宏观经济的持续发展，有利于放大房地产业上游的生产要素供给总量，并拉动房地产的终端市场需求。进入21世纪以来，国内的房地产业市场创造了一个又一个的财富奇迹，在很多地区，甚至成为当地经济发展的支柱。房地产业投资占全社会固定资产投资的比重较大，除了国内民间资本涌入，还有巨额国有资本进入房地产市场，而这其中就包含了大量的银行信贷资金，各方面的因素导致房地产业增速始终居高不下。近年来，我国采矿业快速发展的一个重要驱动因素是市场对自然资源的强大需求，尤其石油、天然气、煤炭等是国家历来强调保障供应的重要资源，在我国采矿业属于寡头垄断行业，属于定价能力较强的行业，利润高，尤其是能源等矿产资源价格的快速上涨，也为与之相关的采矿行业带来了巨大的投资资金。以信息传输、计算机服务和软件业为主的现代服务业是近些年发展最迅速、最有潜力的行业，即便在2008年的金融危机期间，它依然逆势上升，互联网、软件业已成为国内外资金流向的热点领域，信息产业具有非常广阔的发展空间。

（2）自发投资水平较高的行业。自发信贷投资水平高的行业由截距大于0.2小于0.25的两个行业构成，交通运输、仓储和邮政业，批发和零售业。随着我国经济社会快速发展，对外开放程度日益加深，城乡区域协调发展，带来了旺盛的客货运输需求，安全可靠、经济高效、便捷舒适乃至个性化的价值取向不断增强，对交通运输提出了新的更高要求，从而带动了对交通运输、仓储和邮政业的投资。同时，高铁、民航、高速公路、城市公共交通的快速发展，对资金产生了大量的需求，而在其中银行信贷占据了很大部分，甚至在某些省份，交通行业贷款约占全省贷款的2/3。与交通运输、仓储和邮政业密切相关的批发零售业增速较快，它是社会化大生产过程中的重要环节，是决定经济运行速度、质量和效益的引领性力量，也是我国市场化程度最高、竞争最为激烈的行业之一。随着互联网和电子商务的普及，以淘宝、亚马逊、当当、京东商城、苏宁易购等为代表的电子购物网站纷纷崛起，销售额快速增加，据统计，仅2012年第三季度我国电商市场交易规模为1.99万亿元，同比增长21.9%；而我国第三季度GDP总额达12.6万亿元，说明电商占据15.7%的份额。新型网络销售模式给零售业带来了巨大的机遇和挑战，也带动了仓储物流等行业的发展，其惊人的发展速度对资金需求强烈。

（3）自发投资水平一般的行业。自发信贷投资水平一般的行业由截距大于0.15小于0.2的6个行业构成，制造业，卫生、社会保障和社会福利业，科学研究、技术服务和地质勘查业，文化、体育和娱乐业，电力、燃气及水的生产和供应业，农、林、牧、渔业。我国制造业虽然在改革开放后取得了长足的进步，但还存在着诸多问题，比如国际供应的原材料和能源价格上涨，缺乏定价权，国外市场非关税壁垒日益严重，80%的核心技术和高端技术都掌握在外资手里，还有高能耗、低附加值，企业规模不大，没有形成强有力的有足够竞争力的制造业群体等问题。再由于金融危机的影响，使得低附加值的制造业面临更加严重的用工荒、成本上升和资金短缺等问题，很多企业不仅出口受限，而且还出现大量企业倒闭，制造业面临着产业结构升级等诸多挑战。长期高利率的民间借贷，终于导致在2011年集中爆发借贷危机，众多企业老板纷纷跑路或自杀，更进一步加剧了制造业尤其是中小型企业面临的资金短缺。另外，其他几个行业都存在着一个共同的特点是投资额大、回收周期长、风险大、发展缓慢。其中，卫生社会保障和社会福利业属于财政拨款，资金来源以财政支出为主，产生的经济效益小。科学研究技术和地质勘查业属于基础科学研究领域，需要长期大量不间断的投资，短期内的经济效益不明显，风险较高，难以吸引大量信贷资金的进入。我国的文化体育和娱乐业市场化程度较低，规模较小，都是以财政投资为主，由于固定资产少，缺乏抵押品，在银行贷款难度较大。电力、燃气及水的生产和供应业，农、林、牧、渔业都属于一次性投资较大，回收周期长，抗风险能力较弱的行业，获得信贷资金少。

（4）自发投资水平低的行业。自发投资水平较低的行业由截距小于 0.15 的 4 个行业构成，为公共管理和社会组织，居民服务和其他服务业，水利、环境和公共设施管理业，教育。这些行业基本都属于公共服务行业，日常支出主要来源于财政拨款，贷款额小，收益低。随着近些年财政收入的大幅增加，财政用于民生的事业投入也快速增加，相应的银行贷款减少，信贷资金流出明显。

总之，通过上述分析可以发现，我国各行业的自发投资水平存在明显的差异，以服务业为主的第三产业、垄断行业或者国有产权占主导地位的行业，自发投资水平较高，而公共服务等行业自发投资水平较低，政府对不同行业的信贷支持有着很强的调控能力，商业银行市场仍然没有建立起高效的资源配置机制。

7.2.3.3 我国信贷资本配置效率的地区差异分析

由前文分析可知，无论是生产总值还是贷款余额，我国各地区之间差异明显，甚至在一些地区，出现了信贷资本由贫困地区向发达地区流动的“虹吸现象”，那么进一步研究各地区信贷资本配置效率，将对探讨实现地区经济协调发展的模式和途径，具有重要的理论和实践意义。因此，在本节引入地区因素，进一步考察地区信贷资本配置效率，模型如下所示：

$$\ln\frac{I_{ci,t}}{I_{ci,t-1}}=\alpha_{c,t}+\eta_{c,t}\ln\frac{V_{ci,t}}{V_{ci,t-1}}+\varepsilon_{ci,t} \tag{7-5}$$

式中，$I_{ci,t}$ 为地区 c 内行业 i 第 t 年的贷款投入量，$V_{ci,t}$ 为各地区 c 内行业 i 第 t 年的增加值，$\eta_{c,t}$ 为各地区信贷资本配置效率，表明第 t 年内，地区 c 各行业信贷资金投入对行业成长性变化的弹性水平。

利用 2004~2011 年我国 30 个省份各行业的面板数据，进一步计算了各地区的信贷资本配置效率，如表 7.7 所示。

表 7.7 我国各地区 2005~2011 年信贷资本配置效率

年份	2005	2006	2007	2008	2009	2010	2011	平均
北京	0.977	1.233	0.292	0.555	2.079	−0.763	−0.473	0.557
天津	0.334	0.678	3.649	2.845	1.172	2.018	1.947	1.806
河北	0.333	0.847	0.714	−0.436	1.183	1.477	−1.740	0.340
辽宁	2.127	−0.655	0.002	0.070	1.486	−0.186	−1.721	0.160

续表

年份	2005	2006	2007	2008	2009	2010	2011	平均
上海	2.603	0.911	0.632	1.190	0.229	0.285	−0.187	0.809
江苏	−1.594	−0.547	−0.486	0.584	2.013	0.525	0.266	0.109
浙江	−0.125	−0.116	0.987	1.887	1.841	1.093	0.875	0.920
福建	0.505	0.242	0.609	−0.339	0.083	−0.531	−1.093	−0.075
山东	−0.204	0.076	−0.121	1.077	0.962	0.233	−0.388	0.234
广东	0.473	1.272	0.185	1.320	2.018	1.924	−0.247	0.992
广西	−0.553	0.438	0.104	0.416	2.010	−0.091	−0.510	0.259
海南	0.683	−2.031	−0.934	1.582	−0.838	0.915	−0.100	−0.103
东部地区	**0.463**	**0.029**	**0.469**	**0.896**	**1.187**	**0.575**	**−0.281**	**0.477**
山西	0.224	−0.943	−1.415	−0.193	0.370	−1.284	−2.325	−0.795
内蒙古	1.428	−1.691	−0.019	0.099	2.865	1.450	−0.275	0.551
吉林	2.788	−0.267	0.126	0.310	1.938	0.058	−1.573	0.483
黑龙江	−2.025	2.493	0.999	1.802	1.636	2.108	0.826	1.120
安徽	−0.225	0.807	0.512	−0.078	0.743	−0.025	−0.386	0.193
江西	1.214	0.385	−0.479	1.202	1.584	1.722	−1.243	0.626
河南	0.562	−1.971	0.218	−0.418	−0.362	0.556	0.204	−0.173
湖北	2.109	1.461	1.259	1.071	1.780	1.233	0.438	1.336
湖南	−0.573	−0.665	1.267	−0.761	1.336	−0.528	−0.021	0.008
中部地区	**0.612**	**−0.043**	**0.052**	**0.337**	**1.321**	**0.477**	**−0.706**	**0.293**
重庆	0.538	1.017	−0.284	0.841	0.563	1.366	−0.833	0.458
四川	−2.389	1.724	0.387	0.364	0.971	1.397	−1.865	0.084
贵州	0.003	−0.205	0.158	0.597	0.133	−0.031	−1.261	−0.087
云南	1.293	0.230	0.136	0.902	−0.297	−0.697	0.560	0.304
陕西	0.815	2.185	0.375	0.946	1.407	0.666	1.077	1.067
甘肃	1.405	0.521	−0.259	−0.512	0.563	1.104	0.970	0.542
青海	1.445	2.880	−1.710	0.783	1.035	0.351	−0.328	0.637
宁夏	−5.062	0.535	1.257	−0.056	1.714	0.797	1.644	0.119
新疆	−0.838	0.255	−0.388	−0.153	0.434	−0.127	0.275	−0.077
西部地区	**−0.310**	**1.016**	**−0.036**	**0.412**	**0.725**	**0.536**	**0.027**	**0.358**

从表 7.7 可以看出，在我国 30 个省份中，天津的平均信贷资本配置效率最

高，为 1.806，黑龙江次之，为 1.120，陕西排第三，为 1.067，可见东中西各地区均有一个省份位列三甲。可能原因是，天津滨海新区在 2005 年开始被写入“十一五”规划，并在 2006 年上升为国家发展战略，现代金融、商贸物流、服务外包、文化创意等新兴产业迅速崛起，信贷资本配置效率有了大幅度提升，并始终保持在较高水平。2004 年，中央启动东北振兴计划，在这一过程中，黑龙江充分发挥了区域优势，作为中、朝、俄三国的中心枢纽地带，与周边国家和地区展开了多层次和多渠道的交流合作，促进了自身原有的强势产业石油、装备制造、农业等领域信贷资金的有效利用。陕西作为西部大开发的桥头堡，发挥着举足轻重的作用，尤其是在西部大开发和关中—天水经济区建设的利好政策下，原有煤炭、石油、能源化工、装备制造以及电子信息等行业发展迅速，吸引了大量的资金，促进了信贷资本在优势产业和行业中合理流动。30 个省份中信贷资本配置效率最低的是山西，为–0.795，其次是海南，为–0.103，倒数第三的是贵州，为–0.087。长期以来，山西的经济发展过度依靠单一的煤炭资源，工业化水平较低，存在不可持续性以及环境等诸多压力，“因煤而兴、因煤而困”的格局逐渐被世人所关注，因此山西进行了煤炭资源整合，谋求产业转型升级，但这需要一个长期的过程，因此在转型过程中，就出现了原有产业关闭，但新型产业尚未发展壮大的场面，大量资金外流，甚至在 2009 年第一季度，山西省 GDP 出现了 8%的负增长，因此在 2006 年之后，信贷资本配置效率长期处于低水平。海南信贷资本配置效率低的主要年份是在 2006~2009 年，这几年时间正是海南房地产业发展的黄金时期，大量资金都流向了房地产行业，尤其是银行的信贷资金，成为房地产热的重要推手，这导致其他产业资金投资不足，配置效率低下。贵州工业基础较薄，尤其是自然环境较差，山区多，信息和交通存在障碍，难以实现“大干快上”的工业化方式；另外，作为贵州核心地区的贵阳，在 2005 年之后，重点发展房地产行业，成为全国有名的空城，与海南相似，资金流向房地产行业，自然导致其他行业资金供应不足，资本配置效率低下难以避免。

分区域来看，三大地区的信贷资本配置效率差异明显，如图 7.2 所示。

第一，从平均值来看，东部地区最高，为 0.477，西部次之，为 0.3587，而中部最低，为 0.293；可见东部地区凭借优越地理位置，发达的经济环境，较高的人力资本水平，使得银行等信贷部门有较高的甄别客户能力，在选择信贷资金

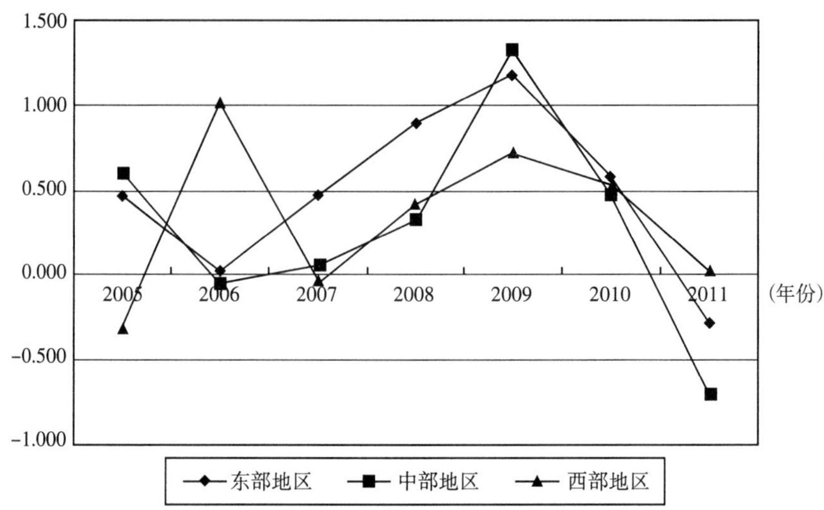

图 7.2 2005~2011 年三大地区信贷资本配置效率动态变化

投放对象上，具有强大的优势，所以信贷资本配置效率明显要高于其他两个区域。经济发展水平较低的西部地区信贷资本配置效率反而要高于中部地区，主要原因是西部大开发战略实施以来，中央加大了向西部资金投入力度，基础设施建设步伐加快，青藏铁路、西气东输、西电东送、水利枢纽、公路干线等关系西部地区发展全局的重大项目已经全面开工，科技、教育和社会事业加快发展，人才开发力度加大。西部地区立足资源优势，大力发展特色优势产业。一些能源矿产资源大省努力延伸产业链，提升产业整体竞争力。坚持重点突破，加大力度引导重点区域加快发展，积极推进成渝、关中—天水、环北部湾等重点经济开发区，使其成为西部发展的增长极。中部地区相对来说，信贷资本配置效率较低，但也呈现出区域发展特色明显，尤其是在能源材料工业发展加快，山西、河南、安徽等省大型煤炭基地建设，以及钢铁、有色金属等原材料工业的快速发展，还有工程机械、电动机车、数控系统等装备制造产业快速发展。中部地区原有的资金、土地、人力、技术等生产要素资源流向了高增长的行业，成为中部地区经济持续增长的内在动力。

第二，从波动的趋向性看，三大区域的动态信贷资本配置效率趋向性大体一致。2005~2009 年，都是呈上升趋势，而 2009 年之后，各区域动态信贷资本配置效率均呈下降趋势。这主要是因为 2005 年，我国三家大型商业银行完成了股份制改造，引进了境外战略投资者，学习和借鉴了外资银行先进的管理经验和技术水平，银行部门经营能力和效率大幅提升，业务创新、客户识别能力增强。尤其是2008年金融危机之后，我国又实行了扩张性财政政策，通过“4万亿”投资，筹集大量信贷资金用于公共基础设施建设，此后又通过税收优惠，引进风险投资等方式促进高新技术产业发展，信贷资本配置效率也逐年上升。2009年以后，中央采取了收缩调控政策，投资速度减慢。再加上欧债危机波及国内金融市场，市场调控作用不够充分，部分行业的资本流动仍然受到外部因素的干扰，使资本无法顺畅流向高利润率的行业。这说明国家的宏观经济调控措施对各区域资本配置效率具有显著的影响。

第三，从波动幅度看，2009年之前，三大区域波动幅度平均为0.86，波动幅度较小。这是因为从2005年到2009年，我国一直实行积极财政政策和宽松的货币政策，信贷市场资金量充足，各项经济社会发展指标增长较快，经济受行政干预程度较小。而2009年之后，波动幅度平均为1.521，各区域的信贷资本配置效率波动幅度较大，受干预的力度较大。这也说明2009年之后，全球金融危机的后遗症以及欧债危机等国外宏观因素对信贷资本配置效率影响程度较大。

7.3 外资银行进入对我国商业银行信贷资本配置效率影响分析

7.3.1 面板门限模型设定

如前面几章分析，外资银行进入通过改变我国银行业产权结构和市场结构等方式，来干预我国银行业市场，必然也会影响到我国银行业的信贷资本配置效率。因此，依据第6章中有关门限模型的设定标准，我们参考 Hansen（1999）的研究成果，构造信贷资本配置效率的基本门限模型如下：

$$\eta_{it}=\alpha+\beta_1 D_{it}F_{it}+\beta_2(1-D_{it})F_{it}+\beta_3 PRGDP_{it}+\beta_4 Edu_{it}+\beta_5 GB_t+\beta_6 HHI_t+\beta_7 Stock_t+\beta_8 Ins_t+\beta_9 Export_{it}+\beta_{10} Agr_{it}+\beta_{11} Ind_{it} \tag{7-6}$$

式中，η_{it} 为信贷资本配置效率；F_{it} 为外资银行进入的程度，D_{it} 为虚拟变量，取值为 0 和 1，具体如式（7–7）所示：

$$D_{it}=\begin{cases}0 & F_{it}\leqslant\tau\\1 & F_{it}>\tau\end{cases} \tag{7–7}$$

F_{it} 为门限变量，τ 为门限值，该模型实际上是相对于信贷资本配置系数 β 的分段函数，当 $q_{it}\leqslant\tau$，系数为 β_2，当 $q_{it}>\tau$ 时，系数为 β_1。剩余变量为影响信贷资本配置效率的其他控制变量，包括各地区的经济发展水平、市场开放程度、人力资本、经济结构、资本市场状况等。

7.3.2 指标选取与样本说明

本节涉及的研究变量除了上述的信贷资本配置效率和外资银行进入程度以外，还选用以下控制变量：

（1）人均 GDP，反映当地的经济水平，地区经济越发达，金融发展水平越高。

（2）人力资本，人口素质的提高，加深了人们对金融知识的了解，提高金融投资意识，有利于资本配置的利用效率，我们用各地区每十万人口高等学校平均在校生数来衡量。

（3）对外开放度，对外开放程度的加深，有利于企业引进先进的管理技术、扩大竞争范围，有利于资本配置效率的提高，我们用进出口总额与 GDP 之比来衡量。

（4）产业结构，沿海发达地区与中西部地区的产业结构不同，对信贷的需求和回报也不同，使得资本配置效率存在地区差异，我们用第一产业总值与 GDP 之比和第二产业总值与 GDP 之比来衡量。

（5）资本市场发展程度，采用衡量股票市场和保险市场发展程度的指标，前者用股票总市值与 GDP 之比，后者用保费收入与 GDP 之比，考察随着我国直接融资的发展壮大对商业银行效率的影响。

（6）银行业产权结构和市场结构，关于信贷资本配置效率与产权的问题，政治论观点认为，国有产权会导致信贷配置的政治化，会降低信贷资本配置效率，而外资参股能提高银行的效率，这一观点得到大部分学者的支持，这里采用我国商业银行中国有股权比重衡量我国银行业产权结构。选用赫芬达尔指数（HHI）

衡量银行业的市场结构，反映银行业垄断竞争情况。

各变量的具体符号和含义，如表 7.8 所示。

表 7.8 各研究变量的含义

变量类别	符号	含义
信贷资本配置效率	η_{it}	7.2 部分中估算的各地区信贷资本配置效率
外资银行进入水平（%）	F_{it}	外资银行机构数量、资产份额（%）
社会发展水平	$PRGDP_{it}$	人均 GDP
	Edu_{it}	人力资本
对外开放度	$Export_{it}$	进出口总额与 GDP 之比
产业结构	Agr_{it}	第一产业总值与 GDP 之比
	Ind_{it}	第二产业总值与 GDP 之比
行业层面	GB_t	银行业产权结构
	HHI_t	银行业市场结构
	$Stock_t$	股票总市值与 GDP 之比
	Ins_t	保险业保费收入与 GDP 之比

由于外资银行进入我国各省份的时间早晚不一，有些省份比较早，比如东部沿海一带，尤其是北京、上海等省份，早在加入 WTO 以前，外资银行就已经进入并开展金融业务。而与东部沿海省份相比，外资银行进入中西部地区的时间都普遍较晚，甚至有些省份到目前为止，还尚无一家外资银行分支机构，比如青海、宁夏等省份。为了计算数据的统一和更加准确反映外资银行进入对各省份信贷资本配置效率的影响，本书选择了外资银行进入较早的 15 个省份，分别是北京、福建、广东、海南、湖北、江苏、辽宁、山东、陕西、上海、四川、天津、云南、浙江和重庆。数据的时间跨度为 2005~2011 年，正好跨越了对外资银行全面开放前后的两个时间段，数据来源于各省份金融运行报告。

本节参考 Classens 等（2001）的研究，选择两个指标来反映外资银行进入程度：一是外资银行资产份额，即当地进入的外资银行资产占当地商业银行资产总额的比重；二是外资银行机构数量份额，即当地进入的外资银行机构数量占当地商业银行机构总数的比重。各变量的描述性统计，如表 7.9 所示。

表 7.9 各研究变量的描述性统计

变量名称	平均值	标准差	最小值	最大值
η_{it}	0.578	0.02548	-2.389	3.649
F_{it}	0.00857	0.01393	0.00015	0.05882
	0.01947	0.03258	0.00018	0.16020
$PRGDP_{it}$	36679	20638	7809	92123
Edu_{it}	2755	1325	1007	7523
$Export_{it}$	5.75764	5.08953	0.64516	17.21673
Agr_{it}	0.09784	0.071245	0.00635	0.32735
Ind_{it}	0.46883	0.09166	0.22798	0.57415
HHI_t	0.14667	0.01384	0.12354	0.16577
GB_t	0.60642	0.23268	0.47231	0.74264
$Stock_t$	0.55859	0.29946	0.17536	1.23073
Ins_t	0.02992	0.00329	0.02607	0.03618

7.3.3 实证结果及其分析

在估算之前，我们要解决的问题是检验是否存在门限效应，以及存在的门限个数和门限值的大小。根据 Chan（1993）的研究，如果回归中的门限变量取值越接近门限值，回归模型中的残差平方和将越小。我们分别在不存在门限、存在一个门限和两个门限的情况下对模型（7-6）进行估计，得到的 F 统计量和采用自抽样法得出的 P 值，如表 7-10 所示。可见，在选取外资银行机构数量份额为门限变量时，信贷资本配置效率存在单门限效应，此时门限值在 10%的水平上显著，而双门限检验未通过。在选取外资银行资产份额作为门限变量时，信贷资本

表 7.10 门限效果检验

	外资银行机构数量份额					外资银行资产份额				
	F 值	P 值	1%	5%	10%	F 值	P 值	1%	5%	10%
单一门限检验	5.46*	0.070	12.55	6.64	4.45	12.52***	0.003	8.72	4.61	2.97
双重门限检验	6.57	0.131	21.48	12.49	7.89	5.45**	0.017	6.21	4.05	2.89
三重门限检验	1.90	0.274	10.14	5.07	3.67	3.05	0.152	7.12	5.35	4.47

注：①P 值和临界值均为采用“自抽样法”（Bootstrap）反复抽样 10000 次得到的结果；②***、**、*分别表示在 1%、5%、10%的显著水平上通过检验。

配置效率存在双重门限效应，此时单一门限检验值和双重门限检验值 F 值分别在 1%和 5%的水平上显著，而三重门限检验未通过。因此，下面将分别对以外资银行机构数量份额和资产份额作为门限变量的门限模型进行分析。

Hansen（2000）利用 Chong 等提出的序贯估计法对门限回归模型中的门限值进行求解，并据此构建了门限值的置信区间。本节两个变量门限值的估计值和相应的 95%的置信区间详见表 7.11。

表 7.11 门限模型估计结果

门限变量	符号	估计值	95%置信区间
外资银行机构数量份额	门限值 τ	0.00898	[0.00801，0.00974]
外资银行资产份额	门限值 τ_1	0.00166	[0.00102，0.00225]
	门限值 τ_2	0.03484	[0.03157，0.03782]

为了可以更加清晰地理解门限值的估计和置信区间的构造过程，我们绘制了似然比函数图，门限参数的估计值是指当似然比检验统计量 LR（Likelihood Ratio）等于零时，所对应的门限变量大小就是门限值。以外资银行机构数量份额为门限变量的单门限值如图 7.3 所示，以外资银行资产份额为门限变量的双重门限值分别如图 7.4 和图 7.5 所示。

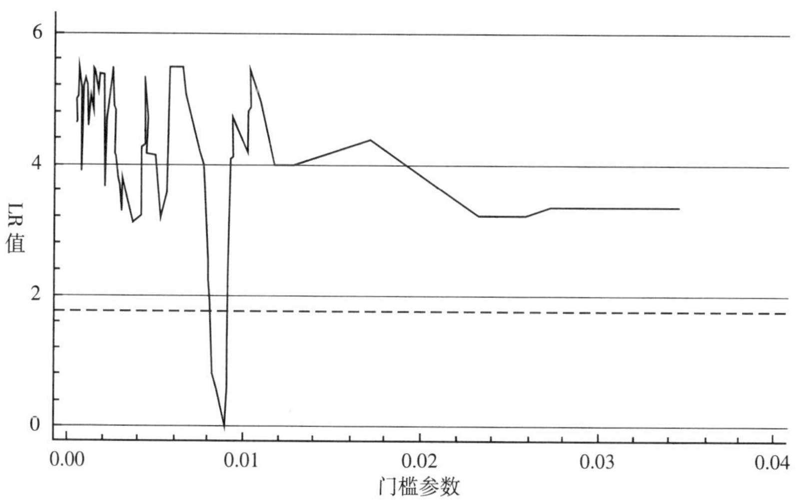

图 7.3 以外资银行机构数量份额为门限变量的估计值

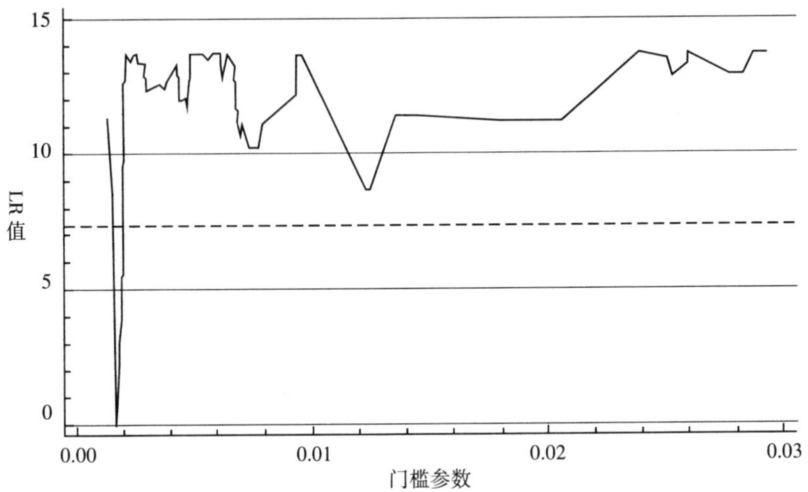

图 7.4　以外资银行资产份额为门限变量的第一个门限的估计值

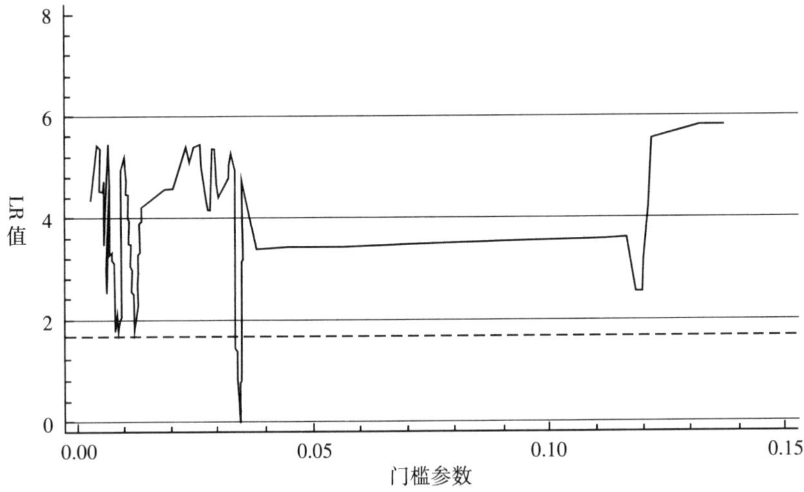

图 7.5　以外资银行资产份额为门限变量的第二个门限的估计值

我们可以根据外资银行资产份额的门限值，将我国 15 个省份外资银行进入的程度分为三个等级：进入程度比较低（$q_{it} \leqslant 0.00166$），中等（$0.00166 < q_{it} < 0.03484$），程度较高（$q_{it} \geqslant 0.03484$），在不同等级的区域内，外资银行资产份额对资本配置效率的影响程度不一样。以外资银行机构数量份额和资产份额为门限变量进行估算后，得到具体的系数检验结果，如表 7.12 所示。

表 7.12　系数估计结果

	变量	系数
外资银行机构数量份额	β_1	63.421 (0.223)
	β_2	135.239* (1.745)
	门限值	$\tau = 0.00898$
外资银行资产份额	β_1	−18.347 (−1.193)
	β_2	34.218*** (2.607)
	β_3	167.425*** (9.539)
	门限值	$\tau_1 = 0.00166$　$\tau_2 = 0.03484$

注：***、* 分别表示在 1%、10%的显著水平上通过检验。

首先，从外资银行机构数量份额看，对各个地区的信贷资本配置效率呈现正向单门限效应，当地区的外资银行机构数量份额低于 0.00898 时，影响系数为 63.421，但并不显著，表明外资银行在华机构数量很少时，产生的溢出作用不明显，对地区信贷资本配置效率影响不大。当外资银行机构数量份额超过 0.00898 时，影响系数为 135.239，并且在 10%的水平上显著，说明此时某些地区外资银行的机构数量已经影响到国内商业银行的信贷资金运用能力，促进了信贷资本配置效率的提升。总的来看，外资银行机构数量份额的增加，有利于我国信贷资本配置效率的提升。就当前各地区发展情况看，除了上海等沿海城市，我国绝大部分地区的外资银行机构数量都还非常少，是否会产生负面影响，还有待外资银行进一步发展之后的检验。其次，从外资银行资产份额看，对各地区信贷资本配置效率的影响呈现出双门限特征，当地区的外资银行资产份额低于 0.00166 时，影响系数为−18.347，但并不显著，表明外资银行资产份额增加会对地区信贷资本配置效率产生负面的影响，这可能的原因是外资银行进入初期，在争夺优质客户和产品创新上具有先天的优势，而国内商业银行一时还尚未适应对方的竞争，造成优质客户流失。但随着外资银行资产份额高于 0.00166 时，影响系数为 34.218，并且在 1%的水平上显著，说明此时外资银行进入已产生明显的溢出效应，外资银行进入所带来的竞争压力，迫使国内商业银行改善经营管理方式，提高风险管控能力以及引导资金的合理流向与配置。当外资银行资产份额进一步上升到0.03484时，影响系数再次跃升到167.425，并且在1%的水平上显著。这一结果表明，由于外资银行在产品创新、管理经验、技术水平和资本运作模式等方面具有显著的优势和特点，它的进入所带来的资金效应、竞争效应、技术溢出效应等都会使资金流向效益更高的行业，促进了我国各地区信贷资本配置效率的提升。

其他变量对信贷资本配置效率的影响，如表7.13所示。反映经济发展水平的人均GDP对信贷资本配置效率产生正面作用，影响系数为0.835，并且在1%的水平上显著，对外开放度与信贷资本配置效率成正比，系数为0.247，并且在5%的水平上显著。由此可见，一个地区外资银行进入溢出效应的发挥有赖于其经济发展水平和开放程度，如上海、北京、广东等省份，对外资银行开放时间较早，开放程度较深，尤其是上海，2012年外资银行的资产份额甚至达到15%，相应地，经济发达的其他省份资本配置效率也较其他落后地区要高。在经济全球化和跨国公司全球战略作用下，外资银行区位选择往往倾向于开放程度较高的地区，一个地区的开放程度直接关系到该地区能否吸引到高水平的外资银行进入，从而也必然影响到外资银行溢出效应能否得到有效的发挥。人力资本对信贷资本配置效率的影响系数为1.236，并且在5%的水平上显著，这反映出地区高素质人才对于金融行业的重要性。总体而言，只有当某个地区的经济水平达到一定程度时，具备先进的管理体制、配套设施和高素质的人力资本，才会形成较强的消化吸收能力，从而才能促进外资银行溢出效应的发挥。行业层面的国有股权比重与信贷资本配置效率成反比，这反映国有产权占主导的我国商业银行在信贷资本配置过程中不可避免地存在政府干预和政治目的，从而抑制效率提升。市场集中度与效率成反比，说明大型商业银行占据着绝对的市场地位时，信贷资本大多流向了大项目或者大工程，导致中小企业信贷资金不足，出现融资难的问题，这不利于资本的合理流动和效率的提升。股票市场和保险市场虽然对银行效率的作用是正向的，但对各地区的信贷资本配置效率影响并不显著，这主要是因为我国各地区仍然是以银行为主的间接融资，各地间接融资市场发展缓慢。就目前来看，外资银行进入对我国各地区信贷资本配置效率的影响都是正向的，符合“鲶鱼效应”与“外溢效应”假说，还未出现“选摘樱桃效应”假说所提出的负面影响。

主要原因可能是，目前外资银行进入的比例还不够大，除了上海以外，其他省份的外资银行机构数、人员数、资产份额都非常小，有的甚至不到1%，远远小于国内商业银行，在规模上都没有形成足够的影响力。但这并不排除，银行业完全开放后，外资银行会大规模在我国境内设立分支金融机构，尤其是在西部地区，这可能会对本地区的信贷资本配置效率产生怎样的影响，值得以后进一步研究。

表 7.13 模型参数估计结果

变量	系数估计值	t 值
$PRGDP_{it}$	0.835^{***}	3.161
Edu_{it}	1.236^{**}	2.372
$Export_{it}$	0.247^{**}	2.454
Agr_{it}	-0.167^{***}	-4.232
Ind_{it}	0.335^{*}	2.132
GB_t	-0.617^{*}	-1.745
HHI_t	-1.019	-0.325
$Stock_t$	0.546	0.261
Ins_t	0.034	1.403

注：***、**、* 分别表示在 1%、5%、10%的显著水平上通过检验。

7.4 本章小结

本章在 Jeffrey Wurgler（2000）的“资本配置效率”模型的基础上，首先构建了时变系数、变截距等面板模型，测算了我国整体以及各行业、各地区的信贷资本配置效率，并在此基础上，以外资银行机构数量和资产份额作为门限变量，构建面板门限模型，实证研究了外资银行进入对我国信贷资本配置效率的影响，得出以下主要结论：

第一，2006~2011 年，我国信贷资本配置效率较低，波动比较明显，主要原因可能是，我国仍为非完全的市场化国家，政府对宏观经济的调整和干预痕迹较重。各行业的自发投资水平存在明显差异，与人们日常生活密切相关的服务行业，以及垄断或国有产权占主导地位的工业行业自发投资水平较高，依靠财政支出的公共管理等行业自发投资水平低，反映政府对不同行业的信贷支持有着很强的调控能力。进一步通过对我国 30 个省份 2005~2011 年的信贷资本配置效率研究发现，由于国家宏观政策的调控，三大区域的信贷资本配置效率趋向性基本一致，在 2005~2009 年总体呈现上升趋势，而在 2009 年之后出现大幅度的下降。由于经济发展水平差异，东部地区的信贷资本配置效率要高于西部和中部地区，反映出金融发展与地区发展水平的显著相关性。

第二，通过考察以直接设立金融分支机构方式进入的外资银行对我国信贷资本配置效率的影响，发现：①选取外资银行机构数量份额为门限变量时，信贷资本配置效率存在正向单门限效应，门限值为 0.00898。即当地区的外资银行机构数量低于 0.00898 时，影响系数为 63.421，但影响并不显著；当机构数量份额超过 0.00898 时，影响系数为 135.239，地区外资银行机构数量增加有利于信贷资本配置效率的提升。②选取外资银行资产份额作为门限变量时，信贷资本配置效率存在双重门限效应，其门限值的估计值分别为 0.00166 和 0.03484，在控制其他变量的影响之后，外资银行进入程度对信贷资本配置效率先产生负向影响，然后产生正向影响。具体来讲，当地区的外资银行资产份额低于 0.00166 时，影响系数为-18.347；当资产份额介于 0.00166~0.03484 时，影响系数跃升到 34.218，已产生明显的溢出效应；当资产份额大于 0.03484 时，影响系数再次跃升到 167.425，外资银行进入程度较高时所带来的竞争效应、技术溢出效应等都会促使信贷资金流向效益更高的行业，促进地区信贷资本配置效率进一步提升。

8 结论与展望

8.1 结论

本书在国内外研究的基础上，提出将产权结构因素纳入传统的 SCP 分析范式，构建基于产权结构、市场结构双约束下的 SCP 理论分析框架，比较分析了外资银行进入前后，我国商业银行的产权结构、市场结构变迁特征，以及由此产生的行为效应，通过建立完备信息的博弈模型分析了竞争效应和学习效应的作用机理，并通过构建非线性面板门限模型实证研究了外资银行进入对我国商业银行全要素生产率和信贷资本配置效率的影响程度。具体结论如下。

8.1.1 构建了基于产权结构、市场结构双约束下的 SCP 拓展理论分析框架

理论分析发现，外资银行进入对我国商业银行的产权结构和市场结构具有很大的影响。外资银行本来就属于私人产权，进入后最先受到冲击的制度是所有制，所有制的变化会引致产权制度的变化，国外私人产权介入会促使对国内私人产权管制的放松，产权结构的变化建立在所有制结构变化的基础上，逐步选择市场化产权结构模式，也就是产生市场结构变化的动力。外资银行进入对商业银行市场结构变化影响的传导机制为：外资银行进入—产权结构改善—制度变迁效应—市场集中度变化—市场结构变化，从表象上看仅仅是市场结构的变化，但实质引发结构变化的关键在于产权结构的变化带来的竞争机制、制度变迁与结构的

变化，是一个连续的作用机制与过程。结构演变影响效率机制的关键在于商业银行市场行为、监管行为的变化，这种变化会导致经营理念、监管理念以及其他竞争行为的变化，其中起重要作用的是竞争行为、学习行为的变化，特别是风险控制行为的变化尤为重要，这是商业银行竞争机制中不可缺少的重要环节，也是不同于其他行业的特点之一，外资银行正是通过竞争行为产生的竞争效应、外溢效应和学习效应，对效率产生直接和间接的促进作用。

基于此，本书构建基于产权结构、市场结构双约束的 SCP 分析框架，更加符合我国现阶段银行业发展和改革的特点，当前银行业面临的主要问题仍然是市场结构的调整和效率提升，产权结构是当前抑制市场结构优化的主要因素，也是导致效率损失和改进的关键所在。将产权结构与市场结构两者相结合，共同运用，能够更加客观、全面地描述外资银行进入对我国商业银行效率的影响。

8.1.2 外资银行进入改善了我国商业银行产权结构和市场结构

首先描述了管制放松背景下外资银行进入我国的现状，其次分析了外资银行进入前后我国商业银行产权结构和市场结构的动态变迁过程，结果表明：

（1）产权结构方面。从股权性质看，随着我国商业银行引进境外战略投资者的步伐加快，原有的单一国有股权性质发生了翻天覆地的变化，逐渐形成了以国有股权为主，法人股、个人股以及外资股多种形式并存的局面。其中，外资股份占有十分重要的地位；从股权集中度来看，我国商业银行第一大股东持股比例和前五大股东持股比例都呈现明显的下降趋势，大型商业银行改变原有国有产权独大的局面，股份制商业银行和城市商业银行的股权结构更加多元化，甚至在一些城市商业银行中，外资银行已经成为第一大股东。

（2）市场结构方面。从市场份额看，大型商业银行保持对市场控制权的同时，其总资产、存款、贷款及净利润市场份额呈下降趋势，而外资银行、股份制商业银行、城市商业银行等银行规模却在不断地发展壮大；从市场集中度看，CR_4 和 CR_8 指标呈逐年下降趋势，说明竞争程度正在不断增强，外资银行进入对国内商业银行市场结构高度集中的格局产生了一定的冲击，但垄断格局并没有发生实质性的改变。2010 年以前，我国商业银行资产、存款、贷款以及净利润的 HHI 指数均大于 0.1，表明银行业市场结构仍然属于寡占型，从变化趋势来看，正朝竞争型方向发展。

总之，这些都说明了大型商业银行的绝对垄断地位受到了外资银行进入的挑战，我国银行业产权结构和市场结构正在发生显著变化，市场竞争程度有所增强，外资银行的进入有效地改善了我国银行业原有的单一产权结构和垄断性市场结构。但是，目前大型商业银行在我国银行业市场中仍占据将近一半的份额，处于主导地位，银行业结构处于寡头市场结构。

8.1.3 外资银行通过竞争行为和学习行为作用于我国商业银行效率

通过竞争效应博弈模型的分析及数值仿真模拟发现，随着外资银行的进入，我国银行业所受到的股权限制逐渐减弱以及普通消费者对高质量金融服务产品的需求越来越大，金融服务产品市场需求的这种变化，提高了高质量金融服务产品的市场价格，进而促进了银行业以及整个社会的福利水平。在这一过程中，一方面，外资银行所占比例高的合资银行所占市场份额逐渐增大，表明外资银行所具有的先进技术、管理经验等优势正逐渐通过溢出效应、学习效应被我国商业银行所掌握；另一方面，外资银行所占比例高的合资银行中合资比例在上升，而外资银行所占比例低的合资银行中合资比例在下降，表明竞争效应使得我国各商业银行的国际化路径被锁定。通过学习效应博弈模型的分析可以看到，外资银行第一阶段进入的“学习效应”能提高扩张期权，使第二阶段的并购后银行价值更大。博弈结果证明，由于外资银行的进入，使得商业银行通过学习效应提高了客户甄别能力，使得其盈利能力、规模效应都发生变化，产生结构变迁的结果。

8.1.4 外资银行进入对我国商业银行全要素生产率产生倒“U”形影响

运用 1998~2011 年我国 58 家商业银行面板数据，对我国商业银行不良贷款约束下全要素生产率状况及发展趋势进行了评价。在此基础上，以各商业银行的外资参股比例作为门限变量，构建门限模型，实证检验外资银行进入在企业层面对我国商业银行全要素生产率的影响。结果发现：

（1）我国商业银行的全要素生产率呈现逐渐上升趋势。

（2）对于商业银行整体而言，存在单门限效应，且该门限值的估计值为

0.215，在控制其他变量的影响之后，外资银行进入的程度对我国商业银行的 TFP 的影响呈现倒“U”形影响，验证了“鲶鱼效应”假说和“选摘樱桃效应”假说。

（3）对于不同机构类型的银行来讲，外资银行进入的影响效果不同。对于大型商业银行，外资银行进入产生的都是正面促进作用，在外资银行进入初期，影响系数较大，但随着进入程度的加深，影响系数会有明显的下降，正面作用效果进一步弱化。对股份制商业银行和城市商业银行来说，外资银行进入对 TFP 会产生倒“U”形影响，但两者的门限值以及影响系数均有差异，城市商业银行的门限值要略高于股份制商业银行，同样外资银行对前者的影响系数也要高于后者。

8.1.5 外资银行进入促进了我国信贷资本配置效率的提升

在考察了我国各行业和地区信贷资本配置效率的基础上，分别选取各地区外资银行机构数量份额和资产份额作为门限变量，构建门限模型，检验外资银行进入对我国信贷资本配置效率的影响。结果发现：

（1）我国信贷资本配置效率较低，波动比较明显；各行业之间的信贷自发投资水平差异明显，反映政府对不同行业的信贷支持有着很强的调控能力；我国东、中、西部三大区域的信贷资本配置效率趋向性基本一致，但具体来看又存在差异，东部地区的信贷资本配置效率最高，西部地区次之、中部地区最低，反映了金融发展水平与地区经济发展水平密切相关。

（2）选取外资银行机构数量份额为门限变量时，信贷资本配置效率存在正向单门限效应，地区外资银行机构数量增加有利于其信贷资本配置效率的提升。选取外资银行资产份额作为门限变量时，信贷资本配置效率存在双重门限效应，在控制其他变量的影响之后，外资银行进入程度对信贷资本配置效率先产生负向作用，然后产生正向作用。当外资银行进入程度较高时所带来的竞争效应、技术溢出效应等都会促使信贷资金流向效益更高的行业，促进信贷资本配置效率进一步提升。

8.2 政策建议

8.2.1 进一步加大银行业对外开放力度，着力推动产权结构、市场结构持续优化

理论和经验研究表明，产权结构和市场结构是影响银行业效率的关键性因素。然而，尽管从2006年底开始，我国银行业已实现全面对外放开，外资银行也加快了进入我国商业银行市场的步伐，但无论是资产规模、存贷款数量还是净利润份额，其影响力与内资商业银行相比，仍然还很微弱，与国际上其他发达国家或部分经济转型国家相比，我国银行业对外资银行的开放程度也处于较低水平。依据第4章的分析结果，我们清楚地看到，外资银行进入后，对我国银行业产权结构和市场结构变化带来了一定的影响，但由于我国对外资银行的开放过程采取试探性的、渐进式的开放方式，加入WTO已近17年，外资银行的市场占有率仍然维持在2%左右，仍处于“量变”的初级阶段，外资银行目前对我国商业银行市场结构的影响仍较为有限，远未达到“入世”之初我们“引狼入室”的预期效果。

博弈分析及数值仿真模拟的结果显示，随着政府对外资银行进入管制的放松，竞争效应会促使我国商业银行的国际化路径被锁定，即外资银行占比较高的合资银行中外资参股比例会上升，而外资银行占比较低的合资银行中外资参股比例会下降。我国商业银行引入境外战略投资者的实践结果也很好地印证了上述结论。据银监会年报显示，1996~2009年，我国累计有35家内资商业银行引进境外战略投资，而截至2009年底，已有4家内资商业银行的境外战略投资者完全撤资，其余31家引资商业银行中的部分战略投资者也出现减持股份的情况。因此，在我国银行业进一步对外开放过程中，我们需要正视境外战略投资者的进入与退出问题，对于以投资获利为动机进入或退出的非真正意义上的银行金融机构投资者，要实行严格的进入、退出机制，而对于以长期战略投资为动机进入的具

有丰富银行业管理经验和团队的大型国际银行，需要采取多种方式鼓励其进入或增持股份，以“引智”“引制”“引技”为目标，有效缓解与防患“委托人缺位、代理人缺乏有效监督”的问题，促进我国商业银行产权结构、市场结构更加优化，充分发挥和利用外资银行进入带来的竞争效应和学习效应，加大金融产品和服务创新，提高商业银行的法人治理结构和公司治理水平，提高商业银行抵御风险的能力，改善商业银行的经营效率，提升我国商业银行的国际竞争力。

8.2.2 制定差异化的引资政策，保证外资银行进入的适度性与商业银行效率改进

门限模型实证结果表明，外资银行进入对商业银行整体、不同类型金融机构的全要素生产率影响效果存在明显差异，甚至会有方向性的差别，这与外资银行进入的程度密切相关。具体来讲，研究发现，选取外资银行参股比例作为门限变量时，商业银行整体、大型商业银行、股份制商业银行、城市商业银行均存在单门限效应，即当外资银行参股比例分别小于 21.5%、24%、18.6%、22%时，外资银行的影响系数分别为 0.546、1.632、0.327、0.808，表明外资银行进入促进了国内商业银行 TFP 的提升；当外资银行参股比例分别超过 21.5%、24%、18.6%、22%时，外资银行的影响系数分别为–0.133、0.393、–0.002、–0.207，表明除大型商业银行外，外资银行的进入对其他类型商业银行 TFP 的提升产生了负面作用。因此，在我国进一步的对外开放过程中，需要改变当前采取“一刀切”的引资政策，应该针对我国银行业金融机构的不同类型，制定差异化的引资政策保障外资进入的适度性，防止其因进入过度或进入过少而影响我国商业银行效率的改进与健康发展。

8.2.3 各地区进一步加大对外开放力度，提高商业银行的地区信贷资本配置效率

分析发现，当前我国各地区信贷资本配置效率的平均水平较低，但外资银行的机构数量、资产份额的增加有利于地区信贷资本配置效率的提升，外资银行进入的深度和广度提高时所带来的竞争效应、技术溢出效应、学习效应等都会促使地区商业银行的信贷资金流向效益更高的企业或行业。因此，面对当前我国部分

地区出现局部产能过剩、部分地区实体经济空心化问题严重以及部分地区由于中小企业“融资难、融资贵”而导致民间借贷危机频发等问题，各地区应该进一步加大商业银行开放力度，拓宽外资银行直接和间接进入当地金融市场的渠道，积极地与外资银行开展多方面、深层次的合作，通过与外资银行的深入互动与学习，建立和完善本地商业银行对客户的甄别能力、业务创新能力和信贷产品的市场定价能力的培养机制。而与此同时，随着财务制度、管理制度的日益规范，大量的中小企业尤其是科技型企业，具有很大的成长空间，具有巨大的资金需求。如果银行加大对中小企业的信贷力度，不仅可以缓解中小企业的“融资难”问题，还可以利用浮动利率的条件，实行差别定价，不仅获取更高的利润，而且可以实现与实体经济良性互动发展，还进一步提高了地区商业银行的信贷资本配置效率。

8.2.4 加大与外资银行合作力度，增强内资商业银行中间业务创新与客户甄别能力

外资银行进入产生的竞争效应和学习效应的博弈结果表明，外资银行所占比例高的合资银行所提供的金融服务产品占有更大的市场份额、具有更高的客户甄别能力，能够获得更多的利润，具有较高的竞争优势，并提高整个社会福利。因此，在经济全球化和金融国际化趋势进一步深入的背景下，我国已逐步开始实行利率市场化，长期以来主要以净利息收入为主的、依靠存贷差维持高利润来源的商业银行的生存模式受到挑战，我国商业银行必须加大与外资银行的深入合作力度，在巩固现有优势业务的基础上，加强与外资银行的技术开发与业务合作，学习外资银行以市场为导向，以客户为中心的业务创新机制，推出符合客户需求的综合理财、贸易结算等个性化、高质量的金融产品。同时，通过与外资银行的相互交流与技术合作，学习其客户甄别能力，建立客户类型甄别与风险评级系统，学习其针对不同类型的客户制定不同的存、贷利率以及服务价格的定价机制，为利率市场化的顺利推行做好充足的准备，在维持我国金融安全、稳定的前提下实现利率市场化的平稳过渡。

8.2.5 加强银保、银证、银信等合作，提高商业银行经营效率

分析结果表明，股票市场和保险市场发展对商业银行效率的作用是正向的，虽然目前影响并不显著，因为我国依然是以间接融资为主要融资方式的国家，银行业占据的市场份额较大，以至于直接融资市场的发展水平对于间接融资市场影响不显著；但是，随着经济全球化、金融国际化的深化，以及我国金融改革的逐步深入，保险市场和股票市场对商业银行业乃至整个经济的贡献会越来越大，影响会越来越深。因此，面对日益激烈的竞争以及利率市场化可能全面推行的关键时期，各商业银行应该不断加强和扩大银保、银证、银信等合作的力度，努力合作开发满足各层次客户需求的理财产品、融资需求和各类型服务，一方面有助于提高商业银行的中间业务收入、增强商业银行竞争能力，另一方面有助于将商业银行的经营风险通过银证、银保、银信等合作实现风险共担而降低商业银行自身风险，提高商业银行的经营效率。

8.2.6 进一步加强风险管理，完善金融市场监管体制

中国加入 WTO 十多年来，不仅五家大型商业银行先后完成股份制改造并在境内外上市，多数股份制商业银行也相继在国内外上市，在公司治理结构和经营理念上发生了深刻变化，而且整个银行业综合实力、资产质量、盈利能力、管理水平和核心竞争力都有了很大程度的提高。金融市场的双向开放，需要双方的市场规则更为接近、标准更高，这样才能减少风险。中国银行业在逐步对外开放的同时，监管机构还需要参照国际良好的监管经验与做法，不断建立健全外资金融机构科学审慎的监管体系和监管框架，加强非现场监管分析，有计划地实施现场检查，不断提高对外资金融机构监管水平，促进其在华稳健经营。就目前来看，由于外资入股中资银行的持股比例相对较低，对国内银行的积极影响大于不利影响，但这并不代表外资不愿扩大在中资银行的股权和控制权。我国必须对外资银行入股中国银行业的策略、动机和影响展开深入、系统的研究，避免本国金融为外国金融资本所控制。

8.3 展望

本书是在前人已有研究的基础上进行的有益尝试，尽管本书在理论体系上、研究方法上都有一定的创新，从理论和实证研究两个方面对外资银行进入我国商业银行的效率进行了探讨，然而由于时间和笔者水平所限，仍存在一些不足，还有更多方面的工作亟待在今后的研究中进行进一步深入的探讨和完善，主要表现在：

在理论研究方面，虽然对传统的SCP理论进行了模型拓展，在转型经济过程中政府管制逐步放松、外资银行进入的背景下，将产权结构、市场结构的双结构约束的影响因素纳入模型，构建了基于转轨经济制度约束的产权结构、市场结构双约束的SCP拓展理论分析框架，按照外资银行进入商业银行产权结构、市场结构变迁特征比较、行为模式变化分析、效率评价、提出对策建议的思路，从宏观和微观两个层次对外资银行进入我国商业银行效率进行客观、全面的评价，从学习效应、竞争效应以及阈值效应等行为模式的变化，深入分析了这些效应对效率变化产生的影响，有针对性地提出了相关政策建议。但在该拓展模型中至少还存在两个缺憾：一是该模型仍然是建立在半封闭条件下的商业银行效率评价，即只考虑了外资银行“引进来”，而没有考虑内资商业银行“走出去”条件下的我国商业银行的效率情况；二是该拓展模型虽然考虑了产权结构和市场结构的双结构因素，但没有将衡量银行业产业安全的变量也引入到模型中。因此，本书的模型还可以进一步拓展，可以考虑在完全开放的条件下，将“产权结构”“市场结构”“银行业安全与效率”因素纳入理论模型，即形成“双结构、双目标约束”的拓展模型。

在经验研究方面，虽然考察了外资银行进入对我国商业银行信贷资本配置效率、技术效率和全要素生产率的影响，但仍存在以下两个方面的缺憾：第一，外资银行进入的地域差异比较大，由于篇幅限制，本书未选取例如同属于新兴市场国家的金砖五国、北京、上海、深圳等外资银行进入较多的典型城市或东部沿海地区进行效率的跨国或跨地区对比分析，有待以后进一步研究；第二，虽然进行了内外资商业银行技术效率的对比分析，但未进一步将引入境外战略投资者的内资商业银行与其他未引入外资的内资商业银行以及外资独资银行的效率进行横向和纵向的对比分析，这也将是以后研究的重点。因此，在本书研究的基础上，可以考虑进行大规模的地区比较研究、跨国比较研究和行业细分比较研究。

参考文献

[1] Abdul A, Nienke O, Kenichi U. The quality effect: Does financial liberalization improve the allocation of capital? [J]. Journal of Development Economics, 2008, 87 (2): 270-282.

[2] Adnan K, Saadet K-K. Technical change in banking: Evidence from transition countries[J]. International Journal of the Economics, 2006, 13 (1): 129-144.

[3] Alejandro M, Ugo P, Monica Y. Bank ownership and performance: Does politics matter? [J]. Journal of Banking and Finance, 2007, 31 (1): 219-241.

[4] Ali M, Tomoe M, Guy Liu. Does market structure matter on banks' profitability and stability? Emerging vs. advanced economies [J]. Journal of Banking and Finance, 2013, 37 (8): 2920-2937.

[5] Allen F, Gale D. Arbitrage, short sales, and financial innovation[J]. Econometrica, 1991, 59 (4): 1041-1068.

[6] Allen N B, Iftekhar Hasan, Mingming Zhou. Bank ownership and efficiency in China: What will happen in the world's largest nation? [J]. Journal of Banking and Finance, 2009 (33): 113-130.

[7] Almeida H, Daniel W. The effect of external finance on the equilibrium allocation of capital [J]. Journal of Financial Economics, 2005, 75 (1): 133-164.

[8] Altunbas Y, Chakravarty S P. Frontier cost functions and bank efficiency [J]. Economics Letters, 2001, 72 (2): 233-240.

[9] Alvaro G T. The impact of changes in bank ownership structure on the allocation of capital: International evidence [J]. Journal of Banking and Finance, 2011 (35): 2528-2543.

[10] Arellano M, Bover O. Another look at the instrumental variable estimation of Error-components models [J]. Journal of Econometrics, 1995 (68): 29-51.

[11] Arturo G, Fabio S, Andrew W. Does financial liberalization improve the allocation of investment: Micro-evidence from developing countries [J]. Journal of Development Economics, 2007, 83 (2): 562-587.

[12] Arun G T, Turner J D. Corporate governance of banks in developing concept and issues [J]. Corporate Governance, 2004 (12): 371-377.

[13] Bai J. Estimation of a change point in multiple regression models [J]. Rev. Econom. Statist, 1997 (79): 551-563.

[14] Bain J. Industrial organization [M]. New York: Harvard University Press, 1959.

[15] Barth J R, Caprio G, Levine R. Bank regulation and supervision: What works best? [J]. Journal of Financial Intermediation, 2004 (13): 205-248.

[16] Beck T, Demirguc-Kunt A, Levine R. Bank supervision and corruption in lending [J]. Journal of Monetary Economics, 2006 (53): 2131-2163.

[17] Beck T, Martinez P. Foreign bank participation and outreach: Evidence from Mexico [J]. Journal of Financial Intermediation, 2010, 19 (1): 52-73.

[18] Becker G. A theory of competition among pressure groups for political influence [J]. Quarterly Journal of Economics, 1983 (98): 371-400.

[19] Berg S, Forsund F, Jansen E. Malmquist indices of productivity growth during the deregulation of Norwegian banking, 1980-1989 [J]. Scandinavian Journal of Economics, 1992 (94): 211-228.

[20] Berger A N, De Young R. The effects of geographic expansion on bank efficiency [J]. Journal of Financial Services Research, 2001, 19 (2): 163-184.

[21] Berger A N, George R G C, Robert C, et al. Corporate governance and bank performance: A joint analysis of the static, selection, and dynamic effects of domestic, foreign, and state ownership [J]. Journal of Banking and Finance, 2005, 29 (8): 2179-2221.

[22] Berger A N, Hannan T H. The efficiency cost of market power in the

banking industry: A test of the "Quiet Life" and related hypotheses [J]. The Review of Economics and Statistics, 1998, 83 (3): 454-465.

[23] Berger A N, Hannan T H. Using efficiency measures to distinguish among alternative explanations of the structure performance relationship in bankings [J]. Managerial Finance, 1997, 23 (1): 6-33.

[24] Berger A N, Hasan I, Zhou M. Bank ownership and efficiency in China: What will happen in the world's largest nation? [J]. Journal of Banking and Finance, 2009 (33): 113-130.

[25] Berger A N, Hasan I, Zhou M. The effects of focus versus diversification on bank performance: Evidence from Chinese banks [J]. Journal of Banking and Finance, 2010, 34 (7): 1417-1435.

[26] Berger A N, Humphrey D B. Efficiency of financial institutions: International survey and directions for future research [J]. European Journal of Operational Research, 1997 (98): 175-212.

[27] Bhattacharya S, Boot A, Thakor A. The economics of bank regulation [J]. Journal of Money, Credit and Banking, 1998 (30): 745-770.

[28] Bhaumik K S, Ralitza D. How important is ownership in a market with level playing field? The Indian banking sector revisited [J]. Journal of Comparative Economics, 2004 (32): 165-180.

[29] Bonin J P, Hasan L, Wachtel P. Bank performance, efficiency and ownership in transition countries [J]. Journal of Banking and Finance, 2005 (29): 31-53.

[30] Bouke P. Concentration and other determinants of bank profitability in Europe, North American and Australia[J]. Journal of Banking and Finance, 1989 (13): 65-79.

[31] Braz J. Bank (re) privatization in Portugal [R]. Paper presented at World Bank/Federal Reserve Bank of Dallas Conference on Bank Privatization, Washington, DC, 1999.

[32] Brown C G, Dinc I S. Too many to fail? Evidence of regulatory for bear-

ance when the banking sector is weak [J]. The Review of Financial Studies, 2011, 24(4): 1378-1405.

[33] Brozen Y. Concentration, mergers, and public policy [M]. New York: MacMillan Publishing, 1982.

[34] Caner M, Hansen B. Instrument variable estimation of a threshold model [J]. Econometric Theory, 2004 (20): 813-843.

[35] Chambers R G, Chung Y, Fare R. Benefit and Distance Functions [J]. Journal of Economic Theory, 1996, 70 (2): 407-419.

[36] Chan K S. Consistency and limiting distribution of the least squares estimator of a threshold autoregressive model [J]. The Annals of Statistics, 1993 (21): 520-533.

[37] Cho Y. The effect of financial liberalization on the efficiency of credit allocation: Some evidence for Korea [J]. Journal of Development Economics, 1988 (29): 101-110.

[38] Christopher F. Baum C F, Caglayan M, Schäfer D, Talavera O. Political patronage in Ukrainian banking [J]. Economics of Transition, 2008, 16 (3): 537-557.

[39] Chung Y H, Fare R, Grosskopf S. Productivity and undesirable outputs: A directional distance function approach [J]. Journal of Environmental Management, 1997, 51 (12): 229-240.

[40] Chunxia Jiang, Shujie Yao, Genfu Feng. Bank ownership, privatization, and performance: Evidence from a transition country [J]. Journal of Banking and Finance, 2013 (37): 3364-3372.

[41] Claessens, Demirgü-Kunt, Huizinga. How does foreign entry affect the domestic banking market? [J]. Journal of Banking and Finance, 2001 (5): 891-911.

[42] Claeys S, Vennet R V. Determinants of bank interest margins in Central and Eastern Europe: A comparison with the West [J]. Economic Systems, 2008, 32 (2): 197-216.

[43] Clarke G R G, Cull R, Shirley M M. Bank privatization in developing

countries: A summary of lessons and findings [J]. Journal of Banking and Finance, 2005 (29): 1905-1930.

[44] Clarke G R, Cull R. Political and economic determinants of the likelihood of privatizing Argentine public banks [J]. Journal of Law and Economics, 2002, 45 (1): 165-197.

[45] Clarke, Jeffery A. Economic cost, scale efficiency, and competitive viability in banking [J]. Journal of Money, Credit and Banking, 1996, 28 (3): 342-364.

[46] Crystal J S, Dages B G, Goldberg L S. Has foreign bank entry led to sounder banks in Latin America? [J]. Current Issues in Economics and Finance, 2002, 8 (1): 1-6.

[47] Dages, Goldberg Kinney. Foreign and domestic bank participation in e-merging markets: Lessons from Mexico and Argentina [J]. Economic Policy Review, 2000 (9): 17-36.

[48] Delis M, Tsionas E. The joint estimation of bank-level market power and efficiency [J]. Journal of Banking and Finance, 2009 (33): 1842-1850.

[49] Demirguc-Kunt A, Laeven L, Levine R. Regulations, market structure, institutions, and the cost of financial intermediation[J]. Journal of Money, Credit and Banking, 2004 (36): 593-622.

[50] Demsetz, Harold. Industry structure, market rivalry and public policy [J]. Journal of Law and Economics, 1973 (16): 1-9.

[51] Desai P, Martin R. Efficiency loss from resource misallocation in Soviet industry [J]. Quarterly Journal of Economics, 1983, 98 (3): 441-456.

[52] Detragiache E, Tressel T, Gupta P. Foreign banks in poor countries: Theory and evidence [J]. The Journal of Finance, 2008, 63 (5): 2123-2160.

[53] Diamond D W, Dybvig P H. Bank runs, deposit insurance, and liquidity [J]. Journal of Political Economy, 1983, 91 (3): 401-419.

[54] Drakos K. Assessing the success of reform in transition banking 10 years later: An interest margin analysis [J]. Journal of Policy Modeling, 2003 (25): 309-317.

[55] Elyasiani E, Mehdian S. Productive efficiency performance of minority and nonminority-owned banks: A nonparametric approach [J]. Journal of Banking and Finance, 1992, 16 (5): 933-948.

[56] Faccio M, Masulis R W, McConnell J J. Political connections and corporate bailouts [J]. The Journal of Finance, 2006, 61 (6): 2597-2635.

[57] Fama E F. Agency problems and the theory of the firm [J]. The Journal of Political Economy, 1980, 88 (2): 288-307.

[58] Farabullini F, Hester D. The performance of some privatized Italian banks [J]. Rivista di Politica Economica, 2005, 95 (4): 235-272.

[59] Fare R, Grosskopf S, Pasurka C A. Environmental production functions and environmental directional distance functions: A joint production comparison [EB/OL]. Available at SSRN: http: //ssrn. Com/abstract=506222, 2004, 19.

[60] Fare R, Shawna G, Lovell CAK, et al. Multilateral productivity comparisons when some outputs are undesirable: A nonparametric approach [J]. Review of Economics and Statistics, 1989, 71 (1): 90-98.

[61] Fare, et al. Productivity growth, technical progress, and efficiency change in industrialized countries [J]. American Economic Review, 1994, 84 (1): 66-83.

[62] Farrel M J. The measurement of productive efficiency [J]. Journal of the Royal Statistical Society, Series A. Genneral, 1957, 120 (3): 253-281.

[63] Fernandez A I, Gonzalez F. How accounting and auditing systems can counteract risk-shifting of safety-nets in banking: Some international evidence [J]. Journal of Financial Stability, 2005 (1): 466-500.

[64] Frame W S, Kamerschem D R. The profit-structure relationship in legally protected banking market : Using efficiency measures [J]. Review of Industrial Organization, 1997, 12 (1): 9-22.

[65] Fraumeni B M, Jorgenson D W. Rates of return by industrial sector in the United States, 1948-1976 [J]. American Economic Review, 1980, 70 (2): 326-330.

[66] Fries S, Taci A. Cost efficiency of banks in transition: Evidence from 289

banks in 15 post-communist countries [J]. Journal of Banking and Finance, 2005 (29): 55-81.

[67] Galimberti J K. Conditioned Export-Led growth hypothesis: A panel threshold regressions approach [R]. MPRA Paper, 2009.

[68] Galindo A, Schiantarelli F, Weiss A. Does financial liberalization improve the allocation of investment? Micro evidence from developing countries [J]. Journal of Development Economics, 2007, 83 (2): 562-587.

[69] Ghayad R. Corporate governance and the global performance of Islamic banks [J]. Humanomics: The International Journal of Systems and Ethics, 2008, 24 (3): 207-216.

[70] Gilbert R A, Wilson P. Effects of deregulation on the productivity of Korean banks [J]. Journal of Economics and Business, 1998, 50 (2): 133-155.

[71] Giuliano I, Giacomo N, Andrea S. The impact of government ownership on bank risk [J]. Journal of Financial Intermediation, 2013 (22): 152-176.

[72] Goldberg L, Saunders A. The determinants of foreign banking activity in the United States [J]. Journal of Banking and Finance, 1981, 5 (1): 17-32.

[73] Goldberg, Lawrence G, Anoop R. The structure performance relationship for European banking [J]. Journal of Banking and Finance, 1996 (20): 745-771.

[74] Grifell-Tatje E, Lovell C A K. Deregulation and productivity decline: The case of Spanish savings banks [J]. European Economic Review, 1996, 40 (6): 1281-1303.

[75] Grosskopf S. Some remarks on productivity and its decompositions [J]. Journal of Productivity Analysis, 2003, 20 (3): 459-474.

[76] Gruben W, McComb R. Privatization, competition and supercompetition in the Mexican commercial banking system [J]. Journal of Banking and Finance, 2003 (27): 229-249.

[77] Guzma M G. Bank structure, accumulation and growth: A simple macro economic model [J]. Economic Theory, 2000, 16 (2): 421-455.

[78] Haber S, Musacchio A. Mexico's experiments with bank privatization and

liberalization, 1991-2003 [J]. Journal of Banking and Finance, 2005, 29 (8): 2325-2353.

[79] Hailu A, Veeman T S. Environmentally sensitive productivity analysis of the Canadian pulp and paper industry, 1959-1994: An input distance function approach [J]. Journal of Environmental Economics and Management, 2000 (40): 251-274.

[80] Hailu A, Veeman T S. Non-Parametric productivity analysis with undesirable outputs: An application to the Canadian pulp and paper industry [J]. American Journal of Agricultural Economics, 2001, 83 (3): 805-816.

[81] Hansen B. Threshold effects in Non-dynamic Panels: Estimation, testing, and inference [J]. Journal of Econometrics, 1999 (93): 345-368.

[82] Hasan I, Marton K. Development and efficiency of the banking sector in a transitional economy: Hungarian experience [J]. Journal of Banking and Finance, 2003, 27 (12): 2249-2271.

[83] Haselmann R. Strategies of foreign banks in transition economies [J]. Emerging Market Review, 2006 (7): 283-299.

[84] Hicks J R. Annual survey of economic theory: The theory of monopoly [J]. Econometrica, 1953, 3 (1): 1-20.

[85] Hsiu-Ling Wu, Chien-Hsun Chen, Mei-Hsuan Lin. The effect of foreign bank entry on the operational performance of commercial banks in the Chinese transitional economy [J]. Post-Communist Economies, 2007 (3): 343-357.

[86] Hunter W C, Timme S G. Technological change in large US commercial banks [J]. Journal of Business, 1991, 64 (3): 339-362.

[87] Iannotta G, Nocera G, Sironi A. Ownership structure, risk and performance in European banking industry [J]. Journal of Banking and Finance, 2007 (31): 2127-2149.

[88] Ihsan I, Hassan K M. Financial deregulation and total factor productivity change: An empirical study of Turkish commercial banks [J]. Journal of Banking and Finance, 2003 (27): 1455-1485.

[89] Isaac O, Chan J. The Intra-Industry effects of bank privatization: A clini-

cal analysis of the privatization of the commonwealth bank of Australia [J]. Journal of Banking and Finance, 2003, 27 (5): 949-975.

[90] Isaac O. Do privatized banks in middle-and low-income countries perform better than rival banks? An intra-industry analysis of bank privatization [J]. Journal of Banking and Finance, 2005 (29): 2067-2093.

[91] Jacklin C, Bhattacharya S. Distinguishing panic and information-based bank runs: Welfare and policy implications [J]. Journal of Political Economy, 1988 (96): 564-592.

[92] James R B, Chen L, Yue M, Jesús S, Frank M S. Do bank regulation, supervision and monitoring enhance or impede bank efficiency? [J]. Journal of Banking and Finance, 2013 (37): 2879-2892.

[93] Jeffrey Wurgler. Financial market and the allocation of capital [J]. Journal of Financial Economics, 2000 (58): 187-214.

[94] Juan Fernǘndez de Guevar, Maudo s J, Perez F. Market power in European banking sectors [J]. Journal of Financial Services Research, 2005, 27 (2): 109-137.

[95] Kahn A E. The economics of regulation: Principles and institutions [M]. New York: Wiley, 1970.

[96] Karas A, Schoors K, Weill L. Are private banks more efficient than public banks? [J]. Economics of Transition, 2010, 18 (1): 209-244.

[97] Kasman A. Cost efficiency, scale economies, and technological progress in Turkish banking [J]. Central Bank Review, 2002, 2 (1): 1-20.

[98] Kindleberger C P. Manias, panics, and crashes: A history of financial crises [M]. New York: Basic Books, 1989.

[99] Kraft E, Hofler R, Payne J. Privatization, foreign bank entry and bank efficiency in Croatia: A Fourier-Flexible function stochastic cost frontier analysis [J]. Applied Economics, 2006 (38): 2075-2088.

[100] Kraft E, Tirtiroglu D. Bank efficiency in Croatia: A stochastic-frontier analysis [J]. Journal of Comparative Economics, 1998, 26 (2): 282-300.

[101] Kremer S, Bick A, Nautz D. Inflation and growth: New evidence from a dynamic panel threshold analysis [J]. Empirical Economics, 2013, 44 (2): 861-878.

[102] Kumbhakar S C, Lozano-Vivas A, Lovell C A K, Hasan I. The effects of deregulation on the performance of financial institutions: The case of Spanish savings banks [J]. Journal of Money, Credit and Banking, 2001, 33 (1): 101-120.

[103] Laeven L, Levine R. Bank governance, regulation and risk taking [J]. Journal of Financial Economics, 2009 (93): 259-275.

[104] Lambon V E. Is the concentration profit correlation partly an artifact of lumpy technology? [J]. American Economic Review, 1987, 77 (4): 731-733.

[105] Lehner M, Schnitzer M. Entry of foreign banks and their impact on host countries [J]. Journal of Comparative Economics, 2008 (36): 430-452.

[106] Leightner J E, Lovell C A K. The impact of financial liberalization on the performance of Thai banks [J]. Journal of Economics and Business, 1998 (50): 115-131.

[107] Lensink R, Hermes N. The short-term effects of foreign bank entry on domestic bank behavior: Does economic development matter? [J]. Journal of Banking and Finance, 2004, 28 (3): 553-568.

[108] Lensink R, Naaborg I. Does foreign ownership foster bank performance? [J]. Applied Financial Economics, 2007, 17 (11): 881-885.

[109] Levine R. Foreign bank, financial development, and economic growth [M]. In: E. B.Clande, (Ed), International Financial Markets, AEI Press, Washington DC, 1996.

[110] Lin X, Zhang Y. Bank ownership reform and bank performance in China [J]. Journal of Banking and Finance, 2009, 33 (1): 20-29.

[111] Lioyd-Williams D M, Molyneux Ph, Thornton J. Market structure and performance in Spanish banking [J]. Journal of Banking and Finance, 1994 (18): 433-443.

[112] Majnoni G, Shankar R, Varhegyi E. The dynamics of foreign bank ownership: Evidence from Hungary [R]. World Bank Policy Research Working Paper,

2003 (3114).

[113] Mathieson D J, Roldos J. The role of foreign banks in emerging markets [R]. Paper Presented at the World Bank, IMF, and Brookings Institution 3rd Annual Financial Market and Development Conference, 2001.

[114] Maureen O'Hara. Property rights and the financial firm [J]. Journal of Law and Economics, 1981, 24 (2): 317-332.

[115] Mertensa A, Urga G. Efficiency, scale and scope economies in the Ukrainian banking sector in 1998 [J]. Emerging Markets Review, 2001, 2 (3): 292-308.

[116] Minsky H P. The financial instability hypothesis: Capitalist process and the behavior of the economy, in financial crisis: Ttheory, history and policy [M]. Cambridge: Cambridge University Press, 1982.

[117] Molyneux Ph, Teppett J. Structure-conduct-performance in EFTA banking markets [J]. Bank-en Financiewezen, 1993 (3): 133-137.

[118] Nicols A. Economic efficiency and the regulation of competition [J]. Swiss Journal of Economics and Statistics, 1969, 96 (2): 156-170.

[119] Okuda H, Rungsomboon S. The effects of foreign bank entry on the Thai banking market: Empirical analysis from 1990 to 2002 [J]. Review of Pacific Basin Financial Markets and Policies, 2007, 10 (1): 101-126.

[120] Oral M, Yolalan R. An empirical study on measuring operating efficiency and profitability of bank branches [J]. European Journal of Operational Research, 1990, 46 (3): 282-294.

[121] Paola Sapienza. The effects of government ownership on bank lending [J]. Journal of Financial Economics, 2004 (72): 357-384.

[122] Park K H, Weber W L. A note on efficiency and productivity growth in the Korean banking industry: 1992-2002 [J]. Journal of Banking and Finance, 2006 (30): 2371-2386.

[123] Peltzman S. The gains and losses from industrial concentration [J]. Journal of Law and Economics, 1977 (20): 229-263.

[124] Peristiani, Wizman. Mutual-to-stock conversions in the thrift industry in the 1990s [J]. Journal of Economics and Business, 1997, 49 (2): 95-116.

[125] Rafael L P, Florencio L, Andrei S. Government ownership of banks [J]. Journal of Finance, 2002, 57 (1): 265-301.

[126] Richard B C, Roger D S. Management ownership and firm compensation policy: Evidence from converting savings and loan associations [J]. Financial Management, 1991, 20 (4): 80-90.

[127] Rime B, Stiroh K. The performance of universal banks: Evidence from Switzerland [J]. Journal of Banking and Finance, 2003, 27 (11): 2121-2150.

[128] Samad A. Market structure, conduct and performance: Evidence from the Bangladesh banking industry [J]. Journal of Asian Economics, 2008, 19 (2): 181-193.

[129] Saunders A, Strock E, Travlos N. Ownership structure, deregulation, and bank risk taking [J]. Journal of Finance, 1990 (49): 643-654.

[130] Scheel H. Undesirable outputs in efficiency valuations[J]. European Journal of Operational Research, 2001 (132): 400-410.

[131] Seiford L M, Zhu J. Modeling undesirable factors in efficiency evaluation [J]. European Journal of Operational Research, 2002 (142): 16-20.

[132] Sengupta R. Foreign entry and bank competition [J]. Journal of Financial Economics, 2007, 2 (84): 502-528.

[133] Shaffer S. The winner's curse in banking [J]. Journal of Financial Intermediation, 1998 (7): 359-392.

[134] Shen C H, Wang C A. The impact of cross-owership on the reaction of corporate investment and financing constraints: A panel threshold model [J]. Applied Economics, 2005, 37 (20): 2315-2325.

[135] Shepherd W G. Economies of scale and monopoly profits: Inindustrial organization, antitrust, and public policy [M]. Boston: Kluwer Nijhoff Publishing, 1982.

[136] Shepherd W G. Tobin's q and the structure-performance relationship:

Comment [J]. American Economic Review, 1986, 76 (5): 1205-1210.

[137] Shin D J, Kim B H S. Efficiency of the banking industry structure in Korea [J]. Asian Economic Journal, 2011, 25 (4): 355-373.

[138] Shleifer A, Vishny R W. Management entrenchment: The case of manager specific investments [J]. Journal of Financial Economics, 1989 (25): 123-139.

[139] Shujie Yao, Zhongwei Han, Genfu Feng. Ownership reform, foreign competition, and efficiency of Chinese commercial banks: A non-parametric approach [J]. World Economy, 2008, 31 (10): 1310-1326.

[140] Smirlock M. Evidence on the (non) relationship between concentration and profitability [J]. Journal of Money, Credit and Banking, 1985, 17 (1): 69-83.

[141] Stigler G J. The theory of economics regulation [J]. Bell Journal of Economics, 1971, 2 (1): 3-21.

[142] Stiglitz J E, Jaramillo-Vallejo J, Park Y C. The role of the state in financial markets [J]. World Bank Research Observer, Annual Conference on Development Economics Supplement, 1993: 19-61.

[143] Stiglitz J. The role of foreign banks in emerging markets [J]. Journal of Banking and Finance, 1993 (6): 19-52.

[144] Sturm J, Williams B. Foreign bank entry, deregulation and bank efficiency: Lessons from the Australian experience [J]. Journal of Banking and Finance, 2004, 28 (7): 1775-1779.

[145] Styrin K. What explains differences in efficiency across Russian banks? [R]. Economics Education and Research Consortium, Russia and CIS, Final Report, Moscow, 2005.

[146] Sufian F, Majid M-Z A. Post-merger banks' efficiency and risk in emerging market: Evidence from Malaysia [J]. The IUP Journal of Bank Management, 2005, 4 (4): 16-37.

[147] Thorne A. Eastern Europe's experience with banking reform: Is there a role for banks in the transition? [J]. Journal of Banking and Finance, 1993, 17 (5): 959-1000.

[148] Thorsten B, Robert C, Afeikhena J. Bank privatization and performance: Empirical evidence from Nigeria [J]. Journal of Banking and Finance, 2005 (29): 2355-2379.

[149] Tigran Poghosyan, Arsen Poghosyan. Foreign banks entry, bank efficiency and market power in Central and European countries [J]. Economic Transition, 2010 (3): 571-598.

[150] Tregenna F. The fat years: The structure and profitability of the US banking sector in the pre-crisis period [J]. Cambridge Journal of Economics, 2009, 33 (4): 609-632.

[151] Vennet, Rudi Vander. Cost and profit efficiency of financial conglomerate and universal banks in Europe [J]. Journal of Money, Credit and Banking, 2002 (34): 254-282.

[152] Vesala Jukka. Testing for competition in banking: Behavioral evidence from Finland [M]. Helsinki: Suomen Pankki, 1995.

[153] Vicker J.Concept of competition [J]. Oxford Economic Paper, 1995, 47 (1): 1-23.

[154] Victor M, Rebelo J. Structure and performance in the Portuguese banking industry in the nineties [J]. Portuguese Economic Journal, 2003, 2 (1): 53-68.

[155] Walter I, Gray P H. Protectionism and international banking: Sectorial efficiency, competitive structure and national policy [J]. Journal of Banking and Finance, 1983, 7 (4): 597-609.

[156] Wengel J. International trade in banking services [J]. Journal of International Money and Finance, 1995, 14 (1): 47-64.

[157] Wilhelm A, Rainer H. Explaining foreign bank entrance in emerging markets [J]. Journal of Comparative Economics, 2011, 39 (4): 486-498.

[158] Wright A. The impact of competition on the operations of foreign banks in Australia in the post-deregulation period [J]. Journal of International Financial Markets, Institutions and Money, 2002, 12 (4): 359-375.

[159] Xiaoqing (Maggie) Fu, Heffernan S. The effects of reform on China's

bank structure and performance [J]. Journal of Banking and Finance, 2009, 33 (1): 39-52.

[160] Yeyati E L, Micro A. Concentration and foreign penetration in Latin American banking sectors: Impact on competition and risk [J]. Journal of Banking and Finance, 2007, 31 (6): 1633-1647.

[161] Yildirim H S, Philippatos G C. Restructuring, consolidation and competition in Latin American banking markets [J]. Journal of Banking and Finance, 2007 (31): 629-639.

[162] Zhu J. Quantitative models for performance evaluation and benchmarking: Data envelopment analysis with spreadsheets and DEA Excel Solver [M]. Massachusetts: Kluwer Academic Publishers, 2003.

[163] 蔡跃洲，郭梅军. 我国上市商业银行全要素生产率的实证分析 [J]. 经济研究，2009 (9)：52-65.

[164] 陈奉先，涂万春. 外资银行进入对东道国银行业效率的影响——东欧国家的经验与中国的实践 [J]. 世界经济研究，2008 (1)：26-35.

[165] 陈敬学. 中国银行业市场结构与市场绩效的实证分析 [J]. 统计研究，2004 (5)：25-29.

[166] 陈伟光. 银行产业组织理论研究与中国银行业结构设计 [D]. 华中科技大学博士学位论文，2006.

[167] 陈泽慧. 外资银行进入、金融深化与经济发展 [J]. 华北电力大学学报 (社会科学版)，2008 (6)：39-43.

[168] 程建，连玉君. 变量序别化在信用评分模型中的应用研究 [J]. 国际金融研究，2006 (8)：60-65.

[169] 池建宇. 不对称管制的弱化对市场结构的影响分析 [J]. 经济问题，2010 (1)：19-22.

[170] 范学俊. 金融政策与资本配置效率——金融政策与资本配置效率 [J]. 数量经济技术经济研究，2008 (2)：3-15.

[171] 高晓红. 外资银行进入与中国国有商业银行改革困境的解除 [J]. 金融研究，2000 (6)：40-49.

［172］高永进，葛兆强. 外资银行进入：效应分析与政策选择［J］. 财贸经济，2008（4）：23–29.

［173］高正平，李仪简. 我国商业银行股权结构对银行绩效影响的实证分析——基于国家持股与银行绩效非线性关系的视角［J］. 中央财经大学学报，2010（4）：18–23.

［174］龚六堂，谢丹阳. 我国省份之间的要素流动和边际生产率的差异分析［J］. 经济研究，2004（1）：44–53.

［175］郭妍，张立光. 外资银行进入对我国银行业影响效应的实证分析［J］. 经济科学，2005（2）：58–66.

［176］郭妍. 我国商业银行效率决定因素的理论探讨与实证检验［J］. 金融研究，2005（2）：115–123.

［177］韩立岩，蔡红艳，郄冬. 基于面板数据的中国资本配置效率研究［J］. 经济学（季刊），2002（3）：541–552.

［178］韩立岩，王哲兵. 我国实体经济资本配置效率与行业差异［J］. 经济研究，2005（1）：77–84.

［179］韩平，姜再勇，盛朝晖等. 北京市金融机构信贷资金配置效率研究——对 26 个主要行业贷款情况的实证分析［J］. 金融研究，2005（2）：69–81.

［180］何韧. 银行业市场结构、效率和绩效的相关性研究——基于上海地区银行业的考察［J］. 财经研究，2005，31（12）：29–40.

［181］何一鸣，罗必良. 中国农地制度改革阐释：以所有权、产权为肯綮［J］. 改革，2011（5）：81–88.

［182］侯晓辉，张国平. 所有权、战略引资与中国商业银行的效率［J］. 世界经济，2008（5）：81–96.

［183］黄宪，熊福平. 外资银行进入对我国银行业影响的实证研究［J］. 国际金融研究，2006（5）：21–27.

［184］李继民，胡坚. 中国银行业市场结构、绩效与规模经济——基于 2004~2007 年面板数据的实证研究［J］. 理论探索，2010（6）：3–8.

［185］李维安，曹廷求. 股权结构、治理机制与城市银行绩效——来自山东、河南两省的调查证据［J］. 经济研究，2004（12）：4–15.

［186］李伟，韩立岩. 外资银行进入对我国银行业市场竞争度的影响：基于Panzar-Rosse模型的实证研究［J］. 金融研究，2008（5）：87-98.

［187］李希义，任若恩. 国有商业银行效率变化及趋势分析［J］. 中国软科学，2004（1）：57-61.

［188］李一鸣，薛峰. 我国商业银行市场结构现状分析及其优化研究［J］. 中国工业经济，2008（11）：78-87.

［189］刘芳. 从金融资源配置角度看经济欠发达地区的资金外流［J］. 金融研究，2002（9）：129-134.

［190］刘赣州. 资本市场与资本配置效率：基于中国的实证分析［J］. 当代经济研究，2003（11）：69-72.

［191］刘晓辉，张璟. 产权、竞争与国有商业银行改革逻辑［J］. 财经科学，2005（3）：1-7.

［192］刘艳妮，张航，邝凯. 商业银行股权结构与经营绩效的关系——基于上市银行的实证分析［J］. 金融论坛，2011（7）：37-43.

［193］骆品亮. 产业组织学［M］. 上海：复旦大学出版社，2006.

［194］毛泽盛. 外资银行进入对我国银行业影响的实证研究［J］. 南京师范大学学报（社会科学版），2006（4）：61-66.

［195］潘文卿，张伟. 中国资本配置效率与金融发展相关性研究［J］. 管理世界，2003（8）：16-23.

［196］彭欢，雷震. 放松管制与我国银行业市场竞争实证研究［J］. 南开经济研究，2010（2）：80-97.

［197］秦宛顺，欧阳俊. 中国商业银行业市场结构、效率和绩效［J］. 经济科学，2001（4）：34-45.

［198］邱立成，王凤丽. 外资银行进入对东道国银行体系稳定性影响的实证研究［J］. 南开经济研究，2010（4）：21-32.

［199］沈能，刘凤朝. 我国地区资本配置效率差异的实证研究［J］. 上海经济研究，2005（11）：15-22.

［200］宋玮，李植，王冬丽. 中国银行业市场结构与绩效的实证分析［J］. 经济理论与经济管理，2006（6）：52-58.

[201] 孙早，王文. 产业所有制结构变化对产业绩效的影响——来自中国工业的经验证据 [J]. 管理世界，2011（8）：66–78.

[202] 孙兆斌，方先明. 外资银行进入能促进中国银行业效率的提高吗？[J]. 当代财经，2007（10）：56–62.

[203] 谭鹏万. 外资银行更有效率吗？——对中东欧国家银行业的实证研究 [J]. 世界经济研究，2005（7）：42–48.

[204] 谭兴民，宋增基，杨天赋. 中国上市银行股权结构与经营绩效的实证分析 [J]. 金融研究，2010（11）：144–154.

[205] 王兵，吴延瑞，闫鹏飞. 中国区域环境效率与环境全要素生产率增长 [J]. 经济研究，2010（5）：95–109.

[206] 王兵，朱宁. 不良贷款约束下的中国银行业全要素生产率增长研究 [J]. 经济研究，2011（5）：32–45.

[207] 王聪，宋慧英. 外资银行进入对中国商业银行竞争行为影响的实证研究 [J]. 南方经济，2012（9）：17–31.

[208] 王聪，谭政. 我国商业银行效率结构研究 [J]. 经济研究，2007（7）：110–123.

[209] 王丽，章锦涛. 股权结构与中国股份制商业银行绩效的实证研究 [J]. 生产力研究，2005（10）：76–78.

[210] 吴栋，周建平. 基于 SFA 的中国商业银行股权结构选择的实证研究 [J]. 金融研究，2007（7）：47–60.

[211] 谢朝华，陈学彬. 论银行效率的结构性基础 [J]. 金融研究，2005（3）：16–27.

[212] 谢晓霞. 关于我国商业银行效率影响因素的分析 [J]. 经济问题，2008（9）：78–80.

[213] 谢雨白. 外资银行进入与我国银行业市场结构变动趋势分析 [J]. 上海金融，2004（10）：25–27.

[214] 徐传谌，齐树天. 中国商业银行 X——效率实证研究 [J]. 经济研究，2007（3）：106–116.

[215] 徐忠，沈艳，王小康等. 市场结构与我国银行业绩效假说与检验 [J].

经济研究，2009（10）：75–86.

[216] 许可，郭炜，曹梅艳. 我国中部各省的资本配置效率差异比较［J］. 经济学家，2011（3）：67–74.

[217] 许晓雯，时鹏将. 基于 DEA 的我国商业银行效率研究及影响因素分析［J］. 当代经济科学，2006，28（1）：45–48.

[218] 闫庆悦，王彬. 外资银行进入对我国银行绩效的影响——基于面板数据的实证分析［J］. 山东大学学报（哲学社会科学版），2010（3）：68–74.

[219] 杨德勇，曹永霞. 中国上市银行股权结构与绩效的实证研究［J］. 金融研究，2007（5）：87–97.

[220] 姚树洁，姜春霞，冯根福. 中国银行业的改革与效率：1995~2008［J］. 经济研究，2011（8）：4–14.

[221] 叶欣. 外资银行进入对中国银行业效率影响的实证研究［J］. 财经问题研究，2006（2）：61–66.

[222] 于良春，鞠源. 垄断与竞争：中国银行业的改革和发展［J］. 经济研究，1999（8）：48–57.

[223] 袁晓玲，张宝山. 中国商业银行全要素生产率的影响因素研究［J］. 数量经济技术经济研究，2009（4）：93–116.

[224] 曾江洪，樊娜娜. 我国商业银行市场结构与市场绩效的关系研究［J］. 统计与决策，2010（5）：139–141.

[225] 曾五一，赵楠. 中国区域资本配置效率及区域资本形成影响因素的实证分析［J］. 数量经济技术经济研究，2007（4）：35–42.

[226] 张金清，吴有红. 外资银行进入水平影响商业银行效率的“阈值效应”分析——来自中国商业银行的经验证据［J］. 金融研究，2010（6）：60–74.

[227] 赵旭，蒋振声，周军民. 中国银行业市场结构与绩效实证研究［J］. 金融研究，2001（3）：59–67.

[228] 郑录军，曹廷求. 我国商业银行效率及其影响因素的实证分析［J］. 金融研究，2005（1）：91–101.

[229] 周泳宏，唐志军. 投资率门限特征、消费促进与经济增长：1995~2007［J］. 统计研究，2009（12）：48–55.

后　记

光阴荏苒，犹如白驹过隙，蓦然回首，过往岁月，仍历历在目。在本书即将完成之际，谨借此机会向在过去四年多时间里一直给予我鼓励、支持和帮助的所有人表达无限的感激之情，感谢这一路上遇到的每位良师益友，是你们的帮助与支持，使本文得以完成。

首先，由衷感谢我的恩师樊秀峰教授这四年多为我付出的心血。樊老师言传身教，不仅传授于我为学之道，更重要的是传授于我为人之本、为人之道、生存之道。樊老师渊博的学识、扎实严谨的学风、实事求是的科学精神时时刻刻影响着我，也使我深得教诲；在本书的整个研究过程中，樊老师始终都给予我热情的鼓励和详细认真的指导，从本书的选题、构思到开题，从撰写、初稿、修改到定稿，都倾注了老师的大量心血。师恩如海，师恩难忘！

其次，要感谢我的硕士研究生导师袁晓玲教授。记得在2008年的国庆假期，我和爱人从神木迷茫地赶来向您倾诉工作、生活和学习中的不如意，是您鼓励我们要敢于放弃、勇于追求，帮助我们重拾自信，让我们重新树立了目标，并实现了我们人生的重大转折，我爱人顺利通过了陕西省公务员考试，我也顺利通过了我校博士入学考试。感谢您在我博士论文的开题、预答辩以及正式答辩中的指导和帮助。

感谢西安交通大学给予了我良好的学习氛围，每每坐在舒适的图书馆里，永远都不会忘记学校老师们对我的培养和帮助；感谢冯涛教授、冯宗宪教授、李国平教授、孙早教授、严明义教授、沈悦教授、文启湘教授、薛伟贤教授、周晓唯教授在论文开题报告会、预答辩以及正式答辩会上给予的大力指导和帮助；感谢杨燕荣、蒲晓丽、郭清、周建伦、王志斌等老师对我的关照和帮助。

感谢清华大学的闫俊师兄和其他几位清华的朋友们，是你们的帮助与支持，才使我完整地获得了本书所需的商业银行业相关数据；感谢未曾谋面的众多学术同仁，正是你们的文献拓宽了我的思路。

感谢我的同学杨振宇、张丽淑、黄显林、李善燊、贺信、宋长青、李恒炜等的长期鼓励、督促以及无私帮助。感谢杨万平、李政大、许杨、周文博、宋爽、韩亚峰、余珊等给予我鼓励和帮助的同门师兄弟妹们，感谢所有同学和朋友在学习上的帮助和学术上的启发。感谢我的同窗挚友王艳萍、王云霞和王一泽多年来对我工作、学习、生活的关心、支持、鼓励和帮助。

特别值得一提的还有我的亲人，在此我衷心地感谢你们——爸妈、公婆和兄弟姐妹们！在我攻读博士期间，尤其是儿子降生之后，为了不影响我的学业，婆婆和妈妈从千里迢迢之外赶来，轮流帮我带孩子、操持家务，都顾不上侍奉家里年过八旬的外婆，丢下公公和父亲一个人不仅要凑合吃饭，还要种田、养羊、喂猪；感谢我的姐姐、姐夫们、哥嫂、弟媳以及婶娘二妈，为了让我安心学习，连续两个夏天你们都将儿子带回内蒙古帮我悉心照看，一照顾就是三四个月，是你们在精神上鼓励我，在物质上帮助我，在生活中关心我，为我提供了无忧无虑的学习条件，我的每一分收获，都有你们无法估量的付出。同时，我也要感谢我的干爸、干妈，谢谢你们十几年来默默无闻、一如既往地对我学习和生活的支持、鼓励与帮助！

最后，特别要感谢我的先生汪辉平。在我博士学业最艰难的四年里，是他一个人负担撑起了整个家，不仅是家里经济上的支柱，也是我精神上的支柱，是他给予我最坚实的臂膀让我依靠，帮助我安心完成学业，这一切我将永远铭记在心！感谢我的儿子点点，是你的到来给我们整个家庭增添了无限的生机和幸福；是你的调皮、活泼和可爱，给撰写论文烦累时的我带来了彻底的放松和无限的欢乐；是“儿行千里母担忧”的思念与牵挂、渴望与你早日团聚的梦想，时刻鼓励我在论文撰写遇到困难、停滞不前的时候，永不言弃！

博士的毕业不是学习的终点，而是人生的另一个起点。前面会有困难，也会有挑战，但我坚信“有志者事竟成”。希望所有关心和爱护我的人，永远健康、快乐！

王美霞